第四版

[澳]比尔·罗杰斯◎著
Bill Rogers

鞠玉翠 刘继萍◎等译

课堂行为
管理指南

Classroom Behaviour:
A Practical Guide to Effective Teaching,
Behaviour Management and Colleague Support

4 th Edition

华东师范大学出版社

Classroom Behaviour: A Practical Guide to Effective Teaching, Behaviour Management and Colleague Support (the 4th edition)

By Bill Rogers

English language edition published by SAGE Publications of London, Thousand Oaks, New Delhi and Singapore, © Bill Rogers, 2015.

Simplified Chinese translation copyright © East China Normal University Press Ltd., 2019

All Rights Reserved.

上海市版权局著作权合同登记　图字：09－2016－301号

记忆是灵魂的刻痕。

——亚里士多德

专家点评

比尔·罗杰斯(Bill Rogers)为教师提供了课堂行为管理策略的百宝箱:对于如何将职业道德和情感素养体现在实践中,从早期最低限度的干预到面对最棘手的学生问题,他都给予了清晰的指导。同时,他也就教职工如何营造更具支持性的环境提出了一些建议。对于《课堂行为管理指南(第四版)》一书,再多的溢美之词都不为过。所有的教育者对比尔描述的情景都会产生共鸣。他并未规避当今学校和课堂的现实情景,而是试图在承认教师的困难、要求与给予学生支持之间(通过对他们的需求、能力和被尊重的权利做出回应)寻求平衡。他的表达清晰,文笔生动、富有幽默感。每位教师都需要这本书,每一名学生都希望自己的老师能阅读这本书。

休·罗菲(Sue Roffey)
西悉尼大学和伦敦大学

比尔·罗杰斯的每一本书都深受教师和其他关注学生行为及辅导的专业人士的喜爱。

他的语言坦率,兼具智慧和幽默感。在教室里度过紧张的一天后,这本书会带给你继续前进的力量。它提供了丰富的实际建议和与真实情境相关的故事。

每一位教师,不管是还在接受培训的准教师,新手教师(NQT,新取得教师资格的教师)还是有经验的教师都应该阅读这本书。

克里斯·斯坦斯菲尔德(Chris Stansfield)
英国,北林肯郡

他以故事的形式生动真实地呈现出课堂与学校所面对的挑战,这些故事如同混杂着痛苦与幽默的烈性鸡尾酒,总会立即引起教师的强烈共鸣。他似乎具有一种神秘且罕见的能力——能够敏锐地聚焦到日常的课堂案例,这些案例是我们一直以来都熟知的,但我们从未如此清晰准确地意识到。阅读此书后,我正试图以一种敏锐的眼光审视教师以及自身的管理与教育技能,如同戴上我的第一副眼镜一般。这本书的作用就在于此:激发教师的活力,赋予教师源源不断的力量。对于任何一所学校或院系的相关人员来说,这本书都是必不可少的。

蒂姆·伯里格豪斯教授(Professor Tim Brighouse)

教育局长,伯明翰

《泰晤士报教育副刊》,2002年4月19日

作为一名新手教师,我发觉此书能有效地提高我的某些关键的教学技能,尤其在应对棘手的学生行为方面。

比尔·哈里斯(Bill Harris)

苏格兰支持学习协会

这本书对于那些刚成为教师的人来说必不可少,对在职教师的专业发展也是真正实用的。

《支持学习期刊》

评论比尔·罗杰斯的书何其艰难!如同受汽车杂志的邀约对一辆宾利(Bentley,知名汽车品牌)进行点评一般。罗杰斯是行为管理领域的大师。事实证明,对那些与青少年打交道的教师来说,这是一本不可或缺的参考书。对其加以点评实在是一件幸事。

回想过去,当我开始从事教学时,能够真正对课堂实践起指导作用的入门书真是凤毛麟角。这本书的亮点在于不仅提供理论而且提供将理论转化为实践的建议。由于作者本人有着丰富的课堂经历,所以他能与读者共情同谋。他悟出,良好的课堂实践需要以师生的融洽和谐为支撑。

这一版中,作者补充了一些全新的内容,如欺凌问题,与自闭症学生及调皮捣乱的学生相处的问题。

可读性强、贴近读者使此书能最大程度地发挥其指导作用。此外,它的叙述方式使得读者能了解罗杰斯所处的真实情境,他是如何处理问题的及其蕴含的理论。

此书的一些新特征包括广泛的案例研究(覆盖4—18岁的学生)、供读者讨论的问题。此外,最有益的是附有术语表。

我希望将此书推荐给所有从事教师职业的人,不论是新手教师还是有经验的教师。我们应该不断地评价自己的行为并反思改进策略。比尔·罗杰斯为我们清晰地指明了道路。

约翰·瓦格斯塔夫(John Wagstaff)

校长;英国格拉摩根谷地方当局

《情绪与行为障碍期刊》2012年9月1日第17卷3—4期,第216页

目录

致谢	1
前言	3
内容概要	5
引言:"我从未想过自己会成为一名教师"	1
第一章　课堂行为的动态	1
第二章　新班级、新学年:行为管理的建立阶段	37
第三章　行为管理和执行纪律的规范用语	93
第四章　有效教学:基本理解与技能	137
第五章　课堂之外的管理:行为后果	181
第六章　调皮捣乱的孩子及具有情绪和行为障碍的孩子	213
第七章　管理自己和他人的愤怒	253
第八章　陷入困境:艰难的课堂　艰难的时光	275
后记	305
附录 A——海报格式	308
附录 B——对抗与欺凌行为	311
术语表	314
案例研究和实例索引	315
参考文献	317
索引	325
译后记	330

致谢

一本书从编写到付梓面世经历着一个漫长的过程,并非仅对作者本人而言。首先感谢我的妻子罗拉(Lora)——我最亲密的朋友和同事,一直以来,她总是给予我无尽的支持,忍受着几近被纸张淹没、堆放着无数杯茶和咖啡的餐桌(我们通常在这张桌上共同工作)……我也要感谢我的女儿萨拉(Sarah),我们曾无数次共用这张餐桌(做作业和写书稿同时进行),同时也要感谢萨拉在本书第一版的后记中所绘的插图。

感谢所有的同事,他们的故事和言论在此书中详细地呈现出来;感谢所有的学生,他们会惊诧地发现自己的行为被加以运用而成为许多案例研究的主题。

感谢SAGE出版社(伦敦)的全体人员,每一版本的问世都离不开他们的鼓励与支持。特别对祖德·鲍恩(Jude Bowen)、艾米·杰拉德·玛丽安·拉格朗日(Amy Jarrold Marianne Lagrange)和尼古拉·马歇尔(Nicola Marshall)致以感谢。也要感谢詹尼芙·克里斯普(Jennifer Crisp)和温迪·斯科特(Wendy Scott)为每一版本所做的精美的装帧设计。

感谢蒂姆·伯里格豪斯(Tim Brighouse)教授友善、慷慨地对本书第一版所做的评论(见《泰晤士报教育副刊》)。

也要感谢其他评论家,休·罗菲(Sue Roffey)、迈克·奥康纳(Mike O'Connor)、克里斯·斯坦斯菲尔德(Chris Stanfield)和比尔·哈里斯(Bill Harris),他们耐心地阅读此书并给予反馈。

感谢约翰·罗伯森(John Robertson)博士——我的朋友兼同事,多年来给出的有益建议和支持。

同时也要感谢弗利西亚·施密特(Felicia Schmidt),他总是耐心地将我的手写稿(是的,确实是手写)转录为可读性的文本。从事这项工作需要具备奉献精神和善意。

最后,我要特别感谢许多同事,他们支持我作为一名指导教师进入他们的班级并把他们的言论编写为交互式的案例,涵盖教学、行为和行为管理等内容。

我谨对刚踏入教师生涯的新手教师致以美好的祝福。

既然选择了自己的职业,我希望在教学的旅程中,我们能够让自己的教学对学生产生影响,让学生朝着积极的方向成长。希望这本书能助教师一臂之力。

比尔·罗杰斯

前言

撰写《课堂行为管理指南(第四版)》一书的目的在于分享一些关于有效教学、行为和纪律管理方面的实践技能。

除了从事相关研究,在一些学生行为问题比较突出的学校担任指导教师的经历(英国和澳大利亚)也为我的工作提供了丰富的资料。在这些学校中,我与那些因班级难以管理而苦苦挣扎的同事进行直接的合作教学(见第八章)。

在第四版中,我仔细地校对了文本内容,添加了一些案例,特别是关于那些寻求关注和谋求权力的学生的案例。

我也重新阅读并扩展了部分内容,即如何从群体动力学的角度来解决纪律问题——上课分心的学生与同伴之间的相互影响是如何导致课堂中的分心和扰乱行为的。

真心希望第四版能给予你技能、信心与帮助,让你的教师之旅更为顺畅。

内容概要

第一章探讨了课堂行为的动态；教师和学生的行为是如何交互影响的，或好或坏。相较于行为领导，教师的"控制"和管理问题只有与管理、教学和纪律的目标相联系时才能得到解决。

第二章强调关键期，即建立阶段。包括师生之间的第一次会议，这些会议有助于确立和形成我们的领导、权威、纪律和与班级学生（作为一个群体）的关系；一个班级实现良好融合的开端；尤其强调班级规则的重要性；要与学生一起制定并以基本权利为基础。

第三章提出了行为管理的框架，并在此框架内探索行为管理和执行纪律的关键技能。本部分使用了大量的案例来具体阐明这些技能。

第四章探究了有效教学的基本原理并概述了一些核心理解与技能。同时也运用案例研究来解释有效教学所涉及的内容、特征和技能。

第五章从行为后果和"惩罚"的角度来讨论行为管理问题，并制定了一个规划和使用后果的框架。学校范围的后果，如留校和暂停—冷静也在本章得到讨论，相关的策略也一并提出。本章也强调教师在与学生修复和重建关系的过程中所发挥的关键性作用。

第六章关注那些难以管理的行为和学生，这些学生常表现出情绪和行为障碍。本章从学校层面提出了一个为教师和学生提供支持的框架，其重点在于为那些患有情绪行为障碍的学生提供一种支持性的教育模式。

第七章主要解决愤怒问题：我们作为教师如何管理自身的愤怒以及在他人愤怒的状态下如何与他人进行交流与提供支持。如何与愤怒的家长进行沟通的问题在本章也会涉及。

第八章关注作为教师的我们在困难的情境下如何互相支持的问题。在同事支持的语境下，诸如难以管理的班级、骚扰（学生对教师的骚扰）、压力及其应对等问题都会得到阐释。在强调支持性的同事指导的前提下,本章试图为上述问题的解决提供一些实用策略。

> 附注:案例研究是本书的一个基本特征。书中所涉及的技能与实践都在案例中得到具体阐释,而这些案例均来源于作者本人在澳大利亚和英国的学校与同事进行指导教学的经历。
>
> 文中的案例涵盖幼儿园到中学的课堂情境(包括一些家长—教师案例)。本书315—316页提供了案例研究和实例索引。贯穿本书的这些案例都是跨章节交叉引用的,请见具体页。

引言:"我从未想过自己会成为一名教师"

> 异国他乡的某处,将永属英伦……这粒尘土生于英国……曾经……有着不朽的精神……在所到之处播散英伦赋予的思想……
>
> ——节选自鲁伯特·布鲁克《士兵》

"英格兰赋予的思想"……"魂归故里"……

英格兰是我的启蒙教育之地。我从未想过自己会成为一名教师。我的学校生活可以说是成败参半,并不是指学业,因为总体上我能自如应对这个问题,而是指弥漫着控制与权威的文化氛围。极少的老师会鼓励或允许学生表达自己的观点与思想。我也曾因遇到过一些心胸狭隘、自私自利,甚至冷酷无情的老师而"崩溃"不已,"监狱的阴影正笼罩着成长中的儿童"。从 20 世纪 50 年代中期到 60 年代早期的那段时光,学生会被老师惩罚,甚至是被殴打和鞭笞,从而受到伤害。曾经有一次,11 岁的我因为折断了另一个孩子从我手中抢走的铅笔而被鞭打。我把铅笔抢回来,他嚎啕大哭,而我被"抓个正着"。在接踵而来的吵闹中,我受到了鞭打惩罚。我也曾因在多个场合"顶嘴",在作业本上画画而不听讲,午餐时间偷溜到商店(在那时这是严重的过失)而遭受鞭打。如果一位教师有失公平和公正,我会试图按照自己的想法提出意见,那样我会再次受到惩罚。

我侥幸存活下来,我们所有的人都是如此。但我却从未想过自己会成为一名教师。

20 世纪 50 年代(第二次世界大战之后),我所在的学校有许多本应该服兵役的男性教师,他们对孩子们并不友善,而孩子们甚至只是表面上看起来对成人的权威构成了轻微的挑战。此时的我认为自己应该拥有基本权利，而这些权利的本质就是渴望拥有基本的尊严与尊重。对于尊重学生的老师，我没有任何异议。谢天谢地，有几个……

在我的记忆（1961）中总有一位老师从讲台上向我逼近，抓住我衬衫的场景（此时的我正在和后排的同学窃窃私语）。他用手抵住我的胸膛猛推着，说道："罗杰斯，你父母没有好好教你吗？"他显然不喜欢我。我站起来，心怦怦直跳，回答道："不关你的事！"（尽管那时的我只有15岁，但个头已经略高于他）。谁都别想"攻击"我的父母或对他们的养育评头品足。我转身离开了教室。教室里鸦雀无声，仿佛在等待着……戏剧性的一幕是，当我离开教室时，几个学生竟纷纷向我投来会意甚至"感激"的目光……整整一周，我都没见到那个"饭桶"（"git"，我们私下给他起的绰号）。令人奇怪的是，他竟然没有对我实行留校惩罚。他一定是意识到自己做得过火了。直到学期末，他只是很少管我的事了。

我的脑海里总会浮现出我坐在教室里，眼神无数次飘向窗外的场景（尤其是身心疲惫或老师喋喋不休时）。我能望见远处广袤的绿野、葱郁的树木和赫特福德郡（Hertfordshire）低缓的山丘。就连窗扉仿佛都在召唤我"来吧！"但我却只能被禁锢在教室里。

15岁那年我离开了学校，我逃跑了。因为我在学校的宣传栏上张贴了一张巨型图片，上面绘有我厌恶的所有老师。那是1962年，距离学期结束仅有两天。我花费了很长时间筹备这幅画，如巨幅画布的颜料，遵循萨尔瓦多·达利（Salvador Dali，西班牙画家）的画风，老师们的面容逐渐"消融"，浸没在渐暗的眩晕背景中。那一日，我把匿名的画作卷起来藏在上衣里，早早地来到学校。这是我的"宣言"，也是我离开的致命一击。当我小心翼翼地钉住画时，被一名年级长发现了。尽管并没有必要这么做，但他还是告发了我。我并没有署名，尽管身边的朋友们知道……在年级大会上，副校长举起这幅画（让它第二次亮相），看着我说："罗杰斯，你知道接下来会发生什么，对吗？"好吧，我也曾遭受过鞭笞。我叹了口气，皱着眉头，耸着肩膀，看起来内心相对平静。但他并没有看出我这一系列动作中暗含的幽默……

他卷起画，解散了会议，我看到他把画放在了办公桌上。我在走廊的不远处躲起来，趁他不注意时，偷溜进去把我的画拿回并藏进校服里，在第一节课时重新贴到了学校的宣传栏上。我们正在楼上教室看一部关于自然的黑白电影（加拿大的水獭之类的）。距离暑假只有两天，所以这可能只是一个"填充活动"（填补时间空白的活动）。当我们正在黑暗中窃窃私语，假装被电影吸引时，一阵敲门声预示着另一名年级长的到来。老师关掉投影仪,敞开的门投下一束光照亮了黑暗的教室前方,紧接着传来:"史密斯先生想见比尔·罗杰斯,立刻。"老师似乎在说着:"好的,如果他在这,电影一结束我就让他过去。"他似乎没有特别在意那句话,至少"立刻"这个重点他没有抓住。门被关上之后,教室的黑暗和电影的声音"掩护"我偷偷摸摸地溜走。我轻声对我的朋友嘱咐:"什么都别说,我要开溜回家。"后背紧贴着墙壁,我蹑手蹑脚地在黑暗中挪动着。我尽可能悄悄地打开教室门,"逃"了出来,感觉获得了一些自由。

一周后(学校已经放暑假;我们没有电话),校长寄来一封信:"对于您孩子的行为,我们深感遗憾……"或是一些类似的表达。针对这封信,我的父母问我希望他们怎么处理。明智的是,他们让我转学到另一所学校待了大概六个月。正值我的十六岁生日前夕,我们举家移居到澳大利亚(只用了十英镑的花费)。真是"物超所值"!当远洋邮轮渐渐驶离,英格兰的白垩壁崖也渐行渐远,而此时的我却并不知道等待我们的未来是什么样的,我们怎么可能知道呢……

多年以后,有一次我回到英格兰参加研讨会和讲座,讨论中小学和大学存在的行为管理和纪律问题。此时,我遇见了一位老师,他的父亲曾在我"作画"(上面画有厌恶的老师的那幅画)的高中教过我。我将关于作画的插曲故事告诉了他,他把这件事透露给了当地的媒体(我并不知道他散播这个故事)。文章将我描述成一个"自封的学术失败者",其中写到"我"并未通过"11 +"考试(英国小学毕业考),"我"最深刻的学校记忆就是因叛逆行为而遭受鞭笞,但是现在竟然成为这个领域的教育顾问。

媒体所用的"自封的学术失败者"等字眼让我有些恼怒(我从未这样说过或这样想过),新闻工作者的肆意而为实在让人烦恼。回首往事所带来的一个启示就是:你永远不能预测一个学生会走向何处,成为什么样的人。事实上,我的一些老师曾经说过"你不可能出人头地……",并且会补充说明"因为你没听讲"或"因为你不能专心和投入"。此外,还有一个启示就是:终身学习,也就是说教育不会止于学校。显然,学校教育与教育之间存在差别。

多年以后,我最终成为一名教师。至少我的一些老师从反面告诉我不能怎样规训学生:不能怎样批评、羞辱和让孩子尴尬。他们也教会我不能怎样教学。当然,谢天谢地,我还遇见过一些友善、宽容、优秀的老师。我们总是会记住这些老师。他们肯定、鼓励和相信我,让我至今仍继续学习、重视学习和教育。他们也强化了"我能行"——这一古老、积极的信念。

海姆·吉诺特(Haim Ginnot)[1] 提出教师行为会产生关键性的作用,影响学生的生活,使其变好或变坏。开启或关闭学生的思想和心灵是所有教师应该承担的责任。

在我的教师生涯中,我不得不重新思考课堂行为、教师行为、纪律与管理的目的与局限性多方面问题,以及我们应该如何建立和维持更具合作精神的课堂,使得权利和义务共存,惠及所有学生。

本书是我多年来参与教师在职培训及在澳大利亚和英国的学校作为指导教师与同事深入课堂的实践成果。

我曾访问过英国(和欧洲)40 多次,在学校、教育机构与大学组织研讨,探讨教师的专业发展问题。我希望在澳大利亚的教学和咨询的经历与我在英国的在职培训工作之间的联结能获得读者的认可。

关于本书的几点重要说明

策略性停顿(……)

本书提供了许多案例来解释分心和扰乱行为。这些案例均直接来自我作为指导教师与同事们一起工作的经历。文中所探讨的所有实践及技能主要来自这些指导经历(以及对该领域的研究)。

如果关注这些案例中师生之间的对话,你就会发现一系列符号:括号内带有省略号(……)。这表明了教师的一种典型的行为,我将其描述为"策略性停顿"(tactical pausing)。这是一种有意识的行为,教师在交流中通过短暂的停顿来吸引学生的注意或允许学生对教师所说的内容加以思考。这也能(向年长的孩子)传达出一种期望"冷静"的感觉。

例如,在操场上,我们示意或引导在距离几码远的地方的一名学生过来,我们首先要进行眼神交流,获得注意。(显然)倘若我们知道这名学生的名字,事情就容易多了。但如果不知道,我们可能会望着他们的方向,同时提高声音但绝不是喊叫:"打扰一下(……)!打扰一下(……)!"(我们希望被打扰吗?)或者我们会说:"嗨(……)!嗨(……)!"我们可能会使用泛称:"小伙子们(……)!小伙子们(……)!"喊完他们后,我们进行策略性停顿。这样做的目的是唤起或维持学生的注意力。

当涉及到管理和纪律问题时,我们会在课堂上频繁使用策略性停顿。上课伊始,老师正试图使班级安静下来,这时几名学生还在闲谈。她首先扫视整个班级(没说什么)。等到吵闹声平静下来之后,她说道:"看向这,认真听(……)……"她停顿了一下,接着放低声音,重复道:"看向这,认真听,谢谢(……)。"她再次停顿给学生一些接受的时间。感觉到全班学生收回注意力了,她才说:"早上好,同学们……"并进入下一个教学环节。策略性停顿虽然只是微小的一方面,但在教师的整体行为中却是重要的一方面。

无免责声明

有些书的免责声明中写道:"本书中的所有人物纯属虚构……如有雷同……"然而本书却反其道而行。每一个案例,甚至师生对话的简要片段均直接取自于我在学校担任教学或指导工作的经历。那段时间,我自己的教学主要是定期的同侪辅导——我直接与那些中小学教师共同合作,他们试图提高对日常教学、行为领导的反思意识。辅导是一条共同的专业发展之路,在这里并不存在孰上孰下的等级关系,其目的是构建反思性的专业实践(见第八章)。

本书所呈现的每一项技能或方法都辅有案例支持,这些均取材于我作为指导教师所参与到的教学情景。在过去的15年,我一直都在参与这方面的工作(通常是在学生行为问题极其突出的学校)。

在涉及伦理要求之处,我改变了同事(老师)和学生的名字。必要之处,我甚至改变了年级、科目和性别,但并未改变行为情景及真实案例所蕴含的意义。当我整理每一个案例、每一段师生之间的对话时,特定的班级、特定的学生,甚至特定的一天,总是轻易地迅速浮现在我眼前。我甚至能够"回味"起我和同事们在处理棘手的课堂情景时的情绪。

在分享这些案例时,我的目的一直都在于引出有效教学、管理与纪律的相关概念、原理、实践和技能。写作时,我也敏锐地意识到这样一个事实:作为一位教师,从踏入校门的那一刻,你一直在忙忙碌碌。我也意识到日复一日的教学会是怎样的,也试图阐明无效的和有效的教师实践,并且试图区分一位教师的惯常行为与在"糟糕日"所表现出的行为的差异(p. 22f)。

走在成为反思型教师(或学习者)的路上,我们永不止步。希望此书助你形成自己的专业反思,在教学生涯中给予你源源不断的鼓励与支持。

理论、立场和本书

针对学校中的行为管理与纪律问题完善的理论观点可谓不胜枚举。任何一种理论体系都会被分门别类(在文献中),如从显性的教师控制(如严明的纪律)到"非指导性"方法(如教师有效性训练)。整体看来,这些理论观点或是哲学的,或是教育学的,或是心理学的,但都对教师的价值观和实践产生了影响。本书无意区分各种理论方法、观点或"模型"。事实上我的"方法"融合了不同的理论,如"民主的纪律"、"积极的行为领导"、"交互作用"和"参照性权力"。如果读者对理论模型感兴趣,我想推荐以下几位作者的优秀著作,如爱德华兹(Edwards)和沃茨(Watts)(2008),查尔斯(Charles)(2005),沃尔夫冈(Wolfgang)(1999),陶伯(Tauber)(1995),以及麦金纳尼(McInerney)(1998)。

从根本上来说,这些理论模型并无新意。本质上,它们都是描述在行为管理和纪律执行中教师领导力的等级和类型,同时也强调在纪律问题上教师应该如何领导。在我的教学实践中以及作为大学讲师和作家所进行的研究中,我的兴趣一直都集中于如何在日常教学中生成我们的"哲学"、价值观和如何使用行为领导力与学生建立起积极、合作的关系。

撰写此书的过程中,我不仅试图去探寻为什么我应该以这种方式来领导(价值问题),而且探寻我应该怎样引领、指导、管理、矫正和支持学生(效用问题)。

注释

1 海姆·吉诺特(Haim Ginott)曾是纽约大学研究生院(1922—1973)的心理学教授。他致力于建立一个纪律管理模型——倡导尊重学生和与学生的和谐相处。此外,他对教师领导力的正面力量的关注一直在我的教师之旅(教学与指导)中给予我极大的鼓励与帮助。

第一章
课堂行为的动态

我从未让上学耽误了我的教育。

——马克·吐温

日常的学校教学通常发生在一个相当不寻常的环境中：一个小房间（这是教学所必备的），往往没有足够的桌椅，也没有足够的活动空间，一个50分钟（或更少）的时间段来完成设定的课程目标，以及25—30名个性迥异、独特的学生，甚至其中有些可能根本不想出现在教室中。有的学生来自极具支持性的家庭，有的回家却经常要面对喊叫、争吵、饮食不良、家庭功能失调甚至更糟……在我们的学生中可能会有一些被诊断出有行为障碍，也肯定会有些表现出强烈的学习需求。

在这个正规的学校环境中，学生的学习能力和动机差异很大。学生在较短时间内就能知道他们的老师是什么样子以及老师能否"胜任这项工作"；老师能否领导和管理课堂、课程和具有迥异个性、气质、能力的学生……在教师的日常角色中自然会产生一些常规的压力，不是吗？

我们相互影响

教师和学生都带有个人的动机、感受和需求，某些权利和义务必须实现平衡。在这样一个极不寻常的环境中，教师和学生都通过日常的关系行为进行相互"教学"。此外，个别学生的分心、扰乱行为受到同伴"观众"的显著影响，反之也对同伴"观众"产生影响（p. 15）。

将学生的分心和扰乱行为看作是仅仅与学生相关的孤立问题是不够的。在任何一所学校，同样的学生一天中处于不同的情境中、面对不同的教师可能会有不同的表现。教师的行为和学生的行为会相互影响，并与总是在场的同伴"观众"也会相互影响。每一项纪律事务都是一项社会事务。

以下案例（如前所述）直接来自于我（作为指导教师）和同事们的共同工作经历。这些共享的观察结果是我们进行专业自我反思的基础，能够为我们行为领导力的发展提供动力、支持和保障。

在阅读这些案例时，我鼓励你反思一下教师行为和学生行为是如何相互影响的。在这个意义上，扰乱行为的性质、范围和影响不仅仅是学生做出扰乱行为的结果，行为也是在其情境中习得的。

"过度警惕"的管理

科里在一些教师眼里是"一个有点懒惰的小伙子"，是"一种痛苦"，甚至更糟糕……学校所需要的基本组织技能和日常责任承担,其他孩子在家里已经打下了基础,而科里的家庭在这方面是缺位的。教室里,他正倚靠在座位上,眼神空洞——望着窗外(也许是渴望一些自由)。数学课上的任务要求很难让他集中注意力。这是他第三次上这位老师的课。

老师走向他,站在他的桌子旁,问道:"你为什么还没有开始做作业?"

"我没有笔,不是吗?"至少在这一点上,科里是诚实的。

"不要这样跟我说话!"老师不喜欢科里说话的语气和态度("懒惰和无礼的家伙")。"好吧,我没有笔,不是吗?你期望我说什么?"科里双臂交叉,显得闷闷不乐,同时避开老师的目光。

"好吧,那就去拿支笔吧!"这时,科里起身走出了教室。老师急忙追上他。

"你要去哪里?回来!"

科里假装恼怒地说:"你要我拿支笔!我只是要从我的储物柜里拿一支。"他弹了下舌头,故意叹了口气。

"我的意思是从其他同学那里借一支笔,你就是不能走出我的课堂。"科里溜向教室后面的一位同学那儿,"嗨,克雷格,给我支笔"。克雷格说:"我不会借你的,哎呀,上次借你的笔还没有还给我。"科里转身走向老师(现在班上大部分学生都在"享受"这个小插曲)。"他不会给我笔的。"他笑了起来。

科里的老师说:"听着,我很生气。你知道你应该带笔和纸……"科里插嘴说:"是的,但是你知道人们有时候会健忘。"

"听着,如果你来我的课上却不准备做作业,你可以离开去找史密斯先生(年级主任)。"

"行,我走。反正这是一堂糟糕的课!"科里冲了出去。

老师在他身后说道:"好!咱们留校(课后留校,一种行为后果)时间见!"科里(现在在走廊的中间)回了一句:"我不在乎!"

像这种学生没有带笔的小事演变成严重的争吵,我曾在一些老师身上见识过。尽管科里的诸多行为表现是为了寻求同伴关注(他的"同伴剧场"……),但也许老师今天过得很糟糕(可能学生也是如此),或许老师比较小气、无礼、迂腐、刻薄……我们可以看出:教师的行为对事件的发生及处理起着和学生一样的作用。

在另一间教室里也发生了类似的事情。老师走向一名学生——他并未参与到学习任务中,已经走神几分钟了。她给了他一些集中注意力的时间,毕竟他可能正在思考,他可能只是需要几分钟酝酿和组织他的观点,他可能是另一个患有注意力缺陷谱系障碍(attention deficit spectrum disorder,ADSD)的孩子。

她跟他打招呼,并说道:"布莱德利,我注意到你没有在学习……我可以帮忙吗?"她没有追问为什么他还没开始学习。

他说:"我没有笔。"

他的老师回复说:"你可以用我准备好的笔。"

因为这仍然是第一学期的前几节课,老师还没有区分出哪些学生是真正健忘,或是懒惰,或只是寻求关注,或是沉迷于"耍把戏",甚至哪些学生在课业上有困难……她准备了一个黄色的盒子,里面装着一些蓝笔、红笔、尺子、铅笔和备用橡皮(每一个文具上都用黄色胶带贴了一个小标签,提醒学生用完放回原处)。在盒子上,用醒目的大字写着:归还至此处,布朗老师先行感谢。

为学生提供笔正好应对了"哎呀,但是我没有红笔"的情况。

"我的黄色盒子里有一支。"(她指着教师的办公桌)

"好的,但我没有纸。"(他咧嘴笑了)

"布莱德利,黄色的盒子旁边有 A4 的横线纸和空白纸。""好了吗?布莱德利。我稍后会过来看看你作业写得怎么样了。"她说完眨了眨眼,然后走开了,给布莱德利一些"接受时间"。她的语气和态度表明她知道布莱德利在玩逃避的"把戏",但她相信他得到需要的物品后,就会真正开始做作业。她稍后再回来跟布莱德利交谈,重新布置任务并检查他的学习进展情况,给予一些鼓励和支持。

附注:有些老师认为,在"给"这些学生笔等物品时,只会助长他们继续不负责任的行为。他们只是简单地争辩一下吗?还是要付诸惩罚?通常情况下,只有少数学生上课不带笔、纸或者书等。我和我的同事们更愿意在关键的第一次见面中提供这些东西,因为我们要确立(我们的)领导地位并与班级的学生建立良好的关系。如果学生继续不带学习用品来上课(如连续三次),我们会进行一对一面谈,询问原因并提供帮助。对于某些学生,我们发现提供一个小的"书桌铅笔盒"是有益的,学生们可以从一天开始时,

> 从(比如)老师那里拿到需要的文具(红色和蓝色的笔、橡皮擦、铅笔、尺子……),然后在一天结束时归还。

一名三年级学生(被诊断有"特殊需求"的孩子)的桌子上放着一个软软的长颈鹿小玩具,就放在日常的日记作业旁边。老师走过来,用一种严厉的语气(其实毫无必要)说道:"你不应该把玩具放到桌子上,难道你不知道吗?"他抓起玩具走开了。女孩(自然地)表示抗议,他又说:"继续学习,否则就要占用休息时间完成作业……"谁会这样跟学生说话?但他确实是这样做的。更令人想不通的是,他已经被告知过她有特殊需求。

他本可以走过去,看着玩具,甚至笑一笑,然后给出一个公平、简单的"指导性选择",例如:

"丹妮尔,你的小长颈鹿真漂亮(……)。但是现在是学习时间,我想让你把它放进你的储物柜或放到我的桌子上(这里他可以用一种更柔和的声音加以指导),然后继续你的写作。一会儿我会回来看看你进行得怎么样了……"

如此,这位老师既留给她一个行为选择、一个"任务焦点",同时也表明了希望她配合的期望。

一名女学生(梅丽莎)上课迟到了几分钟。她是一名九年级学生,喜欢博取大家的一些关注。走进教室时,她冲着几个朋友咧嘴笑着。她戴着长长的"吊坠"耳环(违反规定)。老师很快就注意到她了。

老师:"过来这里(用一种相当尖锐的声音,明显对梅丽莎的迟到和'贵妇式出场'感到不爽)。你为什么迟到?"
学生:"我只是迟到了几分钟而已。"
老师:"你为什么戴着那些……东西?"
学生:"什么?什么东西?"
老师:"那些东西——你知道我在说什么——耳环。"
学生:"丹尼尔斯夫人(她的班主任老师)都没有说什么!"(梅丽莎的语气愠怒又

冷漠——避开了老师的眼睛。老师感觉到——"制造"了令人恼火的——一种挑战。）

老师："听着，我不在乎丹尼尔斯夫人做了什么和不做什么，你现在就把它们摘下来，你知道你不应该戴！"（他现在显然越来越恼火。他认为这不仅是一个纪律管理的问题，他必须赢得胜利。）

学生："其他老师怎么不会为了这找我们麻烦呢？嗯？"

老师："你以为你在跟谁说话？现在就把它们摘下来，否则你要被留校！"

像这种小事确实发生了，而且仍在发生。有些教师认为自己的这种行为是"合乎规定的"，因为这表明了谁具备"控制权"并且强化了学校规则。然而，同伴观众和梅丽莎从教师处理这种"穿戴不端行为"的方式中真正学到了什么呢？

如果教师的管理风格是"警惕式的"——不必要的和过度的警惕，那么很多学生自然会挑战甚至"戏弄"老师（在那个年纪，我经常控制不住）。这样的管理立场往往来自于教师的信念，即他们应该控制学生。当然，我们不能"控制"学生，我们可以引领、指导、鼓励，甚至命令，但是一些教师轻易地使用"控制"这个词的行为很可能显示出一种惯常的苛刻的领导方式。（见后文，p. 29f①，144f）

不加警惕和宽松警惕

第六节课结束时，我穿过操场，注意到有两名学生骑着自行车朝学校大门方向走去，在砾石上做着特技（按照学校的规定，学生在大多数时候要在学校推着自行车走）。我也注意到那天值班的同事本不应该放过这两个小伙子。在（朝着工作人员的值班室）匆匆一瞥中，我注意到他似乎在沉思，毫无疑问，他很疲惫，似乎没有察觉到骑自行车的人。他或许正自吟自唱着老师们最爱的小曲："距离学期末还有多少天？……"我距离小伙子们大约20码远，随后便喊他们过来。

"小伙子们（……），小伙子们（……）。"——终于获得了一些远距离的眼神接触。"我们到那边聊一会儿（……），谢谢。"

他们在学校门口附近停了下来，双手叉腰坐在自行车上。我以为他们可能会骑

---

① 此处字母 f 为 following 的缩写，文中大量使用了页码加 f 的用法，意为参见此页及之后的内容。——译者注

走(以前发生过这样的事)。

"什么？你想干什么？"

6　　他们看起来很烦躁，一副"我们赶时间不要找我们麻烦"的样子。我希望他们过来，在远离他们最接近的同伴观众的情况下与他们进行简短地交流。这种方法通常在操场上更为可取。它最大限度地缩小了由亲近的同伴观众组成的"剧场"。

"天呐，什么?! 我们做什么了？"他们喊了回来。

"不是找你们麻烦，只是一个简短的聊天(……)，谢谢。"

我转过身去，走了几步，不再面对他们，(远距离)传达了期望，给出一些接受时间(p. 118f, p. 98)。

整个"插曲"根本就没有花太长时间。

我(从眼角的余光)看到他们穿过操场朝我的方向走来。

我不想传递出一种明显的冷淡；我见过老师叫学生过来时，拳头紧握放在臀部，双腿叉开站着，(毫无疑问)传递出一种要"较量"的信息。这不是一个"较量"的问题。

他们推着自行车走过来，站在附近，皱着眉头，转移视线，生着闷气……嘀咕着："什么……"

我从策略上忽视掉叹息声(生闷气的神情及微不足道的眼神交流)，想将现在的注意力集中在主要问题(在这一刻)——在学校骑自行车上。我先做了自我介绍，然后询问他们的名字。

"亚当(……)，卢卡斯。"(仍在生闷气和叹息)

"小伙子们(……)，我知道你们要回家。只是一个简短的聊天。亚当、卢卡斯(……)，学校有关在校内骑自行车的规定是什么？"(避免问他们为什么骑自行车……)

"什么？"亚当一开始不确定我的意思。

我重复了这个问题："学校的规定是什么……"

"其他老师不找我们麻烦……"

他现在知道我在说什么了。

"也许他们不会。"我笑了——简短地表示"部分同意"(p. 104)。我再次提问："学校的规定是什么？"

这一次亚当看着我，咧嘴笑了，说道："这取决于谁在这里……"

这正是问题的关键。

学生们知道哪些老师"不加警惕"。

附注：并非所有学生都会回答"规则导向性的问题"（表述是"关于……我们的规则是什么？"）。如果他们不予回答，我们可以代为"回答"明确的（和公平的）学校规则是什么。这是提高"行为意识"的一种方式（p. 93f）。当一些教师忽略或选择不处理这些行为时，在学校里促进合理的一致性就会更加困难。

当进行行为管理时，特别是在走廊和操场上，教师很容易陷入一种倦怠的疲劳状态。如果这种"不加警惕"在学校里是很常见的话，那么团队中的其他人实行"宽松警惕"就加倍困难了。

当教师"叫来"学生以提醒他们校规时，有些学生会与老师"争论"，有些学生会"逃走"。我和我的同事发现使用小本的"行为监控书"（黄色的封面，像足球比赛中的黄牌……）非常有帮助，而不是陷入激烈的争论。我们记录他们的名字、事件、日期等。我们可以从照片表（或附近的学生反馈）中找到相应的名字。相关信息之后会交给一位资历较深的同事。在24到48个小时内，当时正在操场上值班的老师（记录这个问题的人）将会与一位资深教师一起跟进这个学生以提高这件事的严肃性并给予支持。我们通常不会追逐学生（除非这是关乎孩子们的一个重大安全问题）。我们要认识到，重要的不是后果的严重性，而是后果的公平确定性。它使全校学生形成一种共识，即当他们"逃走"时，老师将会采取进一步行动并贯彻到底。

我们所有人偶尔都会"不加警惕"（在走廊和操场……）；在那些疲惫的日子里，我们脚步匆匆……我们并不是故意要"忽视"那些不合适或不可接受的行为；这是糟糕日子综合征。令人不安的是，那些老师典型地只是走过去……不参与或不处理……这些课堂之外不适当的行为。

宽松警惕

梅丽莎（九年级）进入教室（迟到了），冲她的小圈子咧咧嘴。老师提示全班同学，"对不起，稍停一下"，这表示，梅丽莎的迟到给他们造成了不便。她转向梅丽莎并欢迎她;一个一闪而过的皱眉随即被一个微笑所代替,"欢迎梅丽莎"(她的朋友们笑了)。"我注意到你迟到了,请坐下。"老师没有在课堂的这个时候,对她迟到或戴吊坠耳环的事实做文章。当梅丽莎走向她的座位时(这是超级名模的步态吗?),老师正在收回全班的注意力,并专注于课堂,"好像根本没有发生什么严重的事情",当然事情就是指上述情况。老师的自信冷静和专注力将梅丽莎一开始博人眼球的进场所造成的影响降至最小。老师将在课程的任务阶段解决梅丽莎迟到的问题;但不是现在,在全班的教学时间里……

稍后在课堂任务时间①,老师轻声地把梅丽莎叫出来,远离她身边的同伴观众。"梅丽莎,你上节课和今天都迟到了……下课后我们需要简短交流一下。"

梅丽莎抱怨道:"为什么?我没有办法!"

"也许你可以在课后跟我解释一下,我不会留你太长时间。"

"耳环很漂亮。"

她快速转移了话题。

"什么?""耳环很漂亮……"梅丽莎带着不加掩饰的"怀疑"笑了。

"是吗?"

"学校关于耳环的规定是什么,梅丽莎?"

老师避免了毫无意义地询问"你为什么……"或者"你是戴着耳环吗?"如果我们和他们都心知肚明,那么问学生"为什么"做了一些不适当的事情有什么意义呢?

梅丽莎用了一个老套的学生计策:"但是丹尼尔斯女士对此没发表任何意见。"这时梅丽莎叹气着,双臂交叉,做出了生气、皱眉的表情。

"也许她没有。"老师并没有说梅丽莎在说谎,也不对她的同事可能忽视佩戴首饰的规则作出判断。"我可以找她核实一下。"老师的语气很愉悦,没有任何讽刺和挑衅。她重复了一下问题:"学校关于耳环的规定是什么?"通过一个直接的问题("什么?"),老师将行为主体转回到梅丽莎这儿,她再次提及丹尼尔斯女士。老师(简短地)表示"部分同意","是的——你说过",但重新回到规则的问题上。

"……的规则是什么?"

梅丽莎叹了一口气,"是——好吧……我们不应该戴耳环。"她叹着气,以一种"我不能相信,为什么我们会有这种规则……"的语气说道。

---

① 课堂任务时间指的是课堂教学中学生完成教师所布置任务的时间,这段时间以学生操作、活动、练习为主,区别于以教师讲解为主的时间。——译者注

随后,老师说道:"好了,梅丽莎,我的工作就是提醒你,你知道该怎么做。"她微笑着说:"我稍后再来看看你的功课做得如何。"

老师现在变成以任务为导向。她发出结束作为学校规则提醒者的信号,表示期待梅丽莎摘下耳环。通过给学生一些接受时间(p. 98, 118f),她也最大限度地减少了任何强制性的"对决",例如迫使梅丽莎交出首饰。如果梅丽莎不摘下,老师知道潜藏的问题就会是潜在的权力较量,与其强迫她摘下,还不如采取一种延迟产生后果的方式(p. 102, 190f)。

老师将对有关校规(甚至是佩戴耳环)的问题做出处理,这一消息很快就在全班学生中间传遍了,但他们也很欣赏这位老师的处理方式。

老师用这种方式来解决学生迟到和佩戴耳环的问题值得吗?"简单的"回答是"值得"。宽松的警惕使得可行的一致性成为可能——我们永远不会在教师领导力方面取得完美的一致性,只有合理的、可行的一致性。关于按时到校和佩戴首饰的规定,老师以一种最不具有攻击性的方式传递出明确(公平)的信息,维持了师生之间相互尊重的良好关系。她还在她选择的时间里处理了迟到问题,而不是在学生们注意力集中的时刻反应过火。

附注:如果学生上课迟到,且连续三次迟到,教师最好与学生进行一对一的面谈(比如在午餐时间)以核查原因并提供支持。教师有必要查明这个学生是否在其他课上也迟到,以便将同事反馈也纳入考虑范围。

不适当的语言

几年前,我在一堂数学课上进行指导教学。我和我的同事完成了课程教学,在自习时间,我们在教室里四处走动,鼓励、帮助学生和让学生重新集中注意力。

我从眼角瞥见卡西将橡皮(呈抛物线形)抛给另一个同学,那个同学没能接住,卡西在教室里冲没接到橡皮的同学大喊。

"我的天呐,你真是个愚蠢的笨蛋!"她以一种嘲笑的、"友善的"方式说道(她是想让朋友接住吗?)。

另一个女孩笑了——班上的许多同学也笑了。我的同事比我更接近吵闹区,但对学生的言语没有采取任何行动,因此我叫卡西到我这里来(离开她当时的小圈子)。她继续坐着。

"什么?你想干什么?"她在教室那头投来生气、皱眉的表情。

我重复道:"到这儿来聊一会儿,谢谢。"

我以一种坚定(但是轻松)的方式说出这句话,同时辅导另一小组学生的功课。她站起来,双臂交叉。

"过来聊聊之后呢?嗯?"

我不准备隔着几排学生和她谈论任何事。我示意她离开周围的同学,以避免(让她)遭遇不必要的尴尬,也避免分散和转移她的小圈子的注意力。卡西当然知道如何"哗众取宠"。

我第三次(也是最后一次)补充道:"我想在这里和你聊聊,现在(……),谢谢。"我将目光(又一次)从卡西转回到我正在辅导功课的小组上,以此来传递"期待",并给出接受时间。如果她拒绝过来,我将会说明延迟的后果(见后文,p. 102, 190f)。

她走过来站在我身边,双臂交叉,避开眼神交流,眼睛望着天花板,叹着气……"你想干什么?"她用一种忧心忡忡的声音说道。

现在很难把注意力集中在"首要的"问题或行为上。我策略性地忽视她愠怒的肢体语言,说道:"我叫你过来是不想让你在你的同学面前难堪。"

"什么?"她似乎不知道我为什么要和她谈话。

"你扔了一块橡皮给梅琳达……在教室里说她是个愚蠢的笨蛋。"

我平静地说了这一切。她看着我,斜视着(带着怀疑)。

"什么?她不在乎我这样叫她。无论如何她是我的朋友……"

我们应该简单地接受这种"街头"语言,就像一些社会评论家所建议的那样吗?我们应该接受用婊子、荡妇、讨厌鬼、白痴、笨蛋等词语表达的"善意的玩笑"吗?如果我容许学生使用这样的语言,那么我就是默许了:"我不在乎你们是否在班里这样跟彼此说话。"(我确实在乎)(见后文,p. 239f)

我说道:"我不知道梅琳达是否介意……但是我介意。"她叹了口气,说:"对不

起!"我简要地提醒她我们班级关于文明用语的规定。"我现在可以回到座位上去吗?"她的语气和举止仍旧显现出愠怒和冷漠。

这时,补充说:"听着,你没有真正表达你的歉意。用恰当的方式再说一次,像真心道歉一样。"这没有任何意义(我见过老师因为学生"道歉"的语气而迫使卡西这样的学生丢面子,或与学生互相谩骂)。为了能赢,老师很容易就想与学生对峙甚至让学生难堪,但又赢了什么呢? 我们的所作所为反而有利于学生达成其寻求关注的目标。

对待像卡西这样的学生,我们需要在她的同伴面前以尊重的方式提出我们的主张(p. 257f)。这往往是社会动力学的问题。我们要避免过度服务于学生吸引注意和谋求权力的目标(p. 217f)。在卡西的案例中,我们也在课后继续跟进(一对一)解决她的行为问题(p. 122f)。

那天早上稍后,当卡西离开教室时,她对我说:"你来之前,这个班一直都很正常。"那可能是事实(正如她所说的"正常")。这个班已经习惯了极度嘈杂,频繁喊叫,在教室里大声说话和那天早上我从卡西那儿听到的那种玩笑。最重要的是,许多学生在学习期间显然注意力不集中。直到这件事情出现后,几个像卡西这样的学生随意开"善意的玩笑"的问题才得到解决。我和她课后也进行了简短的交谈(p. 122f)。

她在之后的课上更加听话了。我们在期望、学习和行为问题上形成了相互尊重的基本理解。这需要付出时间、精力，也需要我们一直以友善、耐心的方式传达对学生的期望。无礼的语言和咒骂问题将在后文得到解决(p. 239f)。

> 附注：当处理欠考虑的、轻率的、无礼的、自私的行为时……我们关注行为本身。我们显然是根据情境，明确地、果断地(无攻击性敌意)采取行动。
>
> "当你说这样的话(具体说明)时就表明(具体说明)不敬、无礼、冒犯……"
>
> "这不是正大光明的行为，现在就停止。"
>
> 甚至直接说："这是贬低奚落，现在就停止。"
>
> 学生需要听到关于这个问题的"道德分量"有多重，用简短的、清楚的、毫不含糊的第一人称"我"加以陈述："我讨厌……对……感到震惊(简要具体而明确地说明这种行为)……"(见 p. 257f)或者，"这是无礼的(恶心的、讨厌的、残忍的、完全不能接受的、不必要的……)"，适当和清晰地描述行为。
>
> 如果学生继续以无礼的、不尊重的或贬损的方式说话或采取行动，我们将需要明确告知即刻(或延迟)的后果，例如暂停——冷静(见 p. 180f)。

做一名反思型实践者

无论从事教学多少年，我们总是能从教学和管理实践的反思中受益匪浅。我曾经听一位老师说过，"你不能教会一只老狗新本领"。我的同事和其他教师组成了一个小组讨论行为管理的实践和技巧。我知道我的同事在一些课堂上遇到了管理问题和挑战(但不幸的是，他们发现将这些困难分享出来很难)。这个讨论小组是我们设立的一个同事论坛，以使大家能全面地分享各自的困惑并寻求共同的解决方案。当她谈及这些的时候，有些过于保守("你不能教会一只老狗新本领")，我回答道："但你不是一只狗，你是一个人。"我恭敬地指出，我们正在讨论的不是"诡计"，而是扎实有效的实践、方法和技能……同事回赠了我一个苦笑。"如果我们愿意，并在我们的管理实践中看到调整甚至改变的需要；如果我们能意识到更为有效的管理实践，我们就能够一直学习……获得……支持。"关于教师领导力实践变革的性质和挑战问题,我们仍会继续探讨。

首要行为和次要行为

在本书师生之间的许多交流中,你会注意到一个反复出现的主题:当教师在试图处理学生的分心和扰乱行为时,学生的言语和非言语行为潜在地增加了教师所面临的压力。在别处,我曾将这种行为描述为"次要行为"(secondary behaviours)。相比于教师需要处理的首要问题,学生的噘嘴、叹气、愠怒、唏嘘、翻白眼、发脾气的行为以及他们的拖延行为都是次要的(Rogers 2011)。这些"次要行为"通常像"首要行为"(primary behaviours)一样令人倍感压力,有时甚至比首要问题和行为更加令人感到烦恼并压力重重。

有名学生没有收拾好他的座位区域,而快要"打铃"了(课间休息)。老师提醒学生收拾一下。学生说:"好的,好的……"但是他边说边叹气,翻着白眼,向后靠在椅子上,又向前靠靠,却没有开始收拾的初步行动。似乎他在"说","又开始了"、"唠唠叨叨"诸如此类的话。

首要问题(乱扔垃圾)不是一个主要的纪律问题,但它是针对所有学生的一种必要的课堂提醒。甚至这名学生使用的词语("好的")也仅仅是"顺从的"。声音的语调、发出的叹息以及翻白眼的动作,这些肢体语言似乎在说:"我不在乎,别来烦我!"相比于垃圾问题本身,这些次要行为的出现(短时间内)更令教师感到不安或沮丧。

这些行为通常是学生谋取关注或有时是寻求权力的表现。"你不能真正使我……"(p. 217f)

几年前,我(作为辅导教师)教授十年级的社会研究课。这是我第一次给他们上课,我正在上课,后排的一名学生靠在椅子上,拿着看起来像香水一样的一小瓶东西四处喷。这显然惹恼了班上的一些学生。(我在教室前面都能闻到一股浓烈的、发腻的香味。)几名学生(她的朋友们)嬉笑着。几个男孩开始参与进来,假装说着:"啊!——真臭!"这是不容忽视的行为。我在教室前面叫她的名字。

"安妮(……),安妮(……)"——我从名单上记住了她的名字。她在教室的那头用一副(假装?)惊讶的表情看着我。

"到——什么事?"她向后靠坐在椅子上,咧嘴笑着,香水小瓶子还放在桌上。

"你拿了一瓶英帕斯(Impulse)(这是我以为的香水牌子)香水在教室四处喷洒。"这有助于明确而简短地"描述真实情况"(一种"观点一致性检查")。"我希望你把它放到我的桌子上或者放回你的包里,谢谢。"我给她一个指导性的选择,而不是走到教室后面,要么跟她说"交出来",要么直接拿走。

"这不是英帕斯香水,这是伊茉克(Evoke)。"她回答道。毫无疑问,她这么说是想吸引更多学生的注意("大家快看我!")。她的语调像是在暗示:"我们玩语言游戏好吗?"

这些"次要行为"比触发它们的"首要行为"更令老师们感到厌烦:叹气、摇头晃脑、眼神逃避或翻白眼、傲慢地笑,当然,还有一些学生说些闲言碎语,浪费时间。

我很容易争辩说:"我不在乎它是不是香奈儿9号!!现在就把它收起来,否则……"但我说道,"我想让你把它放进包里或放到我的讲桌上",重复着这个"指导性的选择"(p. 102, 191f)。她的书包在桌子下面。

"但是这里很臭!"她还想玩语言游戏。这时,简短地表示部分赞同有助于避免无谓的争论。

"我知道很臭。"在这一点上她确实没错。当地的工厂散发出一些难闻的气

味——在燥热的天气——轻易地飘入教室。我重复了指导性的选择。

在那一刻,我冒着最小的风险留给安妮一个指导性的"选择",并说道:"大家看这里(……),谢谢。"我重新吸引大家的注意力,并回到前面已经开始讨论的图表和主题上。我从眼角的余光注意到她慢慢(从未如此慢过)把香水放回包里。

如果她拒绝把香水收起来,那么就要明确告知她延迟的后果(见 p. 102)。

在这种情况下,在处理这种"次要行为"时,自然而然感到有压力的挑战往往很难让我们有一种"冷静"和自我控制的感觉。是的,有些时候表达一个人的沮丧和愤怒是适当的和必要的(见第七章)。但是,在这个案例中,对于这种愚蠢的注意力"游戏",给出一个指导性的选择,避免争论并重新唤起全班的注意力更为有效。当然,我本来也可以:

- 走过去,从桌上抢走香水,"好了,现在归我管!"
- 命令她交出香水,"好了……把它给我……现在就给我!"要是她拒绝,要是她说:"不!不能强迫我!"那该怎么办呢?并且她说的是对的。
- 说道:"不要那样跟我说话!你以为你是谁?"(或者能达到类似效果的话)
- 嘲讽或粗鲁地对待她,让她在全班同学面前难堪。
- 让她离开教室。

15　　　（上文）有些做法无疑具有暂时的诱惑性。我想表达的是，事实上我们在这些偶发事件中互相学习。安妮正在学习关于合理的教师权威和领导力的内容，以及（在必要时）如何面对她的行为后果。她的同伴观众也是如此。

> 附注：每一项纪律事务都体现着人际间的相互影响。当我们在全班学生面前惩罚一个或几个学生时，我们说的任何话显然都会被同伴观众听见，并对他们产生影响。我们不只是说给那些正在分散注意力或捣乱的个别学生听。在某种意义上，我们在告诉每一个学生个人的行为是如何影响到班上的其他人的。这就是为什么我们在使用矫正性语言时需要进行深思熟虑的规划（p.97f）。仅仅是在行为事件发生时做出反应是锻炼我们的行为领导力的最无效的方式，这也是促使学生合作的最无效的方式。

　　我们总是能够有所作为。在行为管理中，尤其是遇到调皮捣乱的学生时，总是会出现许多"如果"、"可能是"、"如果……怎么办"的问题（见第六章）。我们无法保证任何一种方法在所有的情境中都能"有效"。

16　　然而，在引领、指导、鼓励和支持学生的过程中，我们需要那些体现出我们自身价值观的实践和技能。第三章对行为领导力的实践和技能进行了详细地探讨。第一章探讨了我们如何在自然的日常动态中发挥行为领导力作用。行为有时是复杂的，情境和关系行为会有吸引观众的效应，这既可能对教师（以及班级）有利，也可能有害。

　　我们不能通过迫使那些调皮捣乱的学生丢脸，从而失去70%（左右）配合的学生的好感，由此使得70%—80%的学生倒向"支持"具有破坏性的学生，或反过来，使得我们自己"孤立无援"。

　　最近，在十年级的一节课上，在课程任务时间，我在教室四处走动，注意到一名学生在使用智能手机（这些天我经常遇到这种事）——耳朵上戴着一副小耳机，显然正在听音乐，甚至在附近辅导学生功课时我也能依稀听见。我走到他身边，和他眼神交汇，用手示意他摘下耳机。他照做了。现在，我能听到更强烈的节奏和嘈杂的音乐声。

　　"如果你把它关掉会更好。"我建议道。他也照做了。然后我询问他作业做得如何……

> 附注：这一点极为重要：我的第一反应(像这种在任务学习的情境中)不是立刻让他交出智能手机，而是通过进入学生的工作空间并将关注点放在任务/鼓励上。我们要本着最低干预性原则处理此事。我们谈论了学习任务，我提出了几点建议，询问了几个问题来拓展他对学习任务的思考……然后私下里谈论了手机问题。

"布罗克，"我问道，"学校关于在教室使用手机的规定是什么？"学校允许学生携带音乐播放器(iPod)、手持式电子游戏机或手机到学校，但他们不应该在课堂上使用——原因是显而易见的。在布罗克的案例中，和一个让音乐声"响彻云霄"的学生进行沟通很困难。如今，学生的手机不仅是一部手机，而是他们的"第三只手"，并且实际上也是一台能够在几秒钟内访问国际互联网或社交媒体平台的计算机……有些学生不仅仅在听音乐或发短信，而且他们正在上网……教室不是为了这种"社交媒体"而设的场所。

布罗克没有回答我的提问("学校关于在教室使用手机的规定是什么？")，而是将话锋指向他的正式老师并说道："史密斯女士并不介意我们戴耳机，只要我们是在做作业……"他说这些话时并没有态度不恭(有些学生会这样)，他只是在陈述事实。

在这所学校担任团队教学顾问的过程中，我已经注意到有些教师并不在意学生是否携带手机或音乐播放器(在课堂上)听音乐，只要学生完成作业就可以。毫无疑问，学生可以边听音乐(甚至是摇滚、朋克、重金属等激烈的音乐……)边做作业；这不是问题所在。学校的规定很明确(也很合理)——"课堂上不允许使用音乐播放器或手机"。这也是有原因的，学生有充足的时间(课外时间)听音乐和发短信……

有些教师因为质疑学生所说的"其他老师允许他们……"等话的真实性而陷入一场毫无意义的争执，过度服务于学生言语上的"次要行为"，或者他们会反驳学生"规则是多么愚蠢和不合理……"的观点。有些教师试图为规则的合理性做辩护(通常是不明智的做法)。"布罗克……听着……规则不是我制定的，对吧？"有些教师听起来几乎像是在"恳求"。如果他们使用亲切友善的语气，那么就会显现出"被打败"的样子。学生通常能从这种"推论"中了解到,不管学校的合理规则是什么,学生有学生的办法。"其他老师可能会允许你使用音乐播放器,但他们本不该如此,不是吗?"要求学生(在课上的这个时候)对他们可能认为不合理的事情进行理性思考是毫无意义的;此外,这样做会浪费时间,干扰教学活动。

有些教师过于警惕和防御,或诋毁其他同事。"听着,我不管史密斯女士做什么或不做什么!在我的课堂上,你不能私自听音乐,停下来!现在,把它交给我。"当学生想以"其他老师做什么(或者允许我们做什么)"为借口时,有效的做法是,简要地表示部分同意,然后重新回到正确的做法或相关规则上,或回到学习任务上:

"唐金小姐在社会研究课上允许我们听音乐。"

"即使她确实如此(部分赞同;说学生撒谎没有什么作用)(⋯⋯),然而在这堂课上,校规很清楚。我希望你关掉手机并把它放到我的讲桌上,或者如果你愿意,放进你的包(或笔盒)里⋯⋯"老师指了指办公桌。"下课后你可以拿回。"

无论何时,当我给出指导性的选择(在小学和中学阶段)时,从来没有一位学生(目前还没有)说:"好,我会把昂贵的手机或者音乐播放器(或其他的物品)放到你的讲桌上。"如果学生拒绝把它收起来,我们就需要跟他们讲明后果(延迟的后果)。

残留的"次要行为"

在课堂任务时间,杰登正在大口咀嚼着一种黏黏的、散发着果香的口香糖。老师正在教室里四处走动,对学生进行个别辅导,鼓励、提醒他们以及(如有必要)轻声地给出关于适当行为的提醒⋯⋯老师走过去,轻声说"杰登(⋯⋯)"。进行了简短的眼神交流。

"什么事?"(他抬起头⋯⋯)"早上好。"

"哦,是,早上好。"

老师问他的作业做得怎样了,简单聊了聊功课的进展,并补充了一句:"垃圾桶在那边。"

"什么?"他问道。

"热带水果味的?"(她是说口香糖的味道⋯⋯)

"呃?是的⋯⋯"

"垃圾箱在那边。"这个附带的轻声指示部分地在"描述一个事实"(那边有垃圾桶），并通过提醒学生垃圾桶在哪儿唤起一些基本的"行为意识"（将口香糖扔进垃圾桶）。这些话充满尊重，又有一点半开玩笑的性质，就好像在说："你懂的，我知道你明白自己该做什么……"

如果他继续说到："但是其他老师不会因为口香糖找我们麻烦。算了吧……"（说废话，浪费时间），老师要简短地承认并重新回到主题上。

"在这个班上，学校的规则很清楚，垃圾桶就在附近……谢谢。"老师走开了，希望通过留给学生一些接受时间来换取他的合作（或至少是遵从）。(p. 118f)

大约过了十秒，这位学生拖沓着脚步走向垃圾桶，叹着气，小声嘀咕着："我会把它吐进垃圾桶里，我会把它吐进垃圾桶里，唉、唉（小声抱怨）……"

老师在策略上忽视了这种残留的"次要行为"，并（用眼角余光）观察到他瘫坐在座位上，发出长长的叹息，慢慢地重新开始做功课（更多的是残留的"次要行为"）。过了一会儿，老师走到学生身边，通过把注意力放在学习任务上重新与学生建立学习关系。"所以，作业做得怎样了？让我们看看。你现在做到哪儿了？"

你可以想象一下如果这位老师对所有这些残留的"次要行为"反应过度会发生什么。"听着！当你把口香糖吐进垃圾桶的时候，不要发出很大的声音，好吗？"或者"为什么你就不能完成把口香糖吐到垃圾桶里这样简单的小事呢？不需要载歌载舞地去做！"这会不必要地加剧紧张氛围，也助长了这种吸引注意力的行为。我见过许多教师过度干预这种行为，结果导致争吵或用留校威胁学生。

有些老师试图缓解他们所感觉到的学生的不满情绪。他们将学生的长吁短叹和小声抱怨看成是惹恼了学生。他们认为这些行为是冲着自己的。"特罗伊，特罗伊，规则不是我定的，不是吗……请保持理性……拜托。"这种"刻意的友好"只会助长愠怒和不满。通常更好的做法是，在策略上忽视这些"次要行为"，直到学生重新开始学习，然后再进行简短的"重建"并将注意力集中到手头的任务（课堂作业）上(p. 116f)。

如果学生的语调或态度过于不敬或扰人分心，那么就需要简短而坚决地加以处理，聚焦到不可接受的行为上，然后将注意力重新放到任务或期望的行为上。对一名说话狂妄和态度傲慢的学生，我们可以这么说："我没有对你说话无礼，我希望你也不要这样。"当学生闷闷不乐地回到座位上时，这时给学生一些"接受时间"也是明智的。

对学生进行跟进也是有帮助的，课后单独和他（远离他的同伴观众）谈谈他的行为方式、语调……(p. 122f)在这种一对一的情况下，我们可以向学生清楚地说明我们在他们的"次要行为"中看到了什么。有些学生并不总是知道他们的语调、态度、肢体语言"给人留下什么样的印象"。如果这样的后续跟进是在师生关系建立的初期进行的,并辅以支持性的尊重,那么对减少残留的"次要行为"就会大有帮助。

我们也会遇到一些学生,他们(实际上)通过行为表明:"你不能强迫我!"或"我不必按照你说的做……"我看过有些幼稚的学生让他们的老师倍感沮丧。当老师明确地给出一个指令,如"布朗森(……),布朗森(……)看着我,看——着——我"时,他们扭头转向一边,拒绝看向老师。我见过老师用手抓住孩子的下巴,强迫他抬头看着老师。我见过老师将年幼孩子的身体转过来,让他们面对老师。如果老师感到沮丧并强迫孩子抬起头来,那么执拗的孩子很可能会说(通过他/她的行为)"你不能强迫我"或者"我可以做我想做的任何事,你无法阻止我"。孩子的"个人逻辑"——在这一点上——是"正确的"。谁在控制谁?调皮捣乱的孩子的问题在第六章中将有更为充分的讨论。

- 在小学低年级阶段,儿童并不总是能意识到他们的"次要行为"。有效的做法是,教师之后与他们(一对一)聊一聊并解释甚至简要地向他们"模仿"这样的行为(见 p. 128/235f)。[1]
- 有时"次要行为"是习惯的结果;学生可能不知道他们的非言语行为表现为生气、噘嘴、冷漠、暴躁,看起来一副"愤愤不平"的样子(有些学生"满腹牢骚")。在这些案例中,教师及早地、考虑周全地进行后续跟进来表明自己的关注,获得一些相互理解,然后与学生合作并帮助学生改变行为是至关重要的(p. 122f)。
- 有时,这种行为是学生糟糕日综合征的体现,敏感的老师会承认这一点(私下),并鼓励学生在以后更加注意自己的行为。
- 有时,这种行为是由教师的迟钝、小气甚至挑衅的行为引发的。
- 有时,学生也会以挑衅的方式用他们的"次要行为"来"试探"老师的底线。这种行为有时被用作宣示主权,特别是在男性之间。
- 对于一些学生来说,他们的"次要行为"可能是"兴奋性刺激"的一种表现,学生将他们的吸引注意力行为看作"条件刺激"的一种形式——吸引注意和寻求权力的"戏剧"(p. 217f)。[2]

我年轻时当老师,学到的一条可靠的经验就是,我不能简单、轻易地"控制"他人的行为。我也不能简单地决定学生们会做出什么样的行为……但我可以决定我做什么来回应；在教学和管理的情境下我可以控制自己（尽管这也不总是很容易……）。我审慎地控制自己对学生的语言、"态度"和方式的程度，也就是我能取得学生合作的程度，或相反，发现我的学生变得难以相处或甚至叛逆。后文第二、三、四章中提到的技能专门针对有效教学、行为领导和纪律问题。

我也学会了不要提出一些日常教学现实所不能承受的要求。

行为管理中的"解释风格"：制造或管理压力

一些教师对课堂管理和纪律规范提出了过分苛刻的"解释风格"：一种定义和解释社会性和关系性现实的惯常方式。一个人的解释风格不仅会影响一个人与他人的关系，也会影响一个人的情绪状态和幸福感（Bernard，1990；Seligman，1991；Rogers，2012）。

当我们遇到充满压力的事件时，不只是压力事件本身直接影响我们的感受以及我们如何有效地应对和管理。我们的"解释风格"和关于行为的"工作信念"——学生应该做什么和不应该做什么——也对我们如何有效地应对压力情境产生极大的影响。

一些无益的、被认为是理所当然的信念，实际上本身就会增加一个人的压力，削弱教师吸引学生合作的能力。当学生故意表现出苛求、无礼、傲慢、懒惰或冷漠时，这些信念会直接关系到我们如何理解和解释所发生的事件。"次要行为"就是一个典型的例子。当一名学生无精打采、叹气、翻白眼或者恶意地咧嘴笑时，有些老师会"下意识地"用一种高压的方式来应对这些"次要行为"，他们经常会说"孩子们不许质问老师（他们的上级），不许与老师意见不一致或与老师争辩"，或者"孩子们应该在我第一次发话时就按我说的去做"，或者"孩子不应该顶嘴"。我听到的最普遍的信念声称："孩子不应该无礼，他们应该尊重老师，我值得尊敬。"

解释风格中的"应该"、"必须"和"值得"的部分常常是问题所在。这里包含着命令；对现实的要求往往是不切实际的——在现实中尤其是在学生行为问题更突出的学校中往往得不到期望的结果。有许多孩子表现无礼，对老师的要求不回应、不遵从或不"服从"，顶嘴或不文明。当这些行为发生时，是的，我们需要应对，这当然是不愉快的，也令人感到沮丧。然而，当我们说"学生必须服从我……"、"不能顶嘴……"或"必须尊重我……我值得尊重……"时，我们发出的是绝对的命令，一旦不能执行，就

第一章 课堂行为的动态

会直接影响我们的压力水平,也影响我们有效地处理分心和扰乱行为。在学生(实际上)已经顶嘴的情况下,如果我们说"他不应该顶嘴",那么内心的自我言语会增加在那时所感受到的压力,尤其是,如果这种强烈的认知需求(不应该)成为一个人解释这种自然的压力现实的特质化方式的话。

我看到在同样的情况和背景下,处理同样棘手的学生行为问题时,不同的教师在管理和应对方面的有效性差异很大。这不能简单地只用个体风格来解释(Rogers, 2012)。一个更为现实的信念避免了绝对的命令:"当……我无法忍受!"其在性质上不同于诸如"当……是令人烦恼的、沮丧的、不愉快的,但如果我采取 X、Y、Z 措施时,我就能应对"的表述。保持这种信念(这是令人烦恼的而不是"我无法忍受")和以这种方式解释困难事件时,我们可能仍然会感觉到压力,但不会让压力持续那么长时间。当然,我们需要在管理情境中提升应对技巧和领导力,这样我们的信念才能加固。现实的信念和管理技巧之间的平衡能减轻我们的压力,让我们每天更积极地应对。

关于获得(实际上是要求)尊重的固有认知能够改变我们看待、解释和管理前面提到的各种"次要行为"的方式。不管喜欢与否,我们都必须通过教学的有效性(第四章)、自信的领导力和我们为与学生建立和维持良好关系所做的努力"赢得"学生的尊重。只是要求得到尊重难免弄巧成拙。

信念和准则

"禁止孩子咒骂……"这个信念和建立文明用语的标准并不是一回事。对不恰当的言语(包括咒骂)形成一种更切实际、适当、灵活的信念——"我不喜欢咒骂,但是我不会让它带给我不必要的压力,同时我需要视情况处理这个问题",这将会减少心理压力并(运用一些先前的技巧)使得对学生言语不当(包括脏话, p. 239f)的管理更为有效。

它能帮助我们学会"调整"或"质疑"那些无益的、自我挫败的信念和解释方式,其中经常含有"必须"和"应该"这些词("我应该可以控制这些孩子!")。通过将(强制的)命令"重构"为基于事实的个人偏好,我们没有"放弃标准",同时我们的命令"切换"到了可行模式。我们也要减少现实中以坚持要求为核心的表述("他必须……"、"我必须……"、"其他人必须……"),因为这些表述会增加情绪的压力水平。总之,社会现实没有义务仅仅遵从我们的要求。

这不是一个玩笑。对话甚至自我对话是一种行为,而行为产生影响。如果我一直对自己说"我不好",这样过于笼统。如果在这种想法背后,我有一个坚持的认知要求("我必须一直保持正确"),那么我会给自己制定一个不可能达成的个人标准。然而,如果我说"听着,我遇到了困难(因某个学生/班级)"以及"我需要什么技能和支持",这是确切的自我对话,也是符合现实的。更准确、更合理、更现实地看待我们日常的社会和职业现实,将有助于我们实现目标和在日常教学与行为领导中更好地管理那些无法避免的自然压力。

不准确的、呆板的、苛刻的和消极的自我对话可能会演变为一个不加反思的习惯。如果不加以处理,它可能会变为一种特性而不仅是一个有意识的活动。尽管过去的行为和经历可能会改变我们惯常的自我对话方式,但是关键在于当下我们还在重复这样的方式,关键在于当下需要对这种方式做出改变。通过有意识地反思我们惯常的自我对话(在压力的情境中),我们能够学会重构不切实际的要求,使现实的自我对话而不是要求,成为优先的、实际的选择。

糟糕日综合征

在个人生活中,总会有一些天(自然地)必然伴有疲惫和担忧,这一天的问题和个人的健康状态都会影响我们日常的教学和行为管理的质量。甚至在我们仅仅感到"心情不佳"的日子也会有这样的影响。在这样的日子里,我们的沮丧情绪容易蔓延到我们的行为之中,我们可能变得脾气暴躁、恶语相向甚至怒气冲冲。

当我们心情不佳时,告诉学生是很重要的。"你们或许可以看出来我今天状态不是很好,这不是你们的错。(你可能想说,'嗯,有些是')我根本不想这样,但是我有一点点烦躁(或恼火)。如果你们发现我今天脾气变得有点不好,你会知道原因是……"

如果我们身体不适,简单地解释一下"我头疼得厉害,或者……"是很重要的。如果涉及更私人的事情,分享细节通常是不明智的。一般来说,只要说出今天心情糟糕的事实就足够了。大多数学生不能(他们也没有必要)真正应对这种个人信息。令我惊讶的是,有些老师显然愿意(也很自在地)和孩子们(甚至是小学年龄段的孩子)分享过多私密的个人信息,如离婚细节、经济困扰甚至对同事的担忧。

孩子们喜欢老师分享童年的一些经历("当我还是个孩子的时候,我们做过……"),但是利用师生关系来"减轻"个人的挫败感或是让学生成为不合适的密友都是不恰当的。

不需要详细说明我们的糟糕心情,让他们知道就足够了,以便让他们对我们的感受有一些基本了解,甚至偶尔产生一些共同的人性——同情心。孩子们明白每个人都会有心情糟糕的时候。

在心情不佳的时候,我们可能会对学生说出一些不恰当的或欠考虑的话,并不打算说却脱口而出的话,我们可能会用尖锐的语调,甚至会发表麻木的、无礼的和小题大做的评论。疲惫、压力、被别人催促和仓促做事(被打扰)能轻易地逐步瓦解我们的善意和耐心。在这样的日子里只要记得承认这些情绪并表达歉意,我们就是明智的和专业的人。这样做后,不要沉浸于自责之中,继续向前是很重要的。

这区别于在管理中特质性地表现出任性、小题大做和小气的教师,他们注定(似乎)要在学生中间制造,甚至维持不必要的焦虑和令人无法接受的控制。尽管这样的教师可能仍然(在某些学校)取得"成果",但那样做是以牺牲学生的幸福和自尊为惨痛代价。我曾经与拒绝原谅学生的老师共事过(甚至学生已经试图道歉)。我也曾见过有的老师在该向学生道歉的时候拒绝道歉,也有老师在很长时间内都对学生心怀怨恨。他们忘了我们都容易犯错。这种教学和管理行为——典型地——出现在教师的实践中,需要专业的指导。

教学是我们的职业而不是我们的生活,记住这一点也很重要。是的,这份职业将对我们所教的孩子的生活产生重大的影响,它承担着重大的责任。有时也自然会带来挫折、疲惫和愤怒。

许多第一年任教的老师,诉说着他们初任教师的劳累。这是自然的,因为我们一旦开始教学之旅,就要应对备课、打分、维持纪律和后续跟进以及有显著学习需要和行为障碍的学生……的挑战,要监督学生的功课,还要面对教育标准办公室的干扰……

同事的支持使我们能够超越自身,从共享的经验、知识和技能中获得理解和支持。同事的精神支持("我们都在同一条船上……"、"不仅仅是我……"、"我们都在……"),他们的职业水准、友善及直接给予的支持(如在暂停—冷静的情境中)都有助于改善"糟糕日综合征"。

处理我们个人心理上的垃圾邮件

糟糕的日子、失败、自我批评似乎常常一起来临。当我们表现不好或不如我们认为应该做得那么好的时候,我们有时可能会对自己过于严苛、不正当的严苛。

我曾经坐下来和一些教师交谈,他们对一名学生或一个班级发火后说:"我本不该像那样生气……"为什么不呢？在很多情况下,我们会对学生感到沮丧,甚至生气。问题可能恰恰出在"像那样"表达我们的愤怒。在充满压力的行为和纪律管理动态中,感到沮丧和愤怒是正常的、自然的。是的,有比大喊大叫更有效的方法来应对愤怒,但是我们的确生气了。我们不会因此而成为一个失败者。面对不合理的愤怒表达方式,我们总是可以采取一些措施(见第七章)。

心理上的垃圾邮件来自于各方面的"持久的"自我对话:"我不应该做!"(我做了。)"这不公平!"(真的吗？)"我总是做错!"(总是？)"我永远得不到他们的理解!"(永远不？)或许我们本不该做或者说 A、B、C,但是我们做了、说了,这是事实。如果对于我们的失败附加这种持续不断的自我对话或反思("我不应该!"或者评价,比如"我是个傻子"、"我真是愚蠢,一个彻底的失败者"、"我从未得到公正的待遇"),我们自然会感觉到更加糟糕,应对失败和挣扎也会更加低效。

我并不是在暗示一种认知上的"无所谓",当确实有关系时却说没关系;我们的挣扎和真正的(或感知到的)失败有时能够也确实会造成伤害;失败和犯错确实要紧,但是,重复性的自我对话(像上面那样)就像心理上的垃圾邮件一样,加重了我们感受到的糟糕情绪。

失败的感觉是正常的、自然的甚至是恰当的。学会领悟失败的意义意味着承认我们的易错性(我们自己和其他人)。它将有助于我们找出失败的标识——一个错误、判断失误(甚至缺乏技能)。不要为失败找借口,而是问我们能从中学到什么:"我需要向谁道歉吗？"(可能吧)"我需要做什么？"(具体地)"我需要支持或帮助来克服吗？"同事的支持总是很有帮助……我们经常向学生传递的一个信息是,我们有时从错误的事情中学到的和从正确的事情中学到的一样多。

通过对失败进行重新标识和调整——"好的,我确实错了,我本该做 X、Y、Z",然后问:"现在我能做什么？下次碰到类似的情况,我可以做什么？"我们改变情绪能量的方向,这些能量很容易被"精神自虐"所吞噬(Edwards,1997)。调整负面的自我对话并不容易,就像其他的任何技能一样,作为一种内在的自我检查的"机制",它需要被承认和练习,直至我们发现"已将心理上的垃圾邮件抛诸脑后"。也许我们不能控制第一时间出现在脑中的消极的、自我挫败的想法,但我们能学会控制后续的想法和内心的对话。当我们正在经历着诸如沮丧、愤怒、持续的焦虑、"无力"感以及对某人或某种情境感到筋疲力尽这些情绪时,我们可能会使用消极的自我对话。就错误的、自我挫败的想法进行争辩的原因在于它能带来更为有效的处理问题的方法,无论是

第一章 课堂行为的动态

情感上还是实践上。我们需要问问自己当下的想法——我们向自己解释造成伤害、糟糕、压力的事件的方式——是否真正有助于我们处理挣扎和失败。这种想法的后果或结果是什么？我应该如何重构关于我所面临的自然压力的想法……

马丁·塞利格曼（Martin Seligman）教授是习得性无助和学习乐观理论的专家，他曾说过：

> 失败至少会在短时间内让每个人产生无助感。这就像在肚子上打一拳一样。这会带来伤害，但是伤害会消失——对于一些人几乎立刻就会……对于其他人来说伤害会持续，它惹人发怒，它令人不安，它凝结成怨恨……即使经历小小的挫折，他们也会连续几天或可能数月都陷在无助的情绪中。经历重大失败之后，他们可能永远回不到从前。（1991：45）

根据塞利格曼的观点，习得性无助来自于一种解释风格，它从几个维度来解释困难和不良事件：永久性、普遍性和个体性。"是我……"（或者说，"是他们"）"我从来没有正确过……这将永远持续……它将影响我所做的一切……"

乐观的解释风格承认失败的烦恼，甚至痛苦，但避免使用持久不变的特征来解释失败和不良事件。使用坦诚的、贴近现实的修饰语有助于重新定位："是的，我确实有时会做错。""最近我没有跟上我的课程计划。""我错过了升迁很令人烦恼，所以我需要做些什么来改善和改变？"更为乐观的解释风格承认令人沮丧的现实，但会重新构建它，将失败归于短暂的而不是永久的、普遍的原因。此外，乐观的解释风格避免"一边倒"的自责或其他指责："是我……"、"我永远不会改变……"以及"我从来都没有做对过……"。简而言之，承认一个人暂时的愚蠢、无能、懒惰、缺少远见卓识和计划就是承认一个人的人性（Rogers，2012）。

解释的习惯是解释风格和个人自我对话的核心。它不仅仅是我们在理解我们不定期出现的压力时所做的解释；它也是我们在应对、理解和处理紧张事件时所依靠的特质性的、残留的解释风格。塞利格曼对于习得性无助和学习乐观的研究在压力管理和应对方面提供了一种积极的和具有实践意义的办法。

对比一下"我从不……"、"我总是……"、"我不能忍受……"以及"这个班上的每个学生都是……"和"我有时会失败；然而……"、"有些人难以共事，然而其他人不是……"、"这可能很难（而不是'我无法忍受'）……但是当我……"、"当……会变得更好"、"如果我做 X 和 Y，事情会改善……"以及"即使我失败过，我也不是一个失败者……"。个人自我对话显然具有自我指导和自我调节的功能。

失败并不意味着我们就是失败者。与其从整体而持久的方面来定义失败,还不如从情境化的、具体的方面来理解,这会改变我们对自己及那些使我们经历压力和重大挫败感的情境和关系的感知。

适应的和不适应的思维行为是从我们的个人经历中习得并成为习惯的(Rogers,2012)。当这些思维技巧(与自我对话技巧)与行为领导力和教师技能相匹配时,才能确保有效的管理甚至愉快的、有效的教学(尽管是糟糕的日子,p. 22f)。

你控制我们!谁控制谁以及控制什么?

我曾经带过一个刚上九年级的班级,我努力给学生们传递一个难以理解的信息,即控制他们的行为是他们自己的事情。显然,他们之前的老师(不堪压力而离开)曾经为此一周又一周地和这个班级进行斗争,现在轮到我了。

在我组织的班会上,我提出了他们所认为的"控制"问题(p. 29f)。许多学生提出"控制班级是老师的工作","老师的工作就是让我们守规矩"。

我问道:"怎样做?"在接下来的(激烈的)讨论中,学生们发表着对教师控制的看法,从"大喊大叫"到"恐吓"和"留校"。我进一步追问他们是否喜欢那样的教师行为,以及他们是否认为这种行为是公平的和有用的。当我们对这些观点进行梳理后,发现他们一致认为由于老师的"控制"行为而被迫遵守规矩,实际上对任何人都没有帮助。这意味着这些学生实际上想让老师控制他们,但是那种安排意味着他们要对控制他们的老师提出挑战:"你必须证明你能控制我们。"当学生这样说时,还暗含着更为重要的潜在的防卫信息:他们期待老师能够领导、管理和指导在一间小教室里的25—30个学生的日常的复杂行为,包括教学和社会化等任务。在这个意义上,他们对"控制的要求"是正当的,但我们的作用也包括引导学生超越纯粹简单的外部控制达到恰当的"自我"和"共享"控制。

这花费了一些时间,但我们最终设法将他们的想法和(部分)"博弈"转向新的理解:"作为学生……我们控制自己……你(老师)引领、指导和支持我们进行自我管理。我们给予你权利和责任以那种方式引导我们。"

学生思想上的转变不仅是一个简单的教学实践。老师需要唤起学生的合作,通过:

- 核心权利和责任的共同理解。这个通过合作完成的班级规则来实现(见第二

章和附录 A)
- 教师充满激情、有技巧地教学，愿意发掘学生多方面的能力以及考虑多样的教学方法(第四章)
- 教师努力表达尊重和关心，尤其是当他们管理纪律的时候(第三章)
- 教师与个体学生和班级群体接触的意愿；即使是简单地尝试去了解、帮助个别学生，都会对师生合作产生强有力的影响。

我和学生多次讨论过教师管理和纪律问题。他们能够总结出一位老师的自信、可靠、"与学生打成一片"、能干等特征。他们似乎通过教师最初在管理和纪律规范中如何表达自己，以及努力教学的效果(第二章和第三章)来获取这方面的信息。教师与班级第一次见面时留下的第一印象，在很大程度上决定了学生如何定义教师日后的角色。正如一名学生写的对于老师的第一印象(他把纸条递给我——这是我辅导同事的一节课……)：

> 当你以为你能够侥幸逃脱老师的惩罚时，你通常是愚蠢的(原文)，就好像你去其他人的桌子旁还不想引起他们的任何注意(老师……)。

事实上，这个学生是说，一位"好"教师需要控制学生行为表现的班级环境和情境。教师通常也会讨论(正如这名学生所做的)学生要(不要)"引起老师的注意"的方式和原因。一个人的领导力和权威首先与这个人在鼓励、指导班级学生和个人行为时看起来有多放松以及对自己的领导风格有多自信相关。与班级学生初次见面时制定一个计划能极大地增加教师的信心。这一点在班集体建立阶段的部分和后面的行为管理的语言技巧部分以及有效教学部分进行了讨论。

不到圣诞节不要笑

这不是最明确、最有用的教学原则！我记得很多年前有人对我说过类似的话。想象一下站在一群学生面前(上课前在走廊上或教室里)，一副紧张、担忧的表情——可能呼吸急促，脚趾来回地摇动，皱眉，"期待"麻烦……比起其他事情，这样的非言语行为更能表明一个人对自己的权威和地位缺乏信心。它可能甚至在我们的一些学生中间引发一些不必要的、较量的行为。如果一位教师站在全班学生前面,看起来焦虑不安,双臂交叉呈现出一种保护的(封闭的)肢体语言,或者露出一个迟疑的和羞怯的微笑,这实际上在说:"请对我好一点……"学生可能会解读为"优柔寡断"和缺乏信心。

当我们在与学生交流时,一个自信、愉悦、轻松的微笑(不是谄媚的笑)能够传达出对学生合作的潜在的信心。当然,我们之后的言语和行为,对于如何引发和维持课堂注意和焦点是至关重要的……第三章对这一问题做了详细论述。

当然,这条原则真正想表达的是:在与一个新的班级建立持续的关系之初,我们对行为和学习的领导需要坚定和明确。这是有道理的。纠正不专心、不做功课、分心的行为,远比在第一天就建立积极的、明确的规范并通过积极、自信的行为领导来强化要困难得多——第一次见面是至关重要的(p. 37f,55f)。

我听到过老师们说他们因为第一次与全班见面时,试图表现得"非常友好",试图成为学生"密友"/"伙伴",事实上却"失去"了整个班级。我们是他们的老师/领导,我们不是他们的"密友"或"伙伴",我们可以是而且应该是友好的、善良的、宽容的和尊重学生的,但我们是他们的老师,不是父母"替代者"或看护者……

百分之七八十

我见过教师因为对待某些个别学生和全班学生的方式不当而失去了班里很大一部分学生的好感和潜在的合作。如果教师用一种特质性的、不尊重的方式来对待任何一名学生或者引起未解决的冲突,他们会惊讶地发现班里的大部分学生都会表现出愤慨不平。我也见过,有的老师为了对几名捣乱的学生施压而将全班学生留校,这样的做法只会让百分之七八十的学生感到失望,如果教师继续采取这种措施的话,将会疏远这些合作的学生。

尽管因为一个班级中的某些个别学生变得沮丧是很自然的事情,但是我们需要百分之七八十的学生的合作以顺利地管理和帮助剩下的百分之二三十的学生,这些学生往往寻求关注,更加难以相处。

我们可以"控制"什么,不可以"控制"什么

当在这本书中撰写关于管理或领导学生的内容时,我并不是在说控制学生;令

人惊讶的是我们总是能轻易地说出"我让学生举起手来……"或"我把学生带到一边,告诉他……"。我们不能简单地让学生做任何事情,或者把学生带到任何地方,除非他/她是发自内心的合作、高度服从或顺从,或无条件地服从和顺从(这根本不是必要的、健全的人格行为特征)。我一直劝勉自己的孩子"不要因为他们是老师就简单地服从"(注意,我也已经教给他们巧妙的方法来应对不公平甚至不公正的教师行为)。

与其问自己如何更有效地"控制我的学生",不如问:"我如何才能成为一位更有效的教师领导者?"以及"我要做什么才能更有效地控制教学情境?"这更为恰当,也更有建设性。当我和学生在一起的时候,我管理自身的想法、态度的方式对学生的表现(合作地或不合作地)有重大的(甚至持久的)影响。

本书提出的方法和技巧都是为了实现这个目标。

意图和关系

学生从教师的纪律和行为管理中能听到和看到教师的意图——言外之意。如果学生读出的意图是教师只是想控制、为难、羞辱学生或者对学生造成情感"伤害",那么学生对于这样的纪律管理(自然而然地)会产生厌恶,这也常常会导致糟糕的师生关系。例如,当教师强调的是后果的严重性,而不是确定性时,那么所有学生就会将注意力放到教师如何使用一对一的后续跟进(面谈或留校等)来"报复"学生。处理这种教师行为是不幸的,但我就曾见到过。

如果我们的意图是让学生对他/她的行为承担责任以及主动考虑他人的权利,如果我们的纪律管理是以此为目的,那么孩子将更有可能从我们(在教室的"公共"领域,在任何接受一对一的行为后果的时段)处理他们的行为所使用的那种语言和态度中听见和看见那个意图。学生的合作与顺从的程度也取决于师生之间的关系。

在关系建立阶段,教师寻求与全班学生建立一种和谐的关系,不论是整个集体还是个体学生。甚至看似是寻常的、人性化的表达,例如记住一个学生的名字(在任何时候),积极问候班级和个别学生(甚至在课外),记住他们的个人情况和细节(学生的爱好、特殊兴趣、事件和生日),都是教师努力建立和维持积极的师生关系的体现。

对"不讨人喜欢"的学生保持良好的和尊重的(不是谄媚的)态度;特地说"你好"(甚至有时是对没有回应或低声回应的人);不记仇,重新开始每一天。这些都是孩子们能全面感知到的教师行为,他们很快就会承认、肯定并以积极的方式来回应。

当学生知道我们把他们当作个体来关注（视为有需求、需要关注和情感的个体），那么在他们理解我们关怀的基础上，我们的纪律管理就会得到他们的评判和接受。

建立关系

一般而言，我们与学生建立起来的积极关系，是在他们早已遗忘了都铎王朝的历史或正整数和负整数之后，我们都仍然记得的。我过去常常问自己的孩子："今天的数学课（或法语课或历史课）怎么样？"有时候他们会谈论学科问题，但更多的时候他们会谈到老师怎么样和在课堂的互动中发生了什么。我们的孩子很快对老师做出"分类"，哪些老师能够管理哪种班级（以及原因），哪些老师教得好（并且有趣），哪些老师公平和体贴，以及哪些老师通常富有耐心、幽默感。最重要的是，他们关心学生。

15岁时，我曾在圣奥尔本斯高中（英国）上过半年学。一天早上，上科学课时，我迟到了，因为公交车晚点了。我在教室门外气喘吁吁、焦虑不安，因为布朗先生并不是学校里最具有同情心的老师。走进教室，我见到一位新老师——代课老师（我不确定）。在教室门口，他面带微笑地向我走来说："你看起来有点上气不接下气……"（我刚刚一直在跑）"我是赖兰老师，你叫什么名字？"他的语气和态度立刻让我放松许多。他轻声地跟我讲话，远离班级同学（避免其他人直接听到）。"你通常坐在谁旁边？"当我告诉他我坐在罗杰（一个朋友）旁边后，他解释说现在正在做关于阿基米德原理的一个实验。"罗杰会帮你补上前面的知识，调整你的呼吸，比尔，一会儿我过去看看你们的进展。"我不仅感觉好多了（没那么焦虑和尴尬了），而且学习动力更足了（对一门我并不喜爱的科目）。我不仅记住了阿基米德原理，而且记住了老师能对一名学生的情绪和"学习"产生多大的影响。

对比一下赖兰先生对我迟到的处理和我的大女儿上高中（九年级）时写的个人经历。

放学后，薇姬和我靠墙坐着（我们通常在这里等着搭薇姬爷爷的车回家）。布朗小姐（薇姬的数学老师）向我们走来，说道："你努力去找那本数学书了吗？"薇姬还没来得及回答，她又说："不，我认为你没有。我让你星期五的时候留下来，有人告诉我你只等了5分钟！"

"我不能等，因为我爷爷不知道我被留下来，他会担心的。"

这时，我插嘴进来，试图解围："因为我们同坐一辆车回家，所以留下来会有一点困难。"

布朗小姐说:"我认为这件事和你没什么关系!我想你不知道这是怎么回事,所以你应该置身事外!"

那我只好闭嘴(做一个天使般顺从的学生),但事实是,我比她更清楚她眼里流露出的讨厌的目光,我立刻下定决心不会喜欢这位老师。

尊重:
- 意味着尊重个人的基本尊严。
- 以权利的平等和相互关系为基础,这是《联合国宪章》关于儿童权利(以及一般人权)的核心内容。尊重本质上关乎基本的人权。在课堂和学校层面,它是建立合作的基础。在意识到并考虑到他人的权利时,我们(实际上)也在肯定并承认自己的权利。我们可以坚定而充满尊重地维护我们的权利而不侵犯他人的权利。教师如果能尊重学生,以身作则,这将对建立一个保护权利的学校共同体发挥重要作用。
- 意味着承认人类的平等(在性别、种族、背景、个体差异、知识、地位……方面)。
- 意味着即使需要管教学生,我们也不会排斥他/她作为一个人的存在。这可能是我们作为教师所追求的最具挑战性的信念和实践。这意味着我们会(而且应该)平衡坚定与友善,坚决与不记仇之间的关系。这意味着(这也是非常困难的)和学生一起重新开始每一天。我会进一步主张我们不必喜欢所有的学生(一些学生会比其他学生更容易讨人喜欢……)。尊重关乎我们面对他人的行为,我们对待他人的方式……努力强迫自己去喜欢一个行为惹人讨厌的学生是毫无意义的……尊重关乎一种观念模式以及一个人对待"不喜欢的人"的行为。

传达尊重并不意味着要原谅学生不负责任和错误的行为,这是解决冲突和修复关系的重要前提。

他怎么会觉得……

我的一位同事在全球涂鸦板(你懂的——互联网)上发现了这封信。它充分地描述了一位教师会遭遇的常规的沮丧,那种沮丧甚至连神也曾感同身受。

教学的乐趣

　　神带着他的门徒上山,让他们聚集在他的周围,教导他们说:"精神贫瘠的人有福了,因为天国是他们的;温顺的人有福了;哀恸的人有福了;仁慈的人有福了;渴望正义的人有福了;受迫害的人有福了;受苦难的人有福了。保持高兴和愉悦,因为你在天堂的回报丰厚。"然后,西门·彼得问:"我们应该知道这些吗?"然后,安德鲁问:"我们必须写下来吗?"然后,詹姆斯问:"考试会考吗?"然后,菲利普说:"我没有纸!"然后,巴塞洛缪问:"我们要交作业吗?"然后,约翰说:"其他的门徒不需要学习这些!"然后,马修问:"我可以去卫生间吗?"然后,有一位在场的法利赛人,他要求看看耶稣的课程计划并问道:"你的教案在哪里?课程的认知目标是什么?"最后,神哭泣了。

(佚名)

反思

- 回忆一下当你作为一名在校学生时,你的哪一位老师的什么样的品质和特性,让你留有愉快的(或不满的和痛苦的)记忆?
- 当你在审视自己的课堂动态时,"宽松警惕"的概念与你惯常的行为领导力之间有着怎样的关联(p. 7f)?你如何看待这一章中提到的"控制"的概念(p. 29f)?
- 你对某些学生的首要行为和次要行为有多少了解(p. 12f)?你对次要行为的真实情况有什么看法?当你在处理学生的这些行为时,哪些技能和实践对你有所帮助?
- 反思你的常规压力——在应对和管理压力中,你对自己"惯常的解释风格"有多少了解(p. 20f)?

注释

1. 对学生的行为进行简单的模仿或使用"行为镜像"（Rogers，2003），是将行为反馈给学生（仅在一对一的情境和非课堂时间使用）。这种做法应该始终以征求学生的同意为前提："你是否介意我向你展示一下，当你……看起来（或听起来）是什么样子？"而且，要避免对有自闭症谱系障碍的孩子使用这种镜像法——这可能只会给他们增添困惑或不必要的混乱。

2. 这是米尔斯提出的一个有趣的理论（Robertson，1997）。根据米尔斯的说法，有些孩子使用这种行为来"消除"抑郁或压力。在他们的家庭环境中，他们可能处于高度兴奋的状态（一个吵闹的家庭——争吵和喊叫、严重的兄弟姐妹间的矛盾、刺耳的电视声音……）。在学校里寻求"兴奋"可能是补偿性的。罗伯森指出，对待这类学生时，老师表现出的冷静的态度是确保任何方法有效的关键因素（第五章，也请参见 pp. 60—62）。

 访问 https://study.sagepub.com/rogers4e 获取更多资源，您也可以听到比尔亲自讲述常见的行为管理情境以帮助您更好地管理课堂行为。

第二章

新班级、新学年：行为管理的建立阶段

习惯造就性格。

——奥维德（公元前 45 年—公元 17 年，

《变形记》作者）

新学年、新班级、新开始

新学期开学的前一天,你站在空无一人的教室,扫视着整个教室和桌椅(哪怕有的时候布置得不舒服),思考着:"明天这里将会迎来25—30名学生,而每一名学生都有独特的个性、气质和需求。"对一些新教师来说,这可能是你们教师生涯中接触的第一个班级,你们将开始独立工作,情况历来如此;对于其他教师来说,这也是一个新学年。(有时)很快,你们每日、每时、每分就都要应对常规的教学和人际关系等各方面的问题。

大多数老师都对他们执教的第一个班级,甚至是他们的第一天记忆犹新。

在一年中的这个阶段,一个最为重要、基础的问题是:"为了使遇到的困难最小化,并尽可能减少不必要的麻烦和问题,以便在班级建立起积极的行为模式和合作学习的文化氛围,我能做什么(以及作为一个教师团队,我们能做什么)?"这个问题的解决需要依靠必要的程序、惯例和规则,使班级这个复杂的小集体能够顺利运行。将惯例和规则整合成一种可行的"系统"是极为重要的,并且教师需要通过讨论、树立模范、鼓励和管理等方式有意识地将这个"系统"教授给学生。

丰富而广泛的研究表明,高效积极的老师能敏锐地意识到新学期的第一堂课、前几天和前几周的重要性,并清楚他们该如何与学生一起确立关于班级行为的共有权利和义务(参见 Doyle,1986;Kyriacou,1986,1991;McInerney 和 McInerney,1998;Royers 和 McPherson,2014;Robertson,1997;Rogers,2011,2006b)。

在第一次见面时,我们的行为领导力会遭遇评定和挑战——这是正常的。我们怎样在行为、权利与责任的预期范围内建立起领导力和与他人的关系,这对于构建积极关系和合作学习的文化极为重要。

"建立阶段"(实践与技巧)

在一个班集体(甚至是学校)的发展过程中,新学年的建立阶段非常关键。群体动力学基本理论认为,学生已经做好心理和成长上的准备,以等待老师们向他们解释、讲解以及与他们讨论这一年在这个班级里,这位老师对学生的相关行为和学习的期望。班集体"成长周期"的基本阶段如图 2.1 所示。

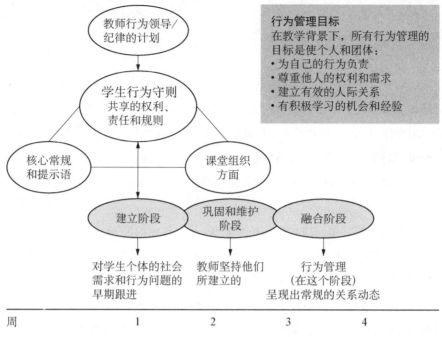

图 2.1　班集体发展的基本阶段

在第一次与老师见面时,学生希望教师向他们讲明以下一些事项:

- 排队和进入教室的程序,课外的"社会时间"和课上的"教学时间"之间的重要区别。我们要强调安静、得体地进入教室(而不要有任何"男性荷尔蒙激发"的亢奋)。
- 安排座位和学生分组(一周或可能是一学期)。这需要包括座位是成行、成对还是成组摆放的,还需要解决"谁与谁坐在一起"的问题,简单地让学生坐在他们"最好的伙伴"旁边通常是无益的(详见 p. 52/54)。
- 年幼的学生进入课堂、工作场所或"地毯空间"的秩序。教师需要对常规和提示进行解释、模仿和监督。对于年幼的学生来说,这些不仅需要解释,而且需要建立行为模式。在"地毯区域"时,有"个人空间/领地"意识,保持手脚的规矩摆放,"听课时眼耳并用",排队等候,举手发言时禁止喊叫并等待老师叫你(这样对大家才是公平的……)(参见 Rogers 和 McPherson, 2014)。
- 储物柜的安置。在小学阶段,橱柜放在教室里,这就需要考虑如何放置它们更便于学生活动。这对年幼的学生来说是一个很重要的方面。我见过很多班级的桌椅安排让学生不能接近彼此,就运动模式看,这也造成了对学生学习和人际交往行为模式的干扰和破坏。

- 在任何阶段,老师都可以使用课堂讨论和提问来吸引全班的注意力。体现教师领导力的基本"暗示语"能使学生关注整个课堂。当然,这个问题之后会详细阐述(p. 58f,55f,70f,108f)。
- 全班课堂教学时间与小组任务学习时间之间适当的转换模式(全班课堂教学时间与小组任务学习时间之间的过渡)。
- 在课程或活动的任务阶段中,教会学生使用适当的暗示以获取老师的帮助和支持。
- 整理学习空间/场所(桌椅)的规则。
- 下课和离开教室的提示和程序。

这些规则/暗示/程序的一些细节会在本章后半部分和第三章详细阐述。当然,这些都是核心的、基础性的规则和暗示。教师还需要建立午餐、晚餐时间的规则,监督系统,家庭作业的管理方法,通知的发布规则,学校日记的使用,安静阅读时间的程序,上厕所和喝水的规则,处理迟到(经常而非偶然)学生的规则,等等。这些规则和程序需要一个团队或全体人员共同建立,而不是某一位教师个人的工作。

在激发学生的行为和学习意识时,我们需要强调学习共同体的基本权利和责任:

- "我们每天共享时间、空间和资源。为了自己和他人,我们必须要学会和睦相处,并在学习中互相帮助……"
- "在这里每个人都是独立的个体,我们都有自己的感受、需求和关注点……"
- "正如我们希望别人考虑我们和我们的感受,反过来我们也应该考虑和善待别人……"
- "在这里我们(所有人)拥有共同的权利和责任:受尊重和被公平对待的权利、学习的权利(不被他人干扰)、感到安全的权利……"(见附录A)

上述基本共识可以帮助师生讨论他们共同关切的问题,例如共享的时间、空间和资源,基本的、相互尊重的关系(包括礼仪和礼貌)。对于小学生,开展一次基本礼仪的实践讨论会是很重要的(在最初的几周可多进行几次):"请"、"谢谢"、"对不起"、"请问您是否可以借给我……"、"把物品放回原处……"、"分享和合作行为……"、"如果有人挡住你的路,要说'打扰一下'……"。对于有些学生来说,他们(尤其是年幼的孩子)可能不习惯或者不容易适应课堂环境提出的期望和行为规范。在最初的几天或几周内，进行一些小的角色扮演有助于培养他们的行为习惯(Rogers 和 McPherson, 2014)。

这些早期的关于行为和学习的讨论可发展为学生的行为守则，一方面成为教师的行为管理和纪律的基础，另一方面也是师生合作的基础(详见后文, p.93f)。

约翰·杜威曾提出一个重要的观点——"学校即社会"(也就是我们目前常说的"学习共同体")：

> "一切教育都是通过个体参与人类的社会意识而进行的。"①

世界上最正规、技术化的教育都不能离开这个一般性的过程，我们只能对其加以组织，或在某些特定的方向上使之分化。我坚信，唯一真正的教育来自于对孩子能力的激发，通过社会情境的要求，使孩子发现自我。通过这些要求激发他的集体意识，使他摆脱原有狭隘的行动和感情，站在所属的集体利益的立场上审视自身(Dewey, 1897: 77, 引用 Nash, 1968)。

在班级中制定出学生行为守则：权利、责任和规则

现在，许多学校在新学年的第一周或者第二周制定学生行为守则。基于学生的自然意愿和期望，小学教师会留出课堂时间和学生就共同的权利和责任达成共识，从而形成一个更具合作性的课堂行为模式。根据不同学段，学生和老师一起参与守则的讨论过程，内容包括：行为和学习的共同规则、权利和责任；违规行为的主要后果；给予学生的支持框架，以帮助学生和不良行为做斗争。(图 2.2)

在中学阶段，最好由辅导教师负责，尽早留出一个完整的、计划好的时间段，在第一周与小组共同探讨对行为和学习的基本理解。讨论的共同框架由辅导教师组制定(图 2.2)。一旦建立，所有的教师都可以基于此而调整规则和条例以满足特别的需要和情境。

该守则在第一学期的前两周内发布，并复印一份给每个学生的家庭。在低年级，这个学生行为守则(有时被称为行为计划)封面页会印上老师和学生的合照(图 2.3)。

---

① 该句翻译参见：[美]约翰·杜威. 学校与社会·明日之学校[M]. 赵祥麟, 任钟印, 吴志宏, 译. 北京：人民教育出版社, 2004: 3.

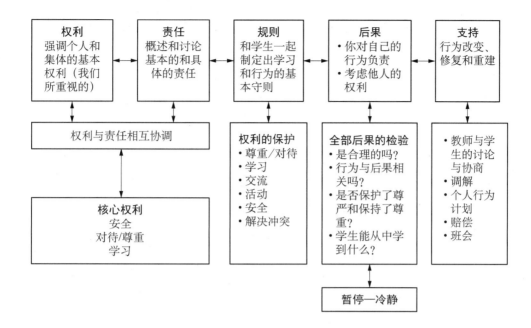

向教师和学生公布最终形成的学生行为守则。使用友好的语言,并加入班级照片。(小学阶段)复印件送至行政办公室、家长和教学助手中。

图 2.2　学生行为守则—行为计划(改编自 Rogers, 2006b: 51)

图 2.3　学生行为守则封面页

第二章　新班级、新学年:行为管理的建立阶段

任何行为守则都需要反映整个学校对行为管理的价值观和目标。以班级为单位制定政策或守则的优点在于它在全校范围内提高了学生对行为、学习和人际关系的意识（尤其是在中低年级），当然这也要根据不同年级和班级的发展方式而定。在学校范围内，学生行为守则在共同、基本的行为期待方面以及保障权利、责任和问责制度上给予了合理的、普遍的一致性。

每位教师，从幼儿园教师到小学教师，再到中学教师，都要遵循相同的框架；针对学生的不同年龄段和理解力水平，调整语言及概念，以保证学校所有学生都能形成共同的理解（图2.2）。

过程和结果同样重要。在小学阶段，班主任在第一天的课堂上就要留出时间，专门用来唤起学生对行为和学习的意识，邀请学生参与进来，获得学生的理解和合作，从而制定出公平合理的行为计划或守则。这份守则能加强积极的师生关系，保证教室和空间的安全性，以及指导我们在学习中如何合作和彼此支持。有些老师会采用更加自由的方式，比如开班会；有些教师（中学阶段）会采用更"正规"的方法，概述"行为守则"的关键问题，然后邀请学生参与讨论。

方针、计划或守则会以一般性的陈述开始，例如：

> 我们的行为计划由X年级的孩子（或学生）和老师共同讨论完成。守则描述了我们应该如何规范自身的行为以及如何相处。它适用于我们班级中的所有人，有效期为一学年。

共同的权利

学生行为守则的关键要素

有些权利不容置疑，它们是任何课堂行为和学习守则的基础：学生在学校享有安全权、学习权（正当、公平、不受破坏和干扰）和受到尊重对待的权利。其他如平等权、发言权、人格尊严权（不被歧视）和受教育权等都包含在这些核心权利中。这些核心权利以相互尊重和平等对待的价值观为基础。一旦抛弃这些，任何组织或团体都不能出于共同利益而互相尊重和高效工作。在这个意义上，权利应该与公平、正当和适当的方式相联系，同时还包括团结、协作。

哪怕很小的孩子都有一个基本的"正义"概念。显然，他们的行为会与"正义"相冲突（正如我们一样，这是人的天性）。但是他们强烈支持"正义"，这体现了"自然法则"。

简单地说，我们拥有"某项权利"并不等同于享受某项权利。我们还需要一些解释，例如：

> 安全的权利不只是意味着身体不受伤害，它也意味着感觉安全。羞辱、恶意中伤他人，故意排挤他人，骚扰和咒骂他人，这些方式都会剥夺他人感到安全的权利。
>
> ——来自六年级的学生行为守则

从这个意义上来说，权利意味着责任，也需要责任。如果我们拥有学习权，这意味着教师要尽最大努力提供最好的、最有效的和最合理的学习环境。（这进一步表明，就算天气又湿又冷，我们都倍感疲惫，但我们仍坚守在被称作"教室"的简陋棚子里，依然要尽力做好……30年前我真在一个自行车棚里教过书！）

责任产生于权利

个人和集体责任的重合：

> 共同的责任意味着我们要关心自己和他人。责任和尊重是并存的；当我们尊重别人的时候，我们就是在思考我们的行为是如何影响他人的。

全班学生的"头脑风暴"（"集体大脑冲浪"听起来比"头脑风暴"柔和些）将迅速引出我们的学生对责任的共识，例如，按时上课，准备好相关材料，分享（观点、资源，甚至时间），做事尽心尽力，帮助他人，倾听他人，控制全班噪音水平。关于责任的讨论也需要强调使用基本的礼貌用语，如说"请、谢谢"；借东西时，先问后借，借后及时归还；在别人身边走动时说"借过"；关心和尊重他人，尊重他人的个人空间，称呼他人名字（而不是"他"、"她"或"他们"）；先来后到；排队并避免推挤等。当我们每天与别人进行交往时，这些行为都体现出了我们的自我意识。

核心的责任可以概括为:"合作和尊重的行为,即像考虑自己一样考虑他人。"(见附录 A)

规则: 保护权利和激发责任

规则的主要目的是提供一种规定的、正式的、明确的和公共的权利保护。公平的规则同时也强调和鼓励个人的责任心。

在前几周,可能会听到老师在班级(所有班级)中进行"规则提醒":例如"记住我们提问的规则";"我们有一条关于礼貌用语的规则"。操场上老师也会走向学生并提问一些引起学生行为意识的问题,例如:"我们玩球类游戏的规则是什么?""我们安全玩攀爬架的规则是什么?"进行规则提醒时,我用人称代词复数强调包容性的语言。不是"我的"规则,而是我们的规则,它强调了行为责任的社会/关系维度。

在制定规则时,记住以下一些基本要点:

1. 制定规则时要关注核心权利(p.41):安全的空间和安全的行为;通过我们对待他人的方式展现一个尊重的空间和尊重的行为;让我们能顺利开展合作学习的一个学习空间。
2. 规则的数量不宜过多,但要强调必要的行为规范以促进核心权利的实现。我看到过老师在教室墙上贴了 20 多条规则,这些规则往往都是负面的:"禁止……"、"不能……"、"不要……"、"不要喊叫"、"不要打断别人……"、"老师在讲话时不要说话"。简单地告诉一个孩子他不该做什么是难有成效的;一个有益的规则至少应该将消极的方面纳入到积极的方面。例如,"在全班共同学习的时间,我们要举手提问和回答(积极、鼓励的行为),而不应大声喊叫(进行限制)。

附注:我发现以下几条规则通常很有用(见附录 A)
- 待人方式(礼貌、规矩、尊重)
- 沟通(举手、"同伴声音",在任务学习时间内,也需要积极的语言、积极的聆听)

> - 学习（合作与支持，利用资源，适当地寻求老师的帮助）
> - 行动（步行而非奔跑，得体地进出教室，尊重他人的私人空间，合理地走动）
> - 解决问题（和平地解决问题，寻求老师的帮助，利用班会解决共同关心的问题）

3. 尽可能合理地表达规则。

> 在我们的课堂上表现出尊重和礼貌。我们使用积极的语言与他人对话，这意味着没有取笑或奚落，在这里欺凌永远不会被允许。当我们在课堂上解决问题时，可以自己讨论，或是请老师帮忙，避免发生言语或肢体冲突，如果有冲突我们就必须使用隔离。

以规则为首，如，交往规则、尊重规则、学习规则、安全规则，这有助于我们强调规则所关注的关键行为。在中学阶段，我的同事和我经常使用几个关键的海报，在核心权利框架内表达规则。例如：我们都享有学习权——只要……我们就能够学习好（接下来是保障权利的几点关键、积极的行为期望……），详见附录 A。当我们"召唤"（甚至是近在身边的）一名学生时，如果他/她的反应是："什么?!"这会让我们感到厌烦。甚至当我们提醒在课堂教学时间内一直在聊天的学生时，你也可能会听到"什么"，这时候"请再说一遍（pardon）"是合理的要求吗？

我认为这是合理的，这是基本的礼仪。它需要简要、有礼地去做；（在任何学段）都需要提醒。

4. 需要在班级守则中公布规则（见 p.39f），还要在明亮的教室里张贴海报（甚至在中学阶段也需要）。这也有助于教师对适当的行为进行口头提醒；海报可以作为口头提醒的视觉备忘录。此外，卡通图案可以提升海报的视觉效果。在低年级，教师可以通过在海报上附加照片进行进一步解释说明（这些照片用以解释学生如何合作性地学习/交往）。

合作

我们需要在狭小的教室空间里建立起积极的、可行的学习文化,其主要目标是促进社会合作,这种合作基于:

- 共同的权利和责任……(p. 38f)
- 日常关系中共同的需求和感受
- 日常的正式学习(以及在学校社区的许多非正式的学习)中共同的目标

教师和学生的利益都需要关注,这样才能形成合作的氛围。此外,领导技能、纪律管理技能以及肯定和鼓励学生的方法,甚至我们管理和修正行为后果的方式(见第五章),都能够促使学生合作。

学生很快就会知道,在确保、鼓励和支持他们提升自己的理解和能力方面,他们的老师是多么具有支持性。只有当学生感受到我们(不管是个人还是群体)的领导、行为等方式值得信任时,我们才能建立信任。

信任需要时间来培养,它总是通过我们在进行领导、肯定和纪律管理时所采取的尊重的方式来获得。

后果

学生需要知道不恰当的、不负责任的和错误的行为都会伴有后果。后果直接关系到规则和权利。学生需要了解,一个规则被打破,实际上就是权利受到影响甚至是被滥用。

这些后果可能包括:如果一名学生不停地吵闹并影响他人的学习,这名学生将被要求单独学习;如果一名学生在大扫除时间拒绝打扫,他/她将会被留下来打扫卫生;如果一名学生(在课堂上)出现了行为问题,他/她课后将会被留下,与老师进行一对一沟通(见 p.190f);如果一名学生多次故意插嘴、大声说话、破坏他人的空间或财物,或有不安全和攻击性的行为,这会影响到他人学习甚至是感到安全的权利,也直接影响教师的教学权,在这种情况下,一种必要、公平和适当的方式就是"暂停—冷静"(在课堂或课外时间),其后果是学生可能会暂时失去作为学习共同体成员的权利(见 p.180f)。这种方式必须在尊重学校规定的基础上使用。当事教师往往需要在当天的晚些时候来跟进学生的这一问题,以做好修复和重建工作(p.126—132)。

所有的后果都遵循从最低到最高干预的原则。学生需要知道,在承担后果的过程中,他们总是拥有适当的回应权。行为后果将在第五章进行详细讨论。

支持学生

在教师的支持下,平衡学生行为守则的矫正和后果是非常重要的。如何在学生行为守则中体现支持,这里有一个关于五、六年级的例子。

班级内的互相支持

我们有很多方式可以互相支持。首先我们在考虑别人的时候实际上已经在支持他人了——帮助、鼓励和合作。当然,我们会意识到有些时候事情并不总是朝着正确的走向发展。然而,当你遇到"糟糕日"时,跟你的老师或同学说明是极为重要的。如果我们不让别人知道,他们可能会感到困惑,为什么我们看起来(或听起来)有些恼火、心烦、生气。有时,我们在校内和校外都会有些顾虑、担心和疑惑,和别人谈论将会有所帮助。你的老师或学校辅导员总是愿意尽可能地给你提供帮助。

> 如果我们在行为方面做出了糟糕或错误的决定,我们的老师会提供帮助:
> - 与我们一起讨论行为问题
> - 帮助我们制定个人行为计划
> - 给予我们机会改正(恢复),有时我们可能需要通过与其他学生(调解)交谈来修正错误
> - 与学生辅导员共同合作
>
> 在某些情况下,我们的父母可能需要参与进来,帮助我们解决学校的行为问题。老师(们)将永远愿意与父母/监护人合作,帮助我们解决在学校中的行为和学习问题。

班会

在学生行为守则中,许多教师会加入一个关于班会的额外说明。有些家长可能并没有意识到,全班集体讨论可以让哪怕是幼小的孩子也能进行分享,一起解决共同关心的问题。因此,对班会的积极性和教育性特征加以说明,将有助于我们理解基本的课堂民主。下面是一个五、六年级学生制定行为守则的例子:

> 附注:我们班定期召开班会。班会让所有学生有机会去探讨共同关心的需求和问题。针对共同关心的问题,学生在班会上分享各自的理解、积极的问题解决方式并提出解决方案。
>
> 很明显,班会也用于学生计划时间的分配。学生行为守则的最后一页概述了整个班级守则的制定过程。
>
> 我们与老师共同讨论、起草和编辑了我们的行为守则。我们同意使用并愿意支持守则的实施。

班级行为守则不仅是为老师和学生准备的,而且也是为家长准备的文件,它使得

家庭和学校就孩子的行为和学习问题建立起共同的理解。每一个年级或班级中所有孩子的父母/监护人都将收到一份复印件。班主任老师的一封信也会与学生行为守则/计划一起被寄回家。

信中讨论的内容主要包括权利、规则、责任（和后果），以及我们给学生的支持和鼓励。信末也将呼吁家长给予我们理解和支持，例如：

> 这份六年级学生行为守则由老师和孩子们共同讨论、制定。它概述了我们学校的行为和学习方式。请您与您的儿子/女儿一起阅读这份守则/计划。期待您对本学年工作的理解和支持……
>
> （详见 Rogers 和 McPherson，2014）

随着本学年的展开，所有的行为、核心权利和责任都将以这种或那种方式体现该行为守则的规定。无论何时，当家长（或学校）关注孩子的行为，该行为守则都是重点讨论并支持的焦点。

不容置疑的规则和后果

学校里有些规则适用于所有年级、所有班级，这是不容置疑的。这些规则涉及健康和安全问题、欺凌、毒品、攻击和暴力行为。这些规则和后果需要在全体学生的第一次会议上就告知学生，并列入学校政策、校规和学生行为守则中。

例如，澳大利亚的小学有一个规定，在炎热的夏季"不戴帽子禁止外出玩耍"（即不要在阳光直射下玩耍）。这是一条直接关系到健康和安全的规则。

当学校形成了班级行为守则的共同框架时，教师和学生会在每个学年的学习生活中逐渐意识到"我们做事的方式和理由"。这使得师生对适当的、公正的行为有了共同的理解和期望，也使得学校共同体内的行为管理更加合理一致。

正如前面提到的，班集体都会经历几个发展阶段（图 2.1）。如果教师精心建立"我们在这里学习"的规则和社会交往中的积极规范，如果在规范之下，教师能以尊重的方式传递教师领导力，那么，作为一个集体的班级就会习惯于充满着凝聚力的、公正合理的"规范"。

融合阶段(见图 2.1)

在班级的融合阶段,规范和规则逐渐成为可接受的、提倡的常规——"我们做事情的方式"。每个相继学期的开始,我们都要重新审阅在新学期开始几周制定的学生行为守则和规范(如噪声监督)。学生在假期可能会"忘记"这些规则,或是因在校外的环境中"重新被社会化"而忽视这些规则。一个简短而积极的重建有助于新学期形成积极的、共同的焦点。

在这一阶段,我们的行为管理大部分发生在关系性的动态中。作为教师—领导者,我们已经与学生个人和集体都建立起积极的工作关系。此时,我们减少了对规则和常规的依赖,学生在行为和学习上会更加自觉。学生开始对课堂生活产生了适当的"归属感"。

在这个阶段,教师经常利用常规的班会来讨论个人和集体的需求以及共同关注的问题。

与学生交流规则内容

在向学生传达必要的规则时,要强调规则的目的:保护权利和对基本责任的期望。

在与一个新的班集体(或年级组)交流规则的时候,一些教师较为指令化——概述预期的规则、理由以及违反规则的后果。有些老师则更多采用自由的方式,强调共同的对话和参与守则制定的过程。有些老师在新学期开始时举行一次班会(低年级的集体活动),通过班会强调规则、责任、后果和支持等方面的需求。

在某种程度上,采用什么方式取决于教师进行课堂对话和课堂讨论的舒适程度(尤其是中学阶段)。在我待过的一些中学,他们常常让辅导教师敷衍地阅读校规,或更枯燥的是让学生阅读校规——请停止这样的做法。

如果你偏好用一个更为指令化的方法来传达规则,那么至少应该告诉学生规则背后的理由并让学生来提问,这样才会是有益的。

惯例和规则的视觉提醒

在新学年的建立阶段,可以对关键规则和程序进行可视化提醒,以实现对规则的

提倡和维护。在低年级,这些提醒包括:

- 挂钩上方张贴学生照片和姓名牌。
- 在教室前面显眼的地方,张贴关键的课堂规则作为视觉备忘录。例如,"同伴声音"(学习音量);完成功课后的活动;如何开始写作……

> 附注:当一个班级的成员努力与他人合作时,这个班级的成员才会合作好、学习好。
>
> 　　为了合作,我们必须学会如何与他人相处。这是我们共同的地方。
> - 我们都有权利(感到安全,学习不被他人干扰,获得尊重和公平的对待)。
> - 我们都需要承担责任,这样我们才能享受这些权利。
>
> 我们在班级讨论中要轮流按秩序发言。
> 我们愿意他人质疑我们的观点和意见。
> 我们即便不同意别人的观点,也要表现出尊重,并向对方解释为什么我们不同意。
> 我们愿意在学习中互相帮助和互相鼓励。

- 低年级的老师经常在如下情境中给孩子们拍下照片:合作学习,打扫教室,有礼貌地交流(坐在地毯上举手,等着老师点名再回答问题),合作分享……这些照片和老师已建立起的相关规则一同展示。许多小学的学生行为守则都包含照片。
- 展示柜、安静的区域、阅读角等地方都会附有相关的小贴士,将场所、空间和功能以及需要共同承担的责任联系起来。
- 在中学阶段,我曾用简单的海报提醒学生整理学习空间:椅子放在桌子下,桌椅摆放整齐,放学后把椅子放到桌子上,清理所有残留的垃圾,离开教室时保持整洁(p. 86f)。
- 准备一些篮子放置"已经完成的作业",还要准备一个"提早完成作业"的篮子,放置工作表和活动用具。

- 低年级可以准备一个"噪音指示器"用来监测活动中的声音水平(p. 79—81)。
- 我曾在小学教室的玻璃窗内看到规则提醒海报(上面附有照片),提醒学生们区分"社会时间"(教室外的)和教学/学习时间(教室内的)。(注:我们每年应更换 2—3 次照片来展现学生的成长和发展……)

在更广泛的社会背景中讨论规则

与学生(甚至是十年级的学生)讨论规则时,要善于运用他们在不同的环境和背景下所体验到的规则:交通法规,所在的俱乐部规定,道路规则(道路标志),他们的家庭、游泳池甚至包括棋盘游戏的规则。熟悉的环境有助于探索公平规则的目的和理由,学生会将在熟悉的环境中对规则的理解自然过渡到教室和操场情景中。

学生们已经了解到,规则有助于引导、聚焦、管理行为,有助于提供保护(至少是潜在的保护),还能鼓励承担共同的责任(为他人着想)。他们还认识到:规则一旦被破坏,就会造成后果。他们看到成人使用黄牌,也看过足球运动员和其他体育运动的"英雄"发怒或者更糟的情况。(我们赞赏的并不是这种所谓的英雄。那么,这里的英雄是否可以等同于冠军呢?这倒未必,因为正如我经常向我的学生强调的,那些收入异常高的足球运动员,往往并非帮助球队赢得比赛的人。)

保持与巩固

在第一天和第一周建立的规则需要保持与巩固,这是至关重要的(见图 2.1)。在规则建立阶段,高效的教学与管理包括,在日常教学中针对学生典型的分心和扰乱行为制定规划,并建立一个可操作性的"系统"以确保我们的课堂顺利进行(第三章和第四章将展开具体讨论)。简单陈述或公布公平的规则和程序是不够的。我们需要在公平的权利和规则内鼓励和训练学生。教师需要有意识地解决学生的行为问题,例如频繁迟到,发出不适宜的噪音,大喊大叫,故意在课堂讨论时谈论别人,老师讲课的时候说话,拖延时间回避任务,使用不恰当的语言……如此日复一日,直到"规范"的预期行为在教室的生活和学习中自然而然地发生。当然,教室(学校)里注意力分散行为的种类、程度也会因一系列因素而有所不同。然而,即使在极具挑战性的学校,根据教师与班级成员建立关系的方式和引导、鼓励、支持的方式,学生行为也会呈现出极大差异。当然,理想情况下,这些实践(在本章和随后的章节会提到)最好要在全校范围内开展(参见 Rogers，2006a)。

教师的"纪律方案"及其行为领导力构成了一个可行的"系统"的核心特征，这个系统更可能需要在学生合作中充分考虑典型的(或可能的)破坏性行为并且制定出各种应对策略(特别是准备好应对语言)。这并不是程式化的系统，而是一个可行的框架(见第三章和第四章)。如果没有教学计划，我们就不能上课和开展活动，但让我惊讶的是，有很多老师(甚至是新手教师)在没有做好应对典型的分心和扰乱行为的规划时，就能给学生上课。毫无疑问，这会直接影响到教学中的社会关系的质量。

如前所述，学生们希望老师能澄清规则、惯例和提示，如"在这里，希望这样做事情，理由是……"。同样重要的是，我们要周全地计划好如何建立、传达和监督这些规则、惯例和提示；教师控制本身不是目的，而是在共享的学习共同体中，实现师生合作的一种手段。

座位安排和学生分组

在布置教室时，我们需要想一想，教室桌椅的布局方式(如"U"形、队列型、成对型和小组型)，以及学生座位安置(谁和谁坐在哪里)的目的是什么。

在有些班级中，教师第一天就允许学生和自己的朋友坐在一起，这样可能会形成小圈子，使行为模式固定化，不利于后期的重新安排。较为重要的一点是，教师可以允许一些学生参与座位安排，但最好在第一学期后半段时再给予这种"自由"。

第一天让学生按照名字的字母顺序坐座位(将姓名贴在各自或者小组的桌子上)，这有利于教师进行课堂管理，同时，方便教师记住学生的名字，扩大学生之间的交往。(甚至对小学的高年级学生/中学生来说)在教室前面张贴显眼的座位计划(海报)，表明谁与谁坐在一起也非常有用。在开始的几周内，"随机安排"还需要考虑性别和能力因素。如果我们知道一些学生不善于参与活动和与别人相处，可以在对他们的座位安排上动动脑筋。

在一个七年级的班级，我遇到两个有注意力缺陷谱系障碍的学生，他们向老师承诺，如果让他们坐在一起他们会好好学习。"真的，老师！如果我们坐在一起会好好表现。拜托了老师，拜托！"答应他们的要求就是一个浪费时间的错误。经过几次令人沮丧的承诺后，我们重新安排他们的座位，并把全班学生排成队列的形式。他们最终安定下来，更加专心于学习。

社会化是课堂生活和学习过程的一个重要特征，但同样重要的是，学生们从第一天就应该开始理解,课堂不仅仅是操场上社会化的延伸,而是留给教学和学习的场所。例如,在围成圆桌坐时,有些孩子非常容易分心。因此,在规则建立阶段,更明智的选择是使用"正规"的座位安排(队列型、成对型座位,面向教室的前方),以尽量减少不必要的分心。

在第一天简单地告诉学生:"同学们,可以坐到你想坐的地方……"(这种看起来非常"酷"的座位安排并不会带来好的效果,反而会造成边缘化),将学生按照圆桌的形式安排座位也并不能促进学生的合作学习。要进行高度集中的合作活动时,可以使用较小规模的小组型座位,然后在进行核心的教学活动时再恢复队列型座位。通过这种方式,我们可以在较短的时间里掌握合作学习的技巧。

我见过许多教师在开始时便期望采用圆桌式座位来促进合作学习,但是却没有产生多少积极效果,最后只好放弃了合作学习带来的很多好处,这是不可行的。随着时间的推移和班级联系的紧密,合作学习也需要不断结构化并教授给学生。

帮助学生适应环境(建立阶段)

学生到一个新学校时通常会感到焦虑,特别是在早期的适应阶段,以及过渡到高中的第一年。对于教师来说,重要的是要能够意识、体会到学生对自己将如何适应新环境的担忧,是否会被其他同学接受并成为朋友的担忧,是否能应付作业、时间表以及不同教师的担忧。简言之,他们能否并且如何"属于"这个班级、这个年级组。他们需要归属感,即作为集体的一员被接受,这是在学校日常生活中有存在感的一个重要方面;事实上,这是一种基本的社会需要(Dreikurs, Grunwald 和 Pepper, 1982)。

即使是基本的顾虑,如被要求坐在谁旁边,每节课大概持续多久,这些都可能让一些学生感到困扰。在最初的几个星期(但不是每天),进行成对的或小组的座位轮换,这有助于促进学生之间的交往。还有重要的一点是,要留意那些易孤独的或有社交困难的学生,尤其是在游戏时间和体育课时间。现在,很多小学(也有一些中学)制定了"伙伴"计划,专门针对刚入学的孩子、七年级的学生(处于过渡阶段)和新到一所学校的学生。年长的学生扮演着具有支持作用的同伴角色,帮助年幼的(或新的)学生融入班集体,适应操场上的社交氛围(游乐区、食堂、"小卖部",甚至厕所……)。担任"同学—伙伴"的学生可能自然就拥有担当此角色的技能和个性,但仍要接受基本训练以更好地发挥作用(参见 Rogers 和 McPherson, 2014)。

游戏、活动和讨论等集体活动,都能帮助学生适应新环境,特别是能加深他们对彼此的了解。有时,高年级学生对名字游戏会失去新鲜感,但是对于任何年龄段的学生来说,基本的座位轮换或者特定的彼此了解时间对增强其基本的集体凝聚力都是很重要的。

帮助学生适应环境的义务并不限于小学教师。作为中学阶段的一部分,宿舍主任和年级辅导员(家庭导师)负有特殊的责任,即与学科教师保持联系,讨论学生如何适应班级生活的问题。

当座位安排遇挫时

我曾与那些从第一天开始就允许学生自由选择座位的教师一起工作过,却发现这样会造成小圈子或小派系问题;坐在教室后面的学生,他们的团队精神会引发争议性的和浪费时间的行为;还会出现不允许别人进入的女孩(或男孩)小团体。在小学和中学阶段,面对这样的情况,我发现一种有效的做法是,通过引导学生进行合作而改变座位安排。教师对噪音水平和学习中不做功课的关注,可以言简意赅地陈述出来,以常规形式固定下来,并邀请学生参与到座位调换:

> 作为你们的老师,我比较关注课堂时间的噪音水平和分散注意力的行为。我相信座位安排的改变是有益的。我很欣赏你们的合作。请写下你熟悉的两个同学的名字,他们让你在班级里更轻松,让你在这个班/这门课的收获更多。
>
> 所有公平的建议都将被采纳,我会做最后的裁判。我会在下节课向你们公布新的座位安排。请做出明智的选择。谢谢合作!
>
> 罗杰斯先生

我提醒每个学生提交选项单时,"做出明智、慎重的选择",这传达出了教师的友善。对于难以应付的困难班级,可以增加一位辅助教师,和班主任一起商定安排(参见 p.274f)。

与学生的第一次见面

在中学阶段,和新班级的第一次见面可能发生在教室外面的走廊中。我曾见过一些棘手的班级,学生们见到我就开始挑衅:"你是谁?""你叫什么名字?""你是今天教我们的老师吗?""嗯……史密斯先生在哪里……他是我们之前的老师,他是头驴!"(大笑)有几个学生互相推搡着,打闹着……这些行为很可能是故意的(如果是恶意的言论),一些显然是引起注意和故意"试探"的行为……

我画的是当我来到九年级教室外面走廊时的情形。右边的女孩堂娜,正在向其他同学介绍新老师:"呦,罗杰斯先生,我之前在别的班上见过你。呵呵,罗杰斯先生!"她的声音是在提醒我注意她。我对她笑了笑,但是没有在教室外面与她交谈。

我看到一些老师浪费了很多时间回应这样的玩笑,回答他们的问题;过度回应个别"引人注目"的学生,无疑是希望和学生建立起早期的友好关系。学生的感知往往是不同的,他们其实是试图寻找师生的互动模式。

更明智的做法是策略性地忽视大部分开玩笑的学生和他们的问题,给所有人一个简短的问候和得体、明确的说明:"安静下来,我现在不回答私人问题。我们要准备进教室了。谢谢。"我们的语气需要是愉悦的,但也是有条理的;采用放松、非语言的"阻止"动作,表明这些"引人注意"的小团体的质疑不在当下的议程里。我们需要简要、尊重、充满期待地引导他们的注意力,让他们排好队进入教室,这样教学就成为直接的注意焦点(当然,不是所有的学校都有排队的政策……)。

一旦学生进入教室,坐到自己的座位上,教师要有意识地、冷静地提示全班学生集中注意力,这是非常重要的(p. 58f,70f)。

罗伯森(1997)提醒我们,作为老师,与学生的第一次见面是非常重要的,我们要自信而又稳重,愉快而又坚定,不要让学生感受到强制、威胁或过于明显的焦虑。

教师干脆利落地处理"走廊事件"传达了一种关于节奏和背景的变化信息:从教

室外到教室内是不同的。在教室外,玩耍、运动、自然的嘈杂、操场活动都是很自然的行为,但在教室内,需要安静,集中注意力地坐着,在学习上共同合作和交流。在走进教室之前,需要快速、冷静地创造一种期待的氛围。

老师经常会扫视教室外的学生,并期望他们排队或一个个进入教室。在这种情况下,一个有礼貌的提醒能够使学生平静下来,转移他们的不安:

"大家请安静(……)(我们至少需要重复一次这类的提示),早上好(……),在进入教室之前我注意到一些同学还戴着帽子;如果你还在用音乐播放器或手机听音乐的话,请记得我们将进入教室的学习环境了。把在路上嚼的口香糖扔进垃圾桶,谢谢。"教师微笑着点了点头,他对自觉处理这些问题的学生给出了简短积极的反馈。"当我们进入教室后,我希望你们记住……"这里老师简要地概述了一些学生需要遵守的规则,例如他们坐在何处,书包将放在哪里,等等(也可见 p. 52f)。

教师的信心和权威

罗伯森(1997)指出,教师的"放松行为"与较高的角色"地位"是一致的,这也显示出一种不受威胁的状态。当然,我们可能会有很多自然的焦虑情绪,但是我们需要一种有效的途径去计划应对方式,我们可以这么说:"在合理的行为范围内,我期待你们的合作和服从。"当然,这样的领导风格需要传达出尊重、善意和人性化的姿态。

当教师的态度、肢体语言和交流展现出一定的自信和权威,以及这样的信心在教学和管理中进一步巩固时,学生更容易适应教师的领导风格并积极配合。这是一项互惠的工作:

> 如果教师充满自信,学生就会有明确的回应,这反过来又增强了教师的信心;如果教师缺乏自信,过程就会开始逆转,教师很快就会彻底失去信心。(Robertson,1997:66)

在教师和学生群体进行沟通时,信心(不是自大和傲慢)是一个关键的特征。

信心部分来源于我们对教师领导力的渴望,同时也来源于我们对领导力的主要实践和技能的自信(见第三、四章);我们根据个人的实践和技能而不只是个性来明确自己角色的能力。这种信心需要在教师—领导者的角色下被表达。我们的"角色"不只是从我们的资格证书上获得。我们必须自信而尊重地去做一位教师—领导者。这来源于一个人特质性的和真正的"自我展现":开放、放松的身体语言,不会轻易紧张(还愿意接受错误而不至于崩溃);当有人犯了错误时迅速恢复冷静的能力;自信、愉快、吸引人的声音;能够在必要时表现出坚定(pp. 11);有效利用目光扫视、眼神交流(p. 59f);进入学生的个人空间时读懂学生的肢体语言;最重要的是,我们的沟通方式要有自己的特点(特别是当我们强调纪律时)(第三章)。充满自信的教师在行为、社交、"情商"中表现出一些基本而又显著的特点(Rogers,2006b):

- 这并不是"表演"。我听到有人说一位好教师就是一位好演员,这用来形容我们的职业并不合适。
- 每天都做好准备,即使只是工作中的一个主题、话题、单元——哪怕是反复教过的一门课程,这有助于我们每天进入教室时都充满自信。
- 对于教室这样一个繁忙的地方,建立核心规则对其平稳运行十分重要(第三章)。
- 信心不只是一种感觉或情绪状态;事实上,我们还需要知道我们作为一位教师—领导者需要做什么。这就是我在文中强调技能的原因。这不只是将好的教学带给学生的个人特质。
- 信心不应与"作威作福"混淆,不要狭隘地认为:"我是对的,我的方法是唯一的方法,我已经搞定了!""自大"这个词贴切地描述了教师这样的态度和行为(自大的老师都会自作自受)。

信心可以建立吗?

当然可以。我再一次强调,体现出尊重的信心是建立在实践和技能基础之上的,并且领导力是以权利和义务的核心价值观为基础的(p. 38f, 41f)。我们能够学会如何建立自信。

班级全体学生集中注意力

在新班级的第一次小组见面会上,强调全班的注意力集中很重要。培养全体学生注意力集中的习惯对任何时段、任何班级教学的有效开展都至关重要。

语言指导集中注意力

一旦学生坐在座位上，老师就需要提醒全班集中注意力。这可以通过非言语的暗示和语言指引来进行。

- 进行口头提示时，使用积极、指导性的语气会很有帮助："大家安静下来（……）。"然后策略性地停顿一下（……），给学生一些简短的接受时间来反馈老师的提示（p.118f）。"看这边，仔细听（……）。谢谢。"句末祈使式的"谢谢"一词传达了期望。像"眼睛看这边，耳朵听这边（……），谢谢"这类句子，我们需要平静、积极而充满期待地不断重复。语言提示能传递我们期待的行为："坐好……看这边……仔细听。"我们要避免随意使用消极语言："我说话时不要讲话……""不要喊叫……"

- 避免使用"问题式"语句，比如那些疑问句："请每个人都看这边好吗？""你们能安静下来吗？""你们可以停止说话吗？""你们为什么说话？""你们现在不应该说话，不是吗？""你们现在一定要说话吗？"

- 使用强调集体概念的语言会有所帮助："全班……"、"大伙……"、"每个人……"、"各位……"、"伙计们……"。"各位（guys）……"作为具有包容性的、男女皆宜的、通用的一个称呼被年轻教师所喜爱，但这不是我最喜欢的（对我这个年纪的老师来说，guys仅仅指男性）。

- 一些老师发现在他们做出口头指导之前采用非言语提示会比较有效。在新班级里，我经常用我的钢笔尖"叮"地敲一下小玻璃杯；等待（一个策略性的暂停），然后顺势指导全班"安静下来……"。一些教师会使用拍打节奏或音乐性的提示，他们简单地举起右手，扫视全班，等待学生也相应地举起他们的右手，保持安静，眼睛看前面并竖起耳朵。当然，任何这样的非言语提示（最初）都需要与如前所述的口头提示结合起来。

- 注意姿势。一种"开放的"、期待的、自信的姿态和积极的、期待的语调（"坐好"、"注意看"、"仔细听"）都能传达我们的意思，其作用和其他手段一样重要。我们不能倚靠着讲桌或白板，（在小学高年级或初中阶段）也不能坐下来。

- 把语言提示分成几个部分，逐渐减低音量。指令开头的部分（例如"大家安静下来……"）需要说大声一点以获得学生初步的关注，重复第一部分的指令有时也很有必要。

"大家安静（……）"大声一点（必要时重复），"请看这边，谢谢（……）"声音柔和一些,"听我说(……)"声音更柔和些(与集中学生注意力相呼应)。

这种语言形式("安静下来……")是"停止(你在做的事情),看这边,认真听"的变更语。

- 当你说话的时候扫视全班学生的脸庞和眼睛,这可以传达出教师积极的态度,还能及时获得学生注意力情况的反馈。留一些时间,让噪声慢慢消失(……),当全班注意力再次集中时继续说你想要(或需要)说的话,例如,问候全班学生和进行课堂教学。
- 当我们要集中全班注意力的时候,同时可能需要重点关注那些分心的学生。例如,一些学生在聊天,几个男孩正在摆弄百叶窗……我们给这些学生一个简短的描述性提醒或指令。"比拉(……),迪安(……),你们在摆弄百叶窗,放下百叶窗,朝这边看。谢谢。""切尔西和贝卡(……),你们在聊天(……),这可是全班的教学时间。看这边,好好听讲,谢谢。"当我们重新集中全班学生的注意力时,也要给这些学生一些接受时间。
- 在我们简要提示分心的学生之前,也需要简要提示那些对我们最初"坐好……看这边……认真听"的指令有所回应的70%的学生:"对不起,大家(或同学们)……"然后对分心的学生简要强调纪律,以提高他们的行为意识(和责任感),然后使全班恢复安静并集中注意力。

一些教师会提高音调去吸引学生的注意力,当只有一半学生在听讲时,他们会继续对听课的学生讲课,哪怕其余的人一直在窃窃私语或聊天。所有这样的行为(当然)是在表明,像这样的说话或者"聊天",大喊大叫,摆弄桌上的物品,在全班的教学时间内是可以允许的。扫视、口头提示,并且等待班级的回应很重要。扫视学生的时候,用非语言(或口头)的方式简要地肯定那些安静的、面朝前面准备好听讲的学生也极为重要。比如微笑、点头、一个简短的表扬:"谢谢你!约翰、达米安、德兰、比拉……你们都准备好了。""阮、卢西恩、苏珊……谢谢。"

低年级的教师常常会给出鼓励的信号,用来强调学生们的良好状态:正在听讲,正在坐着,正在看向前面,正准备……的行为。

当班级学生已经坐好并注意力集中时,我经常说一句谢谢。"谢谢,你们看起来很轻松而且准备好了。大家早上好。"直到我看到学生都坐好并集中注意力时,我才会(对整个班级)说"早上好或下午好"。

我们需要经常说"早上好"、"下午好"。我曾与一些这样的老师共事过,他们要么忘记,要么怕麻烦,要么甚至忽视对全班学生进行问候的必要性。

"冷静"地沟通

当我们试图集中全班的注意力时(特别是更不安分的班级),我们说什么非常重要。不过,同样重要的是我们平静地表达和沟通的能力。当我们扫视(提示)全班时,我们的冷静能使班级也相应地冷静。我已经把(标题里的)"冷静"加了引号。我所说的冷静并不意味着我们是"非感情的"或我们"能控制住"自己的情绪。我们传达的也不是一种平淡、不痛不痒的冷静。我们所说的的冷静与在自然压力下,我们如何表达、沟通和自我控制有关——特别是当我们需要传达一个明确的主张时(见后文,p. 90f,25,7f)。

处在压力下不容易做到"冷静"。当遇到一些特别棘手的班级时,产生一些有压力的体验是很自然的。我们可以通过以下做法帮助自己冷静下来:尽我们所能地熟悉我们的计划,了解我们之前已有的行为干预"计划"(第三章)。这些常规的压力实际上能够激发我们保持冷静,并且能够让我们将冷静传染给我们的学生。

"我已经尽力做好准备。"作为一位年轻或者新手教师,我们可能倾向于过度准备一节课程或活动,这是正常的。随着我们教学生涯的继续,我们可能就不会如"当年"一样刻苦地做计划了,这也是正常的。但是我们也需要有合理的(小组)任务准备,哪怕一位经验丰富的教师也是如此。我们有时的确可以"即兴表演",但是优秀老师不会让"即兴表演"成为一种习惯。

同样,当我们必须维持纪律时,在紧张和有干扰的情况下,知道自己可以说什么/做什么,也能帮助我们冷静(见第三章和第四章)。

> 附注:对"冷静"的自我暗示
> - 平静的呼吸与深呼吸不一样。我们平静地呼吸(吸气两秒,屏气两秒再呼气……)。作为一个简单的习惯,平静呼吸能使我们在进入教室时冷静下来……

第二章 新班级、新学年:行为管理的建立阶段

- 迅速调整任何身体部位的紧张：舒展额头（皱眉时）、颈部和肩膀。这种对身体平静的"暗示"将使我们的身体感觉不那么紧张，并且能向别人传达我们的平静。

- 声音和扫视：使用平静、清楚而不是快速而"激动尖锐"的声音，眼睛的扫视（对全班安静下来和集中注意力很有用）能加强我们的自我控制感（p. 59）。

- 自我暗示：与自己对话（在压力下通常很快）能帮助我们冷静下来。"我可以做……"、"我必须现在做什么……"，而不是"我不能应付"、"我不能这样做"、"这太难了"。我们要承认在特定情况下的自然困难和压力，但仍然要重塑积极的可能性。

提示全班冷静

当教师提示全班集中注意力时，如果伴有太多坐立不安的肢体动作，如在教室前面来回踱步，则不能帮助学生集中注意力。很多"天生不安分"（更不用说那些被诊断为有行为障碍，如注意力缺陷或自闭症谱系障碍）的学生会过度注意老师的动作，大概只有一半的注意力（如果有的话）在听讲上。我看过有老师在阅读时不停地上下晃动，他们没有意识到过度的肌肉运动"无意识"地触发了那些不安的学生，他们的目光不自觉地跟着老师上下晃动的动作而移动。

当唤起和维持全班的注意力时，有益的做法是站在教室前面。当教师提示全班集中注意力时，站在正中位置，面对全班，保持放松，扫视全班学生，这些动作通常能（积极地）传达出教师准备就绪和对学生充满期望的信号。

集中集体注意力的非语言提示

在小学阶段，一种常见的吸引集体注意力的非语言提示是举手。当学生在各自的座位上（或幼儿的"地毯区"）坐好时，教师（站在教室中心）面对着学生，举起一只手并扫视全班。此时教师不会说话，举起的手是获得学生反应的一个提示，同样，举手能够引发教室里的一种"多米诺骨牌效应"。学生环顾四周——实际上是在模仿教师的这个提示。这是一个集中和重新集中学生注意力的提示(在上课时很有必要),在小学和中学的低年级阶段非常有效。留给学生 5—10 秒左右的反应时间,老师会放下他们的手,感谢全班的合作,并继续班级问候和课堂活动。我的一名研究生被告知举手是解决班级问题的一个有用信号,她试着在一个新的六年级班级使用这个信号。她举着手持续了几分钟,一名学生终于说:"嗯,老师……我们该怎么帮助你呢?"首次使用非语言提示时,将口头语言与非语言提示所含有的期望建立起联系非常重要。在上面的案例中,教师可以举起手,同时口头指示班级,"大家安静下来(……),看这边(……),认真听(……)……"。当他们安静下来倾听时,教师可以接着解释说,下次上课时(或者任何时候)她也会像这样把手举起来……这就是事后解释。

教师所使用的典型的非语言提示包括按响一个小的手铃;使用乐器发出声音(很多年前我用我的吉他弹奏和弦的信号,小学班级的学生就会过来坐在垫子上);所有低年级学生都能模仿有节奏地拍手,教师可以逐渐减少为两个指头的响指,最后是一个手指"静拍",将手放在腿上;甚至放松地静止站立——扫视班级和等待本身就是一个非语言提示。不过,漫长的等待会让学生(年长的孩子)感到困惑或者可能造成他们的注意力不集中和不安。

重新集中集体注意力

除了上课伊始,还有些时候也需要教师重新唤回班级的注意力。这可能是因为一次不必要的分心行为让噪音水平上升,或者教师需要重新调整课程任务和活动的某一方面。下课前重新集中注意力非常必要。给予学生适当的时间来整理,进行课堂总结(如果需要的话),让学生安静有序地离开教室都是很重要的(p.86f)。

一位小学教师在下课铃响之前 3 到 4 分钟就停止上课了。学生们仍在忙着涂色和写作业。教师就教材问题和完成后的作业的放置问题交待了几句,并对学生说:"如果完成了请站到椅子后面。"问题出在教师是在充斥着噪音和学生不停活动的情境里发出指令的。她一边发出指令一边绕着教室走动。教师说话时有三分之一的学生手里仍然拿着铅笔在写字,她"允许"这种行为继续下去。实际上,如果她先走到教室前面并简要提示,重新集中集体和个别学生的注意力,然后再发出这些指令就会更有效。

每当我们给出集体指令、引导或提醒时,接下来重要的是等待一下,以使全班学生能集中注意力，执行哪怕是很日常的指令。正如前面所提到的，走到教室前面有助于加强全班对教师指令的关注。

更多的问题可能发生在这样的情境中：教师发出的声音常常盖过学生讲话的声音，或教师在学生青春期冲动的噪音中发出指令——学生会习惯如此，并发展成一个难以改变的习惯。

- 重新集中集体注意力的时候运用一个积极的信号或提示（语言或非语言的，见 p.58f,62），并最好不要把手放在头上。
- 运用一个短暂而技巧性的停顿（……），让学生可以执行指令。必要时重复指令："每个人都（……）眼睛看这边，耳朵竖起来。谢谢你们（……）。保罗（……）、拉什达（……）、西蒙（……）、唐娜（……）、比拉（……）、帕特里克（……），把笔放下来。"如果还有几个人没集中注意力，可以说："（……）眼睛看这边，耳朵竖起来（……），谢谢。"语气要坚定、自信而愉快，这样有助于形成规范和惯例。
- 在小学阶段，视觉线索提示会很有帮助（见 p.79f）。
- 感谢和赞赏的用语具有鼓励作用："感谢你们把桌子都整理好了，并用笔帽盖住了钢笔——这样笔就能用得更久了。""当我要求你们……时，谢谢你们的倾听和全神贯注。"

维持集体注意力

维持集体注意力的能力取决于在那一刻教师将学生吸引到教学活动焦点上的能力以及之后聚焦到课程展开中的能力。进行有效教学，管理分心和扰乱行为所需的能力和技能对任何集体学习都至关重要。这将在第三章和第四章详细讨论。

貌似无反应、无注意力的班级（第一次班会）

这种现象时常发生在棘手的班级里，而且中学阶段比小学阶段更常见。老师进入教室时，一群不安分的学生还在吵闹，看起来他们沉浸在一个只属于自己的世界中（很可能就是这样）。老师站在教室前面等待着、等待着……学生们有的在窃窃私语，有的在摆弄小物件，有的甚至在重新摆放教室里的桌椅，有的在徘徊，有的像在漫游……这时候，老师真的"存在"吗？他们应该做些什么呢？这种"现象"会出现在所有班级里。

　　冲着学生大喊大叫将适得其反(哪怕很多人容易这么做),虽然我们某种程度上都会这样。这可能会暂时制止学生的吵闹和不安的身体动作,但他们很可能会卷土重来或者更糟,那些挑头的学生会产生逆反心理,打扰班上的其他同学。如果我们继续使用过高的(或大喊大叫的)声音,实际上是在训练我们的学生习惯这种状态。同样,只是站在那里等待也是无益的。

　　理想的情形是,如果一个班级以这样的行为而"出名"(甚至从第一天就开始了),那么建立阶段(最初的几节课)就应该邀请一位学生们都熟悉、信任、尊重的老师进行团队教学(可以有同事的附带指导支持,p. 288f)。这名新老师和支持他/她的同事需要提前做好计划(建立阶段),这里需要建立一定的"信任关系"(Rogers, 2006b)。这个合作小组必须基于真正的合作和良好的计划,也应该包括一些持续性的学生课内外行为监控(特别是对那些起"催化作用"的学生)。此外,需要避免把那些公认的"困难班级"交给新手教师或刚到一个学校且没有得到后续同事支持的教师。

　　当面对一个看似无回应的班级时,与其站在教室前面等待,或者试图通过提示来集中班级注意力,离开教室的中心位置(学生期望教师尝试集中班级注意力并能"控制"班级),在教室里走动着与个别学生或小组进行对话更有帮助。这是在"他们的"空间内小规模规范行为。最初这样的做法可能会让一些学生"不安",他们不期望这样。毫无疑问,这些学生在想:"你应该站在前面,在那里我们可以给你制造一些麻烦……"当我走近学生并与他们交流时(从相互的自我介绍开始),有时我会得到些自大和自作聪明的回答。我发现,策略性地忽视这种行为(无论合不合适,p. 97f)可以避免过度介入或过度回应有意的挑衅行为。我试图表明,我没有威胁到他们的行为,也没有被他们的行为所威胁。但同时我通过这些简短的活动(在教室内走动……)开始和建立我的领导力。我会问几个他们可能希望在这门课上涉及的问题,并向他们保证我们在一起的时间将会是值得的:过程简短,传递尊重的信心和合作的期望。我尽量利用短时记忆记住一些关键学生的名字,然后再走到教室正中位置。利用记得的名字我就可以合乎规范地提示全班集中注意力(p. 58f)。"安静下来,谢谢(……),保罗、迪安、哈立德、库斯塔……"。大多数学生现在安静下来了,正面对着讲台。他们需要被进一步肯定(简短地):"谢谢,克里斯特尔、大卫、唐娜……"(在最初散漫的阶段)进行一些简短的、相互的介绍和聊天后,我现在可以自信地叫出相关学生的名字。几分钟后,经过几次策略性的停顿,班级已经基本安静下来了。这并不容易,但我发现,在让班级安静下来并专注于课堂时,这样的做法很有成效。

刚到一个新班级时,如果不听讲行为在前几节课就变得突出(且越来越严重),那就必须及时寻求资深同事的支持:

- 查看问题是否只出在自己的班级中。
- 与起关键性催化作用的学生或首要分子以及那些分散同学注意力或有挑衅行为的学生合作。对这些学生的后续跟进需要关注他们对班级共同权利的影响,然后,将工作重点放在他们的责任感建立以及做出改变的承诺上。这样的后续跟进需要资深同事的支持,但关键的是班主任要对这些学生进行一对一的跟进,以发挥他们对学生的引领作用(p. 122f)。
- 召开班会也是一种有益的做法。班会上向学生列出教师和学生重点关注的行为,比如班级噪声水平、注意力分散、老师讲课时窃窃私语等行为,然后邀请学生做出改变的回应。之后,教师和学生一起制定一份班级计划(这是一个新的开始),以解决相应的行为和学习问题。如果在计划、完善和执行方面得到同事的支持将会更有帮助(见 p. 274f)。

在一些学校里时常出现频繁的扰乱行为,几个(或更多)捣乱的学生;这些常常同时"发生"。

当一些分心和扰乱的行为同时发生时,试图解决其中的一个行为问题是毫无意义的(除非这是一个重大事件)。有效的做法是走到教室的中心并且果断地重新提示和集中班级的注意力。

理想的状态是我们在关键的第一次班会上就建立起我们的领导力(p. 37f);那些至关重要的核心规则(p. 38f);我们的行为领导力能够暗示我们如何解决发生在棘手的班级中的学生的分心和扰乱行为;教师/领导者的基本能力(和技能)能够让不安分的班级安静下来并重新集中注意力(尤其是在班级教学时间,见 p. 58f)……希望你身在一所支持性的学校,这个学校能真正从一开始就对新教师提供持续的指导和支持。

几年前,我在英国的一所学校指导一位新同事时就遇到了这样一个班级。那所学校已经采取了英国教育标准办公室颁布的特别措施。我要在这所学校建立一个持续为教师提供指导的支持计划(不同于教育标准办公室的做法),确保同事们进行反思并获得同事支持,建立起他们的行为领导力(见第八章)。

我进行了为期三天的调查,试图制订计划和指导几个班级中的同事,在这之后我画了一幅漫画,见下图。

图片所示的是一个七年级的班级。此时正处于我和新同事在这所学校经历的第一个阶段(共四个阶段)。这是在课堂上的任务阶段。先前我们已经花费一些时间让学生安静下来并专注在全班教学上,我们有一个合理的课程安排。现在,学生似乎又重新"回到"了他们"习惯"的行为模式上……

有些学生大声叫喊来吸引我们的注意力("老师!我不知道要做什么……""嗯……老师,老师……我们又要做什么?")一些学生会走来走去(毫无理由地)——我已经事先与其中一个"闲逛"的学生交谈过……其中一个男孩(罗里)向安德鲁扔了一支笔,所以他有"借口"去把笔捡起来,并开玩笑地打他……班级里三分之一(左右)的学生在进行任务回避/社交。特里(图片最右边)毁了一个充满脂肪、甘草的冰冻果子露,还吐了口水搅在一起……"只是有趣(?)"……

我看向我的同事,再次看到她的疲惫、她的"放弃",我感觉到她在说:"不仅仅是我,对吧!"

我走到教室的中心位置,用我的钢笔敲了敲玻璃杯作为提示。我提高了音量:"每个人(……)都停止你正在做的事情(……),现在(……)。每个人放下笔,眼睛和耳朵集中注意力(……),现在……"学生们看着并听着(闲逛的人还没有回到自己的

第二章 新班级、新学年:行为管理的建立阶段

座位)。

再次强调是很重要的,如果教师充满自信并尊重学生,那么60%(或更多)的学生都会配合。我总是使用这个方法。班级现在已经"安静"下来了……

我提示那些"闲逛者":"雅基(……)、柯丝蒂(……)、卡勒姆(……),马上回到你们的座位(……)。"柯丝蒂愤愤不平,"我只是捡一支笔!"我策略性地忽视掉,示意她回到座位……"罗里(……)",这个男孩扔了笔……"放下……安德鲁(……),你也是……把它放下。"他们叹了口气,转动着眼睛……在这时应该策略性地忽视这一切……(课后我会与他们谈话……p. 116f)

"特里(……),我会给你一些纸巾……"(搅拌冰冻果子露的小伙子……)

对全班的再次提示不会花很长时间。我们的语气和态度需要坚定、冷静、自信和果断,而不是咆哮:"我早就厌恶了你的愚蠢行为!你怎么了?你怎么就不能……"(请注意,这是很容易出现的状况……)

"好了,大家(……)。"这需要在教室前面再次向全班强调,"我不是指你们所有的人(这很关键),但是你们中有些人在呼叫老师的帮助,有些人在班里四处游荡——这是我们的学习时间,我们不能在课上扔任何东西,哪怕这很有趣,这样会很嘈杂;请记住同伴声音(p. 75f)"。简短、明确地解决问题行为。"如果你需要笔、尺子、铅笔、纸……"(我提醒他们班里有供应,p. 74f)

我也提醒他们一些寻求教师帮助的主要程序,加上一句:"(……)离下课大约还有20分钟。"我提醒他们学习任务,并且加上一句:"让我们回到功课上。谢谢!"永远不要低估这句简短但充满期待的"谢谢"。

班级现在安静下来了——重新集中了注意力。仍有几名学生在生闷气。我走向特里给了他纸巾……

我们正在(有时)开始缓慢地重新培养习惯的旅程;正在"重新建立"一个学习共同体。虽然这种"中断"/再提示是很重要的短期干预手段,但我们还是需要向所有的学生传达一种信念,即我们会变得更好。通常情况下,60%—70%配合的学生能很快做出回应。

我也指导了几名学生课后留校以解决早期的行为问题(作为"新"教师)。

困难班级的问题和"重新开始"的方法将在第八章提及(参见 Rogers, 2012)。

记住并使用学生的名字

这可能听起来有点老套,但实际上它是至关重要的——从第一天开始。我曾遇到过一些中学教师到第二学期仍然还没有记住学生的名字。我知道这需要些努力,但从关系和管理的角度来看,记住学生名字极为重要,而且这也是基本的礼貌。更重要的是,它有助于建立良好的师生关系。

在小学阶段,第一天可以将学生的姓名牌贴在桌子上;可以进行座位安排和相应的名字游戏(中学的低年级段也可以这么做)。

作为指导教师,在接手每一个新班级时,我会请一名学生帮我画一张教室的桌椅排列表,并在每个学生的桌子上写下他们的名字(并不是所有的教师都进行座位安排)。然后我发现在上课时间使用座次表也有助于再次确认学生名字的发音,能避免冒犯学生(或让他们尴尬)。每一节课我都会使用这些手绘座位表,直到记住这些名字。当我们刚到一个不熟悉的班级时这么做很重要,代课老师也是如此。

现在大多数学校会使用贴着学生照片的班级名册——当我们寻求和学生建立合作性的关系时,这可以帮助老师在课堂上进行短时记忆。同样重要的是,在非教室场景下(如走廊、操场),即使是简短的、过渡性的交流,也要听出学生的名字。

> 附注:中学教师(或者小学阶段的"学科"老师)并不容易记住学生的名字。我发现当我忘记一个学生的名字时,我会试图对学生说一些更得体的话:"我正在努力记住你的名字"(这是事实),而不是"我忘了你的名字",甚至是"我不知道你的名字"。

在班级教学时间解决分心和扰乱行为

当学生大声叫喊,在教师教学时插嘴或说话时

与任何我们需要从头建立并与学生讨论的课堂管理方法类似,我们应该:

- 在学生行为守则中写下期望学生做到的行为(p. 40f)。
- 根据学生的年龄特点,建立常规;在小学初中阶段可能是"安静地把手举起来",而在高中阶段可能是"参与一次课堂讨论"。
- 能够自信地处理和"管理"学生在教师说话时发出的声音……或不集中注意力的小动作……在这些情况发生时还能将全班的注意力重新集中到教学上来。

在(新班级)最初的几堂课中,教师还需要建立和维护每次一名同学发言而其他同学用心倾听的公正性规则。在小组讨论之前我们可以先有一段提问或课堂讨论时间,用以提醒学生:"还记得我们……的规则(或守则)吗?"我们还可以说:"我知道你们中的一些人很渴望有所贡献;然而,如果你们只是大喊大叫,或者讨论别人,这对别人是不公平的。如果你正在等待一个发言的机会,但是其他人在大喊大叫,你也会觉得他们的行为是不公平的。"如果学生忘记了,或者试图以大喊大叫来获得关注,这时给这些或者这名学生一个简短的规则提醒将非常重要(见下文)。

同样重要的是,要记得提醒我们的学生,如果他们问了老师问题,或和全班同学分享了想法,这就是对每个人的贡献。一些学生会认为一名学生向老师提问仅仅是老师和这名学生之间的事情。"我想让你们记住,当你们在课堂讨论中分享想法、提出问题,这将是对我们所有人的贡献——而不仅仅是对老师……"

面对学生的分心行为,教师在进行指导或提醒时,需要言简意赅,并给学生几秒钟的思考时间,然后重新唤起整个班级的注意力,让全班关注到课程或讨论上。如果我们在刚开始的阶段接受了大喊大叫并轻易地认可了这种行为,在学期的后半段我们会发现再次重建那些所期望的公平行为将会多么困难。

需要强调的是不要忽视这种行为,不要寄希望于它会自行消失或者学生会"自然地"安静下来,开始倾听。我见过教师在那种吵闹、散漫、大喊大叫的环境中教学,似乎是在讲课,但事实上,有一些或更多的学生在他们的私人聊天或谈话中完全无视了老师。如果我们接受学生插嘴、大喊大叫、讨论他人或与教室里其他同学聊天的行为,这样其实就是在承认这种行为是"可以接受的"和"正常的"。

在大多数班级,甚至在一些十一和十二年级的班级里,"举手发言"的提醒是很必要且公正的程序,特别是在一学年的建立阶段。以下是一些基本的提示,用来提醒或纠正学生的大喊大叫或老师说话时聊天的行为,并且重新集中班级注意力。

- 非语言提示(在小学中低年级)。老师简单地举起他/她的手(给出学生举手的提醒),并简单地盖住嘴巴(表明举手时不能说话)。然后承认并肯定学生的举手行为。

- 附带提醒(对于大一点的孩子)。老师简要描述学生正在进行的行为:"杰森(……),你在大声叫喊,还打响指。"教师"描述实际行为",并唤起学生的行为意识。然后老师要肯定学生们的举手行为,叫出他们的名字——"杰森……、迪安(……)、卡拉(……)我看到你们举手了,1、2、3",之后依次回应他们的问题或观点。如果一名学生没有"接收到"或回应附带提醒,我们可以给出一个简短的规则提示:"杰森(……),记住我们的规则……"或一个简单的提醒:"举起手(……),不要说话。谢谢。"

如果几名学生正在大喊大叫,最好先"停止"课堂教学。教师用阻止的手势提示,并扫视教室,等待学生安静下来:"(……),有几名同学正在大声说话(……)(一个简短的描述性陈述)。我们有相应的班规(简单的规则提醒)。谢谢!"这是用来提醒那些分心的学生。有些学生正在大声说话,但不是所有学生。70%左右安静地等待着的学生会接收到这个信息。然后,教师以一种积极的、合适的态度,重新开始讨论。"我不介意哪只手,只要你们举手就可以(微笑着说)。好的……我们继续上课……"如前所述,这显然优于"不要说话……""你不该大喊大叫的,不是吗?""你为什么喊?"此类说辞。

这些毫无意义的疑问往往来源于沮丧和习惯:

"请你停止这样做……可以吗?"
"你能不这样做吗?"
"你必须这样做吗?"
"我说过……吗?""你怎么不听……"

如果孩子们正在做一些分心的事情,最好明确指导学生需要做什么以要求其停止。如果我们想要有效制止,就需要给出一个简短的特定指导,这时像"你可以……吗?"和"请你……"此类的请求是不必要且无益的。

这里还有其他对小组和个人进行口头提示的例子:

- "请举手,不要大喊大叫,谢谢……"

- "记住我们用于提问的班规。"
- "举起手来,这样我就可以知道你想发言。"
- "我能听见你提问;我能听到你们呼喊。我需要看到你们举起手来,这样我们才都能得到公平。"
- "我担心当你们中的一些人大喊大叫(……)会让我们最终无法听清任何人说话。"(这是一个简短的对全班的提醒。)

当学生在教师教学时聊天

对于学生们的聊天,我们也可以使用简短的描述性提示/规则提醒,例如:"梅丽莎(……)、仙黛尔(……),你在聊天(……)。注意这是全班教学时间(……)。"有时这种"描述性提示"就足够了。对于另一些学生,我们需要添加一个简短的指引:"……眼睛看向这边,耳朵也注意听(……)。谢谢。"可能还需要简短地多说一句:"……不要聊天。"

附注:在全班教学时间,无论我们是提醒还是纠正一个(或几个)学生的分心或破坏性行为,都需要对60%表现出体谅和合作的学生使用简要提示。可以简短地说一句"不好意思,同学们",然后再关注那些分心的学生们。当我们解决分心学生的行为问题时,这个提示起到了肯定其他同学配合的作用……

纠正性语言的使用将在第三章中详细讨论。

如果有学生在开学第一天就持续不断地大声说话,这就有必要在课后时间对他们进行一对一地跟进,甚至制定某种形式的口头行为协议(一对一)——安静地举手,不要说话(p. 122f)。

跟任何规则一样,我们需要采取预防性措施(规则/期望),并需要思考简短的和积极的纠正性语言来提醒学生承担责任,并指导学生回到预期的(公平的)行为。

过渡阶段

当教师从课程的教学阶段转到任务阶段,噪音水平自然容易上升;一些之前没有听讲的学生此时往往很茫然,希望得到教师帮助("老师——我们要做什么?""我不知道要做什么……""我忘了……""你能帮我……吗?");许多学生也开始互相交谈(鉴于声音不大且以任务为焦点,这是可以接受的);也会有一些学生没有相应的学习用具;有些学生可能会找些显然无用的借口跑出教室。

重要的是,教师要让教学阶段和任务阶段的过渡时间清晰和明确。我曾和一些老师们共事过,他们模糊不清地处理过渡时间,学生根本不清楚他们现在应该做什么。老师可能只是快速地给出一连串的任务指令,甚至开始回答个别学生的问题,而让班上的其他学生无法确定此时这堂课的重点在哪里。

任务清晰度

基础但关键的要点,比如把工作任务/活动写成一个问题,或一系列的要点和步骤,以及由组长分发资料(特别是针对小组学习),这些都是从一开始就需要的。学生也需要意识到学习活动和任务的进展。我们还需要考虑视觉学习者和有学习需求的学生。黑板上或任务表上的视觉提示往往会有助于明晰学习焦点。针对有特殊学习需要的学生,我们需要区分任务,可能要把这些学生的基本个人任务的难度降低。

行为清晰度

因为噪音水平的自然上升(在任务学习时间),一些学生可能心不在焉或者在做与任务无关的事情。这时提醒学生在课程任务阶段的预期行为很重要。学生需要知道合理的"工作声音"是什么,为什么这种音量(同伴声音/内部声音……)在一个较小的地点/空间是重要的,以及这种"声音"如何影响我们的学习。讨论在教室内合理的和可接受的活动范围也很重要(当然,这会随着主题区和环境的不同而变化)。如果学生需要老师的帮助,他们需要知道如何公平、合理地在有25—30个学生的教室里得到老师的帮助(p. 84f)。

准备一些笔(蓝色和红色)、尺子、铅笔、橡皮擦和一些带横线的(和空白的)A4纸,以备不时之需。刚开始,老师不知道学生没有带笔(工作簿或纸)是因为困难、懒惰、漠不关心还是真正地忘记了。在小学高年级阶段,教师在前几堂课上准备一盒"必需品"是至关重要的。在我们进入正式课堂之前检查下笔是否能正常使用总是必要的。

在与学生制定这些惯例、提示和程序时，教师会发现与教相似年龄学生和从事相似教学的同事一起提前做好计划会很有帮助。这对于教师与那些具有特殊的学习和行为需求的学生相处是至关重要的。

照顾小组中视觉学习者的需求

一些教师过度依赖听觉型教学方法。有时，我们可能对所谓的"填鸭式教学法"感到不满。但许多教师确实体会到了视觉提示的重要性：在黑板上写出要点；建立从主概念到子概念的概念体系；或者使用"从一般到特殊"的原则。很早之前，现代教学就强调"多元智能"，视觉型、听觉型和动觉型的学习，以及左脑/右脑学习，高效率的教师还会使用"思维导图"概念，满足视觉型和动觉型学习者的需求。[1]

几年前我和一位高年级教师合作教授一门英语课。她正在与十年级的学生讨论积极沟通的问题。她开始讲授一些相当复杂的要点，但我注意到，在十分钟的会话中，至少有三分之一的学生是不安分和注意力不集中的。我征询我的同事我是否能"在黑板上写一些要点"。她（愉快地）答应了，"……当然，罗杰斯先生"。当我写下她的要点时，我注意到学生们重新参与了进来，其中一些几乎立即被吸引。仿佛黑板上文字的"物理性"和组织化给了他们一个概念的视觉框架，并展示了关键的和附属的功能是如何联系在一起的。这显然能帮助他们思考和讨论。这个基本公理（视觉提示）对任何学科和任何年龄段的教学都是有意义的。

例如，如果我组织课堂会议，我喜欢让一名学生在白板上写出要点，这样可以让整个班级形成一个视觉焦点（也使得这个学生的贡献更有效）。我也喜欢让另一名学生（作为班级抄写员）记录要点，这样我（作为教师）就可以自由地管理和"主持"班级对话和讨论。

噪音水平

在一本旧《笨拙》（*Punch*）[2]杂志上，我注意到一个不寻常的词："喧闹音乐"（charivari）。单从文本中无法明确它的含义，所以我查了一下，这是一个起源于法语的词:"一种用水壶、锅、茶盘等敲打出的粗糙的小夜曲。在法国用于嘲笑不和谐的婚姻……因此是一种巴别塔(嘈杂)的音乐……"(《牛津英语大辞典》(简编本))。我教过的班级中有不少七至十年级的班级能演奏出喧闹音乐。一些学生(看似)没有意识到在这么狭小的空间里(和其他 25—30 位同学共处一室),自己的声音有多大。他们可能没有意识到椅子的刮擦,摆弄钢笔、尺子、铅笔、水瓶的动作……(当教师正在讲话时)这都可能引发一种"喧闹音乐"。

教师对噪音水平的容忍度不同。一些教师可以容忍极高的噪音,然而隔壁的教师可能发现这些噪声干扰了自己的课堂教学活动。通常,询问同事是否意识到自己"正常"的教室里发出了多么响亮的声音,这是一个敏感和棘手的问题。

想象一下,25—30 名学生挤在一个小房间里,房间紧凑布置着桌椅,他们要一起在这里生活、思考、集中注意力、讨论、合作和活动,并且一天中要进行好几次分组。这些都必定会产生噪音。我们该如何管理这样的环境和学生的行为,从而将噪音水平维持在一个合情合理的范围,以符合空间和活动上的安排?

我们可以尝试卡迪纳尔·休谟当校长时所采用的一个引人发笑的方法:"我不介意你制造噪音,如果你不介意我阻止你的话。"(Mortimer, 1984)

让学生理解和认识教室内外空间(相应噪声水平)的差异,以及每个"空间"和"地方"的不同用途很重要。有些孩子会把他们所有的运动精力和(在外面)响亮的声音带进教室里,并且不进行相应地调整和控制(p. 79)。同样重要的是,需要教给学生(教室外)社交时间和被适当限制的教室内"社交时间"的差别(p. 55)。

教室内安静的气氛能使学生注意力集中并促进有效的师生交流,同时还能帮助教师减压。

- 向学生解释为什么我们——作为一个班级群体——需要区别"内部音量"或"同伴声音"和响亮的"外部音量"。教室是主要的教学场所,"因此,在这里,我们的声音以及音量都应该有所不同"。
- 告知学生不同声音的音量差异,以强调在任务学习时间要保持轻声交谈和适当的"同伴声音"。我发现一种有助于教授这种"差异"的方法,即指出在课程任务阶段的任何时间内,"我应该发出从教室前面到后面都能听到的正常音量——这是一种没有明显提高嗓门也仍然能被听到的音量"。利用范例来教学对这一点也很有帮助。我会给学生模仿同伴声音,用不同的音量水平向学生借一支笔,由此向全班澄清同伴声音的意义和范围。当我要求学生(甚至在中学阶段)描述同伴声音时,他们总是使用诸如"温柔的"、"亲近的"、"使用眼神交流"、"使用名字""使用文明用语,如'请''谢谢'等"来描述;其实他们都知道。

- 监督和鼓励学生养成有意识地使用适当、合理的同伴声音的习惯。教师可以采用一些简单的视觉化方法,对学生的"工作声音"水平做出反馈(见后文)。
- 审查班级在最初几周的噪音水平,以保持积极、有意识地监控和协调声音水平的习惯。
- 当班级使用同伴声音时给予鼓励。

我更喜欢"同伴声音"、"工作声音"、"内部声音"或"教室声音"的说法,而不是"工作噪音",我会尽量避免简单地使用"噪音"一词。

教师的声音

有时,教师正常且独特的声音和音量是不需要高声或大声的,否则,反而会提高学生的噪声水平,让学生认为正常的教室声音就是这么大声。教师经常意识不到这是他们正常声音水平的一个特征。问题在于当他们需要用一个更坚定或略响亮的声音(来达到强调的目的)时,学生并不能有效地听到。如果教师正常的声音就特别响亮或音调很高,或说话的语气听起来好像他/她经常容易生气和烦躁,教室里就会形成一种不必要的紧张氛围,这会抑制有效教学,哪怕教师错误地相信他/她已经通过大声说话"控制"住了班级。

如果教师过度控制自己的声音,或用消极的语言(过度使用语言提示如"不要"、"不能"、"不应该"、"为什么"和"你呢",p. 58f)干扰班级沟通,教室就会成为让孩子们感到不愉快的场所。我见过高年级的学生最终会通过公开或隐蔽地"破坏"课堂来反抗这样的教师。

保持我们的语调和音量正常,听起来愉悦、自信且有礼貌,有助于班级集体安静下来和集中学生的注意力;它还能帮助建立积极的关系。[3] 当我们需要提高音量引起注意,或表达不满甚至愤怒时(第七章),它(提高音量)才会产生适当的效果和影响,并能传达预期的"道德重量"。当我们需要通过声音去强调或引起关注时,也可以用一个更平静和更坚定的声音,这能减少课堂里残余的紧张。

注意:我在这里说的是我们特质性的"声音",而不是在糟糕日中呈现出来的声音(p. 22f)。

反思型的教师深知"大声的教师造就大声的班级"的因果关系。对儿童的学习经验来说,高水平的认知加工是很必要的。噪声和干扰性的课堂环境(25名儿童长时间在一个小空间内)会对学生的注意力、兴趣点和理解力产生不利影响(Rogers和McPherson, 2014)。另外,有些孩子在非常嘈杂的家庭中成长:在电视的吵闹声中吃饭(甚至是早餐),一些家庭里还会存在过高的声音或频繁的大喊大叫。这就需要教师为我们的学生营造更平静、更轻松的课堂环境。

显然,在一些戏剧、音乐和体育等科目的课堂中时常会产生更为响亮的"社会噪音",但当需要引导全班学生的注意力进行讨论、分享、探索、计划和拓展共享的学习经验时,情况就发生了变化。

教低年级学生学会使用同伴声音

正如许多涉及到自我控制的社会经验,我们不能假定班级里所有孩子都能理解我们所说的"工作噪音"、"同伴声音"、"轮流发言"、"排队"、"举手发言"和"在教室走动时小心并考虑他人"……甚至连最基本的礼貌都不能假定已经被孩子们理解。

在学年的建立阶段(第一天、第一周),有必要向学生解释我们在教室里需要使用同伴声音的理由,以及教会和监控他们工作声音的水平。解释、讨论,甚至是让学生了解合理的工作声音音量之后,我们需要维持、巩固并"习惯于"将此作为课堂的一种期望。教室是一个需要容纳 20—30 名孩子的狭小但充满创造性的空间。如果养成了关于工作噪音音量的不良习惯,则会给教师和学生带来压力。

> **我们的教室(学习共同体)**
> ——P·戴维斯老师
>
> 欢迎来到教室
> 在进入教室之前,请记住:
> ——游戏时间已经结束。请安静、放松、得体地进入教室。
> ——脱帽,把正在嚼的口香糖扔进垃圾箱内;把水杯、外套和书包放在旁边。
> ——这是我们共同学习的空间/场所。
> ——在教室内使用同伴声音,合作讨论,小心走动。
> ——我们需要互相照顾和维护我们的学习共同体。

第一天,一年级的孩子正坐在教室前面的地毯上。今天,在进行第一个课堂任务之前,老师需要谈论教室的空间和 25 名(或更多)同学的声音,有时候,他们同时发出声音。老师向学生提出假设:如果我们在座位上做功课的时候都大声交谈会是什么状况?教师尽力伸展她的胳膊到最大范围,以表示很大的声音。她也说到在学校的其他地方(例如操场)我们可以使用较大的音量,并解释其中的原因。接着她问到为什么在教室里我们需要稍微安静的(更加安静)声音。她带学生们讨论了合作伙伴的含义,并介绍了同伴声音或内部声音、工作声音的概念(Robertson,1997;Rogers 和 McPherson,2014)。这里她用一个双手合抱的非语言动作来表示一个更加安静的声音。

她邀请几名学生和她一起在全班面前演示同伴声音。她把一张桌子放到一旁,并和几名学生坐在桌子边,模拟使用同伴声音来借彩色铅笔,并让孩子们说出他们注意到的情况。她很快就得到了学生观察后的反馈,例如"轻声细语"、"讲礼貌"和眼神交流。她将"耳语的声音"、"安静交谈"归为同伴声音的特点。她邀请其他学生也来做这样的角色扮演游戏。此外,她也模仿了操场声音作为对比,孩子们都笑了。"想象一下,如果我用这种声音去借一支铅笔或一把剪刀,或者我用那么大的声音和别人谈论我们正在做的任务会怎么样。如果我们正在试图集中注意力学习又会怎么样……"

噪音指示器(Rogers,1998)

教师用一些较大的贴画(至少是 A3 纸的尺寸),向学生介绍他们在教室上课的情况。这里共有四幅图画。第一幅图向学生说明了在地毯时间内对他们主要的行为期望,图上描绘了孩子们面对老师坐好并听老师上课的场景,其中有孩子举起手想要发言(但他们没有大声叫喊)。孩子们非常轻松,面带微笑(参见下一页图)。"当坐在地毯上时,我们要面向教室前方,认真听讲(眼睛和耳朵都要注意听讲),同时也需要一个舒适的坐姿。"

这幅图有助于教师向学生解释选择坐姿的原则,即不要打扰到他人。教师还要和学生一起讨论其他行为,例如"守秩序"、"倾听他人"以及"如果你想提问或讲话,请举手发言",然后等待教师叫你回答。

这幅图就好像一个视觉提示,老师可以在全班教学时间或者课堂讨论时间借助它来提醒学生,只需简单地说一句:"请记住我们关于举手发言的规定……"然后手指向这幅规则提示贴画。

第二幅图展现了学生围坐在桌子旁边做功课。在画的后部是几张学生的脸,而在画前部的两个同桌学生正使用同伴声音。

第三幅图和第二幅类似,但是围坐在桌子旁的学生在大声交谈,坐在后面的孩子皱着眉头,表现出对这种行为的反感。

当教师谈及社会行为的时候,要强调个体行为对他人的影响,这意味着我们并不仅仅为我们自己活着。

第四幅画和第三幅画一样,但是在大声说话的学生上画了一个圆圈,圆圈内有一条对角线,表示我们应该停止说话,记住规则并重新集中注意力。

教师根据我们应该使用什么样的声音来向学生解释每一幅画的意义。

这些图画和一个彩色的指示器(一个硬纸板做的直径 10—15 厘米的圆圈)放置在一起,指示器在图画的中心位置。每一个象限内的图画都是彩色的:白色代表地毯时间的声音,绿色代表同伴声音,橙色代表声音过高(表明一个提示或警示),红色代表禁止的行为,这些都需要我们记住,并集中注意力。这个指示器有一个箭头(和开口销),能指向四幅图画中的任意一幅。老师向学生解释箭头和颜色所代表的含义。当学生进入地毯时间的时候,老师转动箭头指向白色;当需要使用同伴声音的时候,将箭头指向绿色。

如果学生在任务学习时声音过大,老师可以将箭头指向橙色,作为一种非语言的视觉提醒。老师会看看学生是否接收了这样的视觉提醒,如有必要,他/她将做出一些提示来唤起班级的注意力(例如,停下来等待),并指向警示图画和使用同伴声音的非语言提示,或给出一个简短、积极的语言提醒:"请记住使用我们的同伴声音,谢谢。"之后,老师再把箭头移回到绿色。

如果老师将箭头指向红色,意味着让全班停止大声交谈并将声音控制在同伴声音水平,这是一个简短的面向全班的提示。就像任何其他常规一样,在教室内控制噪音水平需要一定的时间才能形成一个普遍而合理的习惯。

在 1—3 年级,每组委派一名"噪音监督员"会比较有效。这样的学生角色要求他们时常查看噪音指示器。老师可以通过一个简短的提示来协助学生完成这一角色。在学年的前几个星期,让学生轮流完成该任务会非常有帮助。

老师在环顾教室的时候,如果发现学生在使用同伴声音,应该给予鼓励。

"你们正在使用同伴声音,我也注意到你们交谈的时候眼睛是目视对方的,这表明你们记住了你们该遵守的礼貌行为……这些有助于我们顺利完成教学任务。谢谢你们。"老师用这样的方式描述学生的行为有助于他们完成小组任务(简短的描述性反馈),并由此鼓励小组中的每位成员。

噪音指示器和图画提示是指向目的的手段,是道具也是提示。它们在学年的建立阶段有一个敏锐的焦点,随着期望行为的普遍化就可以将之取消。我有同事在小学高年级阶段也在使用改造后的噪音指示器。噪音指示器既是一个成熟的教学工具,也是一个提醒备忘录的监视器。有时指示器也可以用一个简单的桌面卡片提示替代:"对我们的同桌应该使用同伴声音。"现在有这样的应用程序可以下载到平板电脑上来进行视觉提示……去谷歌一下吧!(谁会想到我们会以动词的方式说"谷歌"一词?"平板"这个名词又是这样的意思?)当我刚开始教学生涯的时候甚至连复印机都没有……

同伴声音反馈

小学阶段

如果个别学生仍然不能控制自己的声音水平,那么有益的做法是和他一起制订一份个人行为计划。通过一对一的辅导,这些计划要教会他/她为什么及怎么样保持安静的工作声音(实际上,这是大多数学生已经在集体活动中适应的常规)。在对孩子进行一对一的辅导时,教师可以采用下列策略:

- 使用一些简单的图画示意图,展示个人吵闹的声音如何影响到其他学生。
- "模仿"孩子发出的典型噪音。(要征得学生同意,"如果我模仿你的声音,你会介意吗?"并言简意赅地进行模仿,大约 5 秒钟(p. 128f, 235f)。)

附注:面对被诊断为自闭症的孩子,我们不应该简单地采用行为镜像法。与任何简短的行为模仿同样重要的是征得同意:"你介意我向你展示当……看起来/听起来像什么吗?"

- 示范恰当的同伴声音。
- 和学生一起练习同伴声音(一对一练习)。
- 给学生制作一个提示卡(一张小小的卡片,上面画着提醒使用同伴声音的图示)。图片底部是一个备忘录(见图示)。

和其他任何的个人行为或学习计划一样,这份计划也应该远离其他学生一对一地制定(在非教学时间内),重点在于支持和鼓励(p. 152f)(见 Rogers,2003a;Rogers 和 McPherson,2014)。

小学高年级和初中阶段

对小学高年级和初中阶段的学生来说,有益的做法是教师采用非语言性反馈来提示在课堂使用同伴声音。较为简单的做法是通过一个黑板上的图表来完成,图的纵轴的数值从 0 到 10,0 代表静音,2 代表低语,5 代表同伴声音的上限,一直到 10。任何落在 5 到 10 之间的声音都代表声音过高,10 代表通常情况下众议院的声音。图的横轴被分为 3—5 分钟的区域。在课堂任务时段,每隔 3—5 分钟,老师要走到图表前,在图的纵轴上标明那个时刻教室里保持的同伴声音水平(见图示)。学生在课堂任务阶段交谈和学习时会经常忽视他们的音量是否过高。这个简单的图每隔5分钟提供一次视觉反馈(如有必要,可以缩短间隔时间)。我曾经听到和看到过,当学生看到老师走到图示前,指出图上的反馈,他们通常就会用手肘轻推同伴给予提示。

如果学生的噪音水平超过了5的数值,那就可以帮助我们确认他们是否收到了这个视觉反馈,并自己将噪音水平降下来。如果他们做到了,老师可以用眼睛扫视一下教室,做一个OK的手势,以此来鼓励学生。如果"工作噪音"变得太大,我们就需要走到教室的前面,提示学生停止大声说话,并简短地提醒他们使用同伴声音。然后再说:"回到班级学习的状态……谢谢。"上述方法是建立阶段的一种常规方法,这是达成目的的手段,就像噪音指示器一样,目的就是将课堂噪音控制在一定范围内,营造一个有利于合作学习的氛围。

- 开学的第一天或第一次班级活动时,向全班解释并一起讨论同伴声音。
- 解释视觉提示和反馈提示。
- 在每节课结束的时候,对整个班级在课堂任务时间的表现进行描述性反馈:"你们能在课上的大部分时间内把同伴声音控制在5以下(……),中间有时候噪音水平超过了5，但是当老师提醒你们的时候，你们记住了。谢谢你们……我欣赏并感谢你们的努力。"

- 和其他建立阶段的常规一样，当积极的集体行为日常化后，可以逐渐停止使用这个方法。
- 针对尤其吵闹以及学生过于活跃的班级，我曾经对学生（小组分组时）的表现进行打分，当他们努力将噪音水平控制在5以下时，我给他们加分（如果控制在4或3以下加分更多）。如果学生在下课前5分钟左右获得了20分，那老师可以提早结束课程，让学生安静地自由交谈，直至下课铃声响起。这可以作为一种集体的"庆祝"（而不是奖赏）方式。

85　在课堂任务阶段给予学生帮助

任何提示或规则的主要目的是在课堂上给予学生合理、公平、分配适度的帮助，教师所提供的帮助要在短时间内惠及大多数学生。教师在课堂任务时段需要在教室里来回走动，以向学生提供帮助、反馈、指导以及给出建议和鼓励。

- 老师应该向学生解释，甚至和学生一起讨论，他/她将如何平等地帮助每位课堂上需要帮助的同学。老师还可以用幽默的方式向学生解释，老师不是八爪鱼，没办法同时应付多名同学。
- 老师应该和学生探讨自我检查的重要性，"首先要自我检查——阅读规则后问自己：此时的学习活动对我真正的要求是什么？我应该从哪里开始？我应该如何安排功课？"这些自我监督的问题可以作为班级讨论良好学习习惯时的一部分内容。
- 在制订学习步骤时，有益的做法是张贴一张班级海报，海报上呈现关于写作起草、页面布局和写作步骤的基本提示，用以检查标点和拼写（用铅笔在你不确定的词上画个圈……询问同学……使用字典——别忘了我们还有字典）。重新在你的脑海里读一遍可以加深对意义的理解。
- 老师还应该提醒学生，他们在检查作业或和身边的同学（而不是远在教室另一边或身前、身后的同学）讨论的时候应该保持安静。围桌就坐的小组活动有另外的帮助提示（"在让我检查之前先和身边的三位同学互查……"）。
- 当班级小组能够团结合作时（第一学期开学的几周后），老师可以指派几位班级辅导员（同伴辅导员）组织相应的功课讨论会为同学们提供帮助。这样的辅导员需要在同学中建立一个积极的形象，并天生拥有社交技能，例如能有效倾听、交流和有同理心（较高的"社会智力"）。

- 在小学阶段（甚至是中学阶段），老师可以在一个单独的公告栏上写下一天中需要完成的主要学习任务，作为视觉提醒，这样学生就能够在完成每个学习任务或活动之后转换到另一个学习任务或活动中。
- 在小学高年级及以上，这个方法会比较有帮助：如果学生继续完成其他学习任务，同时他们在等待老师的帮助或想与老师讨论，其中有一个让老师注意到的方法，即准备一个教师帮助白板，当学生需要和老师讨论时，就在白板上写下自己名字。当然，学生在写下他们的名字之前，他们需要：
  ○ 先自己检查一遍规定的学习要求/任务/活动。
  ○ 再和同学或学习伙伴相互检查。如果已经写下了自己的名字，他们可以一边继续完成其他学习任务（或其他选择），一边等待老师的帮助。这样能够避免老师过来帮助之前，学生们要一直举手等着。其他选择包括工作表、课题、阅读……
- 一些老师会利用一个小型彩色盘子让每个学生在自己的桌子上做出标示——一边是绿色（表示"我很好，不需要任何帮助"……），另一边是红色（表示"我需要帮助"……）。

对于任何规则，很重要的一点是，我们要思考为什么我们正在使用这个特定的规则：它是如何让老师和学生更加团结地合作的？通常，教师应该就自己班里班规的使用、可行性和实用性与别的教师或年级团队同事一起讨论，再在班级的第一次会议时和学生讨论。

结束课程

在下课之前有所计划和准备非常重要，尤其在新课程的前几节课。老师可以和学生讨论一些基本规则，例如：

- 收拾书包，将桌椅摆放整齐，把椅子放在桌子下面（或是每天放学前将椅子放桌子上）。

第二章　新班级、新学年：行为管理的建立阶段

- 收拾好所有的垃圾，在出门的时候将垃圾投放到垃圾桶内。
- 整齐有序地离开教室（这可能需要在放学的时候让学生一列一列或以小组为单位排队离开）。

很重要的一点是，老师要以一种积极的姿态来结束课程或活动（就算它不是世界上最好的一节课）。平静、积极的结束就是我们的目标。在中学阶段，我们可以加上这样的提醒："接下来还会有其他同学来这个教室上课，让我们帮个小忙，将椅子放到桌子下面……把垃圾投进垃圾桶……安静地离开，一排一排地离开（老师指定队列，我们也可以每节课变换队伍）。谢谢……"在一天结束的时候，我们可以说："让我们来帮一下清洁工的忙，谢谢……把椅子放到桌子上……确认没有留下垃圾……"

对家庭作业的提醒最好是写在黑板上，或是打印出来发到每个学生手上。对重要事情只进行口头提醒经常会导致其被忽略，因为大部分学生在课堂最后几分钟着急等待下课，实际上，有的学生在铃声响起前就收拾好书包了。这时老师需要一对一地跟这些学生沟通，鼓励他们重新检查他们的功课，阅读或继续完成相关的活动。

重要的是要有礼貌地告知学生，下课铃声既是对学生也是对老师的提醒：这节课结束了，老师有责任解散课堂。

> 附注：唐·坎贝尔（2000）曾对比过两位老师在低年级的教室里进行的不同的（收拾）规则提醒。一位老师在午餐前的几分钟给学生们唱了几句儿歌，"让我们把铅笔收起来"，全班一边唱一边收拾起来……"让我们放下手上的工作"，学生的歌唱回响着……"让我们在门口排好队"。整个过程不会花很长时间。孩子们很享受这样的游戏。隔壁老师的喊声传了过来："我15分钟前就告诉你们收拾书包了……为什么这么长时间还没收拾好？"
>
> 坎贝尔说："这样的老师用节奏和语调实现着与孩子们的联结……"（2000：148）节奏、语调、动感的音乐以积极的方式影响着孩子们的动机和情感，使规则提醒变成一种更让人愉快的活动。

警告：在某些情况下，教师会给出一个简短的"留下"的警告。

在开学的第一天或第一节课,当下课铃声响起时,有四分之一或更多的学生会像蜜蜂一样冲出教室。其他70%左右的学生仍然坐在座位上。老师要把那些冲到教室门口的学生叫住并让他们重新回到教室(老师这样做时必须迅速、坚定、自信和"充满希望")。

"停下(……),回到教室里,你们(……),你们回来。"

如果老师记得他们的名字,请呼叫他们的名字(这点很简单却很关键)。

"克雷格、比拉勒、纳津、迪安(……),回到教室里(……),马上(……),谢谢。"

他们自然有些抱怨:"哎,现在是课间休息,别这样!"

"我知道是课间休息。"老师部分同意。她重新发出指令:"回到座位上(……),不会耽搁你们太长时间。"

大部分学生回到教室(当然,在开学的第一天或第一节课上,如果老师自信、果断、有礼貌……学生基本上都会倾向于"服从"老师的指令),抱怨着回到教室。我曾遇到这样的情况,学生猛地回到座位上坐下,一边生气一边抱怨("这上的都是什么课呀!")——是的,我知道这是可悲的,但确实有些学生会这样……即使我们已经做到了积极和尊重。

老师站在教室前面,扫视着整个班级,策略性地忽视那些还在窃窃私语和抱怨的学生,继续说:"当你们全部安静下来后,我再解释(……)。"

他们很快安静下来,显然,他们很想离开。老师简洁但清晰地说:"我不是故意要留你们。下课铃声还没过一分钟,你们就已经离开这里。"老师微笑着说:"接下来是课堂提示:在我们班离开教室时要保持教室整洁,将桌子摆放整齐,椅子放到桌子下面,确保地上没有留下垃圾。正如我先前说的(……),让我们为下一个在这上课的班级做点好事。让我们再做一次。谢谢那些在铃声响起时就这么做的同学……好的,让我们再做一次。排成队列离开……谢谢。"

这一次,当学生离开教室的时候,他们更加克制,更加集中精神。这个方法更表达出了这层意思:"正好!如果你们想浪费我的时间,我也将浪费你们的时间!(然后让全班学生在午饭时间留下来10分钟。)

老师站在门口,跟每位离开的学生说再见。这不需要太多的时间,但却重建了先前班级讨论中提到的"得体的离开方式"的规则。

如果教室里遗失了非常贵重的东西(丢了,放错了或被偷了),老师要在合适的时候早点结束课程,然后就遗失的东西召开班级讨论。

第二章 新班级、新学年:行为管理的建立阶段

"我不知道是否有人误拿了××,或不小心放进了他们的书包,但××确实不见了。对某人(东西的主人)而言,它非常重要,我相信你们能理解这种感受。我会站在教室外三分钟,等我回来的时候我希望东西能够回到我的桌子上,我不会问你们任何问题。之后,我会立即下课。"

在这个"小班会"之前,老师可能需要让一位经验丰富的同事在找东西的时候给予及时的帮助。这样的情形总是有些复杂,尤其是在时间紧张的时候。如果丢失的东西比较重要而未被归还时,就需要经验丰富的同事介入了。

在离开工作场所之前

1. 归置好所有物品(钢笔套上笔帽,铅笔放回笔盒,离开)。
2. 将自己的工作区域收拾整洁,同时帮助他人。
3. 椅子放到桌子下面(若是最后一节课,请放到桌子上)。
4. 垃圾投入垃圾桶,检查确认。

(谢谢! 罗杰斯先生)

反思

新学年的建立阶段对构建积极合作的师生关系至关重要。要记住，我们正在做的工作是让学生自然地做好准备，学生希望我们澄清常规、规则、程序，我们需要积极地参与和关注这些准备和期望(p. 36f)。

- 你是怎么与你的班级来沟通这些权利、规则、责任、常规的？它们被公布出来了吗？是如何公布的？它们被积极地解释了吗？
- 你是如何建设你的班级的：单独地还是有一个团队共同合作？
- 规则体现了核心权利吗？如何体现的？(p. 41f)
- 如果你是一位中学老师，辅导教师在传达对不同年级的共同期望时扮演了什么角色？
- 作为一名小学教师，怎样让制订出的常规的行为守则符合整个学校的实践？(p. 39f, 46f)
- 你是怎么计划你和学生的第一次班会的，特别是那些寻求关注的学生，怎么处理他们分散注意力的典型行为(p. 37f, 55f)？
- 你知道你对全班的提示是如何让他们集中注意力的吗？你做到冷静地交流了吗？如何做到的？
- 你如何让你的学生形成清晰的行为规范（例如，任务阶段的音量，如何寻求老师的帮助）？这些关于行为和学习的基本规则是否考虑到了不同年级的特征？如何体现的？在中学阶段，对学生的行为期望是否考虑到了不同的年级组？
- 对分心和扰乱行为是否有一个最低到最高的干预框架？这个框架是如何制定的？在整个学校层面，是否有一些常见的技能对你的"行为规范计划"产生了影响？本章中提出的这些技能对你的日常教学实践产生了怎样的影响？这些技能在第三章和第四章将有更充分的阐述。

注释

1 "思维导图"是用图画的形式表现一个核心想法、事件、问题或概念，以及相应的辅助性或次级想法、概念或问题。它能帮助学生集中思维焦点和方向，同时帮助他们将几个想法和概念集中到一起。

2　《笨拙》(*Punch*)是一份流行的英语讽刺杂志,事实上最早的版本被称为《伦敦喧声》(19 世纪中叶)。

3　有些新手教师和小孩子们互动时会模仿幼儿的声音("天呐！你们这么乖巧地坐着！""我们今天都能成为好孩子吗？"),其实没有必要。显然,我们需要调整语言使用,但是我们不需要采用演员乔伊斯·哥伦菲尔(Joyce Grenfell)在她的一些脱口秀表演中用的那种语调和姿态。

访问 https://study.sagepub.com/rogers4e 获取更多资源,您也可以听到比尔亲自讲述常见的行为管理情境以帮助您更好地管理课堂行为。

第三章
行为管理和执行纪律的规范用语

> 倘若不是为了让彼此的生活少一些艰辛,我们是为了什么而活?
> ——乔治·艾略特(1819—1880)

> 把握好你言辞的含义之后,再说出来。
> ——爱比克泰德,《哲学谈话录》,古希腊斯多葛派哲学家(公元 55—135)

(行为管理)没有不变的准则!

本章将说明教师在行为领导过程中如何与学生沟通,尤其面对学生一系列的分心和破坏性行为时,如学生在老师说话时大喊大叫、私下交谈以及对教师做出一些对抗和挑衅行为。

行为管理和执行纪律时的规范用语应该在一个动态的关系中使用。这种技能的提高并不只是和我们所选择的词语、短语或句子有关。如果我们有意怀着尊重和自信的态度来管理纪律,那么就要通过语言来实现。只有这样,我们的语言才能以尊重和积极的方式构建出一种动态的关系。

当有必要(比如说)坚持某一主张或要求时,我们需要具备一些沟通技巧和控制某个人的非言语行为的能力。但是我们这么做的真正目的是维护自己的需求和权利或保护他人的需求、情感和权利。坚定的行为也需要同环境相适应。坚定意味着我们沟通时保持坚决、果断、明确的语气和态度,并使用自信的(非攻击性的)肢体语言。在这个意义上,保持坚决的技能是"意识"的结果,并非简单的情绪反应;尊重和坚决并非相互排斥的概念(见 p.57f,257f)。

在九年级的一节英语课上,我正试图集中全班的注意力。这时,两个学生摆弄着桌椅。这是我第一次接触这个班级,他们已经"名声"在外了。我穿过学生的座位走到他们身边,询问他们的名字。

"什么?"学生有些生气地回答道。

"你叫什么名字呢?"我面含笑容又问了一遍,并没有威胁的意图,只是想确认她的名字。

其中一个女孩靠在椅子上,叹了口气,用一种尖锐且令人感到厌恶的语调说道"克里斯特尔",还发出嘘声,好像我在要求她做一些艰巨且繁重的任务。

我以一种轻松但坚定的语气说道:"克里斯特尔,我没有用不尊重的语气和你说话,所以我也不希望你对我不礼貌。"我接着说:"你在挪动桌椅,而我要开始上课了。我希望你把桌椅放回原来的位置并准备好开始上课。谢谢你。"

她此刻叹了口气(动作不再那么明显),我走到教室的前面以便集中整个班级学生的注意力(也给她一些接受时间,见 p.98)。如果她拒绝配合我的提议,我就会明确告诉她这样做的后果,让她明白"后果自负"。

第三章 行为管理和执行纪律的规范用语

虽然这个班级"名声"不好，但还是有很多乐意合作和表示支持的学生（占比70％）。在我作为辅导教师同这个班级的学生相处时，我相信全班在共同学习的过程中能够并且将重新获得共同的目标和快乐。我和我的同事一起重温了核心规则，并试图在每一个环节中使对积极行为的引导和对学生的鼓励达到平衡。我们一对一跟进那些需要给予更多关注的学生，如克里斯特尔等(p. 122f)。

学生们在学习这些行为的过程中开始重新获得目标感；我们要特别关注合作行为的必要性（见 p. 302）。

教师坚定地表明自己的立场并不是为了在与学生的较量中取得胜利，而是为了建立和确认公平的权利(fair rights)和需求。

我正同一群老师讨论矫正语言（纪律）的问题。我们探讨了如何使用积极语言的问题。一些教师提出这样的疑问："但这种经过精心组织的语言就不是我自己的语言了。"我们讨论到如何用反思性语言来替代消极的语言，比如用"当……然后会……"而不是"你不可以……因为……"或者说"举手回答问题"而不是说"不要大声叫喊"。当我的同事说"经过精心组织的语言就不是我自己的语言"时，我想她的意思是："当我们管理纪律时，我们必须考虑我们所用的语言吗？"只是不假思索地说出自己头脑中的第一反应就是"做真正的自己吗"？而且教师在管理纪律时，使用什么样的语言真的很重要吗？

作为专业人士，我认为我们有责任去思考我们在行为管理和执行纪律中通常采用的典型的、特质性的沟通方式以及思考为什么会如此。这种考虑有助于生成一种基本的语言使用框架，从而使我们的纪律和行为管理更有效、更显尊重和（希望如此）更轻松。

本章节提出的语言框架并不是公式化的，这意味着在形成个人的纪律管理框架时，我们要对使用的语言多一些有意识的关注并思考其实用性。"迈克尔（……），迪恩（……），你们正在讲话，你们需要面向这边并认真听课，谢谢"，这是一种潜在的积极的语言。但在说这些话时如果带有刻薄、刺耳、恳求或抱怨的语气，那么这些话也是毫无意义的。

语言显然是动态的，并且和情境有关。它也是建立积极的、良好关系的基础。语言是我们人类特有的。当我们在矫正的情境（纪律）下使用语言时，我们需要更加敏锐地意识到为什么选择特定的语言形式与他人沟通。本章讲述的有关纠正性语言的技能来源于行为领导的基本目标和原则。

行为管理和执行纪律的目标：培养行为领导力

在任何情境下，学生干扰或扰乱他人就是侵犯他人的权利。而每次我们因为这个问题同一个或几个甚至是一群学生谈话时，我们旨在：

- 唤起学生的行为意识。
- 提高学生对自己行为的责任意识。
- 强调（甚至是在忙碌的课堂上处理纪律问题时）对他人权利的意识，他人的权利包括感到安全，学习时免于不必要的干扰和破坏，得到公平和尊重的对待等。
- 寻求建立融洽的关系和合作型的教学环境。

行为管理和执行纪律本身并不是目的，其广泛的目的是使学生了解自己的行为以及学会尊重他人的权利。总而言之，我们的管理纪律就在于使合作型教学环境的元目标得以实现。上述这些目标听起来是值得称赞的，但它们是可以实现的吗？我们都知道，没有基本目标（无论担当任何重要的角色或从事任何事业）就会失去焦点和方向。

拉希德和阿迪尔（我带的八年级班上的学生）正在玩一个"小黄人"玩具（电影《卑鄙的我》里的角色），同时摆弄着水壶，发出了很大的声响。这是全班教学的时间——上课的前几分钟，我正试图让学生集中注意力。通过那关键的几分钟的导入，学生们基本上开始进入了状态。但这个突然的噪音扰乱了他们，他们难以忍受这个分心之事的出现，难以再将注意力集中在教师的教学上。

我们简要提醒全班学生"同学们，请注意……"。然后我们（在教室前面）提醒那两个学生："拉希德（……），阿迪尔（……），你们在上课时玩玩具和水壶，这是分散注意力的事情。"我们的目标是通过描述性提示试图提高他们的行为意识。他们听后咧嘴一笑。有时对于"低级"分心的活动，提高学生对其行为的认识，简单"描述"学生的分心行为，这就足够了。有时我们需要添加一个短暂、简单的指导或规则提醒。这样一种指导聚焦于我们相当期待的行为，如："离水壶和玩具远点，眼睛和耳朵要集中在这边。谢谢。"我们直接指出我们期望看到的行为而不是消极的行为，"别再傻傻玩玩

第三章　行为管理和执行纪律的规范用语

具了……"。我们的语气是积极的、充满期待的、果断的但又保持着尊重。

我把目光从他们身上移开——给他们时间来接受这个期待,重新唤起全班学生的注意力,接着继续进行全班教学。

在同一节课上,在我们的课堂讨论环节中内森大喊了好几次。我说道:"内森(……),你正在大声叫喊。"简短的描述事实后,接着给出一个规则提醒:"记得我们班的规则……对所有人都是一样的。"或者"举手回答,谢谢。不要大喊大叫或敲桌子,这个规则对所有人都是一样的。"这个提醒的重点是让学生关注"尊重他人的权利"。这也是我们的目标(见附录 A)。

课堂讨论环节,另一名学生在发表观点时,蕾妮自作聪明地做出了评论。我转向这名学生,说道:"蕾妮……如果你想表示不同意,也要尊重他人。"然后,我把注意力转向伊莉斯在课堂讨论环节所作出的贡献。蕾妮坐在座位上闷闷不乐(我策略性地忽视她的行为)。在此,我们的目的是强调每个人都享有学习权且不能被压制或恶意破坏,以及我们需要实现合作(见附录 A)。

我们寻求使用那些有助于实现目标的语言(p. 93)。后文所提出的所有核心技能,尤其是语言技能,都是试图使学生达成这些目标。

纪律管理事务也是一项社会事务

在声音此起彼伏的教室里,每当我们对某一个学生进行纪律管理时,我们解决的不仅是这名学生的问题,这也是一个社会事务。所有的学生都在听着、看着我们如何处理这名学生。旁观的所有学生都会对我们的行为领导力作出评价,也会衡量我们在管理过程中的公平性和合理度,以及我们是否能控制住局面(p. 29f, 73f)。

行为管理和纪律规范用语的关键原则

1. 纠正学生的行为时,尽可能保持"最低干预性"原则。例如,对待诸如学生大声喧哗,迟到,在座位上东倒西歪,衣冠不整,以及不带书本等行为问题时,可以采用"低干预"的管理方式(如简单的非言语暗示、附带的描述性的提示、规则提醒)。通过这种"低干预"的方式,我们让课堂生活保持着一种积极愉悦的氛围,以便当我们需要表现更强的干预性(当环境需要)时,从道德或者行为的"分量"来看,这种干预将显得十分重要。当然,有些时候我们对学生行为的第一反应就是采取强制性的措施,但这属于特殊情况（用于学生骚扰性语言以及危险、敌对或挑衅行为）。

2. 避免不必要的冲突。这包括尴尬、任何形式的讽刺以及任何有意的敌对或威胁性的交流。行为领导力的一个核心原则包括在处理小组或个别学生的问题时保持冷静沟通的能力。这种"冷静"有时与保持坚定——甚至坚决——并不矛盾。反过来，当我们试图领导他人时，我们的"冷静"依赖于我们对自身行为进行管理的能力。冷静，还包括有意识地表现出一种平静的面貌；借助我们的肢体语言，我们在教室空间怎样走动和通常以什么方式进行交流(p. 60f)。幽默，如妙语警句、诙谐滑稽的措辞（不同于讽刺、"恶意中伤"，即所谓的幽默式羞辱）可以化解紧张关系并提起教师和学生的精神，而讽刺会诱发敌意和怨恨。

3. 尽可能保持尊重、积极的语调。

4. 尽可能使用积极的矫正语言。

- "当……然后……"这样的语言比"不，你不能，因为……"更具有邀请性。
- 避免过度使用"不"、"不能"、"禁止"、"不会"和"为什么"或者"你呢"等疑问句 (p. 58f, 72)。
- 在表达矫正性或断定性的观点时，不要用手指指着说或打手势，而是采用"张开手掌"的方式。
- 尽可能简洁（避免对学生的行为进行长篇大论的指导或暗示）。

5. 尽可能快速而合理地重建与学生的关系。如果我早些时候在课堂上批评过他们，哪怕是回到学生课桌前简单地询问作业进展如何，这也足够了。令人愉快的态度和简短的鼓励性语言总是会有帮助。

6. 如果我们需要向学生表达适度的挫败感，甚至愤怒，我们要让语言表达出坚定的立场而不是攻击性（详述见第七章）：

- 简明扼要地表达自己的立场。在这种情况下，以第一人称"我"来陈述更有利。"我不对你的身体（或衣服……或……）发表评论，我也不希望你对我做出这样的评论。"若一名青少年对一位年轻的女教师作出有关她的身材的"滑稽的"评论……我们绝不应该假装这样的评论是可以接受的。
- 如果学生抗议道："拜托，我只是在开玩笑，好吗？"学生像个大人物一样倚靠在椅子上，力图取笑旁观的同学。教师回应道："这对我来说不是一个玩笑。我希望现在停止。"然后她要把注意力重新集中在对全班的教学上。
- 如果学生继续纠缠,她要停止教学并冷静而果断地把后果清晰地告诉学生,根据班规让他待在教室或者离开教室接受隔离处分。
- 专注于"首要的行为问题",避免过度关注"次要的行为"(p. 12f)。
- 逐步降低任何残存的紧张感,只要有可能,尽量使学生恢复镇定,集中精神。

我曾与这样的教师一起工作过,他们用过度警惕的语气、态度和语言制造了不必要的紧张和冲突。

教师刚刚讲明提问的规则,没过多久,一名学生便又大声叫喊起来。老师说道:"你遵守规则了吗?遵守了吗?!"老师真的是想要一个答案吗?"我不是告诉过你们所有人要举手回答,不要大喊大叫吗?"这是毫无意义的问题。一些老师还会含沙射影或讽刺地说道:"你是聋了还是怎么了……""难道父母在家没教你讲礼貌?"这也是毫无意义的问题。这种特质性的教师行为只会在教室里制造明显的紧张局势,或引发某些学生的焦虑和怨恨。这种行为是不专业的、无礼的和没有必要的。它会导致教师和学生的对立,引起学生的抵触行为,甚至造成学生叛逆的态度和行为,即便那些通常负责任且乐意合作的学生也会如此。即使在必要和适当的地方,我们需要表达烦恼,甚至愤怒,我们也应以专业的方式去表达我们的真实所想并且聚焦于学生的行为本身,而不要表现出"攻击"学生的意图(第七章)。

7. 一对一跟进学生那些超出课堂情境外的问题。这强调教师需充分关注并明晰学生的问题,并且提供支持来改善学生的境况。

行为管理和纪律规范用语技巧的框架

这些技巧将在本书介绍的案例中得到具体说明。我们在这里将以简要的形式,突出行为管理和纪律规范用语实质上遵循从最低到最高干预性的原则。而这些技巧都在整本书中的每个案例和案例研究中得到阐明、发展和不断探索。

策略性忽视

老师在任务中要有选择性地注意学生的行为,巧妙地忽视特定方面的"次要行为"——如放纵地叹息、发牢骚、呻吟、翻白眼、眼神躲避、紧锁眉头……(p. 12f)。策略性忽视依赖于特定情境。我们永远都不应该忽视任何重复发生的扰乱行为、安全问题或骚扰行为。它与选择性注意相结合,例如当学生安静举手而没有大声叫喊时,我们要对这名同学表示肯定。

策略性停顿

老师说着话突然出现短暂停顿(……)是为了强调需要学生注意的重点信息,或提醒学生,让其将注意力集中在正在讨论的事情上。

非语言暗示

教师也可以使用一些非语言暗示,这种暗示能够传达出清晰的(非口语)信息、暗示或指导。如果一名学生完全向后仰靠在椅子上,教师可以使用非语言暗示,如伸出拇指和三根手指向下运动,仿佛在说:"不要这样,谢谢。"招手的动作是对需回到他们座位上的学生进行的暗示……小学生在上课时间"漫无目的"地在教室里走来走去……老师叫学生的名字,并把右手放入左手里,这是在向他们暗示"回到你的座位"。老师展现轻松的微笑表情也很有帮助。(随着慢慢地回到座位上)学生出现了一个皱眉和噘嘴的表情,老师在策略上忽视了这个次要行为并给他们时间适应。

甚至当我们与学生进行直接和短暂的眼神交流时,轻轻地摇头就可以激起学生的行为意识。但这种非语言暗示取决于师生之间建立的良好的工作关系。

再次提醒,积极的语气和态度承载着教师的意图。

附带性的语言(描述性暗示)

老师指导或提醒某个学生或一群学生时,可以借助一些不经意的语言提示,无需直接告诉他们。例如:"地板上有一些垃圾,上课铃很快就响了……"这是在向学生暗示:"你知道的,我鼓励你把它捡起来。"在使用这种方法时,老师通过描述现实状况,让学生来体会这种"显而易见"的期望。例如,当学生互相窃窃私语时,老师可提示道:"这是安静的阅读时间。"有时将"描述性的提示"和行为指导结合起来也是适当的方式。"现在是安静的阅读时间(附带的描述性话语),请你们在大脑里安静阅读,谢谢。"(行为指导:教师轻轻拍拍自己的头)这种方法对于小学高年级及以上的学生都非常有效。

接受时间

接受时间指的是教师表达了非语言暗示、指导或提醒之后,需要重新调整与学生的眼神交流和亲近程度。它最常涉及到的是教师进行指导或规则提示后要"远离"学生。在全班教学时间这意味着老师简要提示全班学生,"对不起,同学们……",然后专注于应对那些分心的学生/扰乱纪律的学生,给予他们描述性的暗示和规则提示。最后老师再把注意力转向全班,并向分心的学生传达出他/她相信并期望他们的配合。这样做是在鼓励(甚至"允许")学生在无需教师站在身边"监督"的情况下进行合作。

行为指导

老师直接向学生指出期望或者要求他们做到的行为,比如,"杰森(……),迪安(……),脸朝向这边,谢谢"。行为指导适合于传达要求或期望学生做到的行为,比如当教师讲课的时候学生在讲话,此时学生必须看向前方并认真听讲。当给出任何的行为指导时,我们要注意:

- 关注期望或要求学生必须做到的行为。
- 使用动词或分词(而不是否定句),例如,"面向这,(认真)听着……"而不用"当我说话时请不要说话"。因为后者只是告诉学生我们不希望他们做什么。在这儿说"请"是不必要的,这不是一个请求,而是一种指导。在我的八年级学生的课堂上(这是全班教学时间),比拉、纳济姆和肖恩正玩着百叶窗的拉绳。教师这时可以给出一个简短的提示,"同学们,对不起……",利用一个短暂的停顿,来解决学生的分心行为。"比拉(……),纳济姆(……),肖恩(……),你们正在玩百叶窗,这真让人分心。"此时描述性暗示能够提高行为意识。"请停止玩百叶窗,面向这边,谢谢。"这是行为指导。他们笑了,睁大了他们的眼睛,比拉深深地叹了口气。我接着把全班学生的注意力拉回到课堂上,然后继续上课。
- 通过上述"停止玩(百叶窗)和面向(教室的前面)"的指导,我们把注意力集中于合理的、我们期望看到的行为,而不是说"不要乱动百叶窗……",只告诉他们我们不希望他们做的事情。通过把全班学生的注意力拉回到课堂上,我们也可以给三个男孩期待的心理接受时间。
- 最后以"谢谢",或者"现在我们要"等言语结束。如果学生(们)还犹豫不决,那么及时的关注则是必要的。
- 尽可能使指导或指令简洁:"迈克尔(……),特洛伊(……),坐直,手放在膝盖上,把脸朝向这边。谢谢。对,就是现在。"这两个一年级男孩正在垫子上滚来滚去。教师说"现在"这个词时语气是坚定的,但是声音不要过于尖锐。

规则提醒

老师可以就班规向全体学生或个别学生进行简要地提醒,例如,"我们有一个关于提问的规则"(描述性的提醒);"还记得我们对于安全使用剪刀的规则吗⋯⋯"。老师不需要每次都"阐明"规则。规则提示也可以表述为一个问题:"我们关于⋯⋯的规则是什么?"这可以引起学生的责任意识。如果他们不回答,教师可以清晰简明地提醒。相对于"别忘了⋯⋯","记得⋯⋯"是更积极的语言。通常情况下,在课堂教学时间我们进行纪律管理时不会使用问句的形式。

前言

在规范课堂纪律之前,教师可以亲切地问候学生,并且尽可能先关注学生表现出来的行为的积极面。例如,老师看到学生们正在桌子上画画并且表现出些许无助。老师可以先和学生闲聊他们正进行的绘画。当他/她转身准备离开,扫视了一下学生们,极为平静却又坚定地补充道:"记得使用绘图颜料时要仔细考虑。"当教师和全班学生建立了积极的师生关系时,这种方法是十分有效的。在这种关系中,课堂纪律就形成了。

两个九年级学生在做作业时间偷偷地发短信。我最近指导这个班级,便走过去,确认他们的名字:"你是玛迪吗?你是泰勒?"这是我第一次给这个班级上课。他们抬头一看,皱了皱眉,绷着脸嘟囔着:"是的。"

我问他们作业完成得怎么样了。他们喃喃自语,闷闷不乐地说道:"挺好的⋯⋯"他们想让我离开,似乎在说:"让我们享受我们的社交时间,我们不会惹麻烦的⋯⋯"

看起来好像他们并未完成所有任务。我就他们的任务和他们聊了一会儿,在处理手机问题(纪律问题)之前,我想先关注学习任务(前言)。我简短地讲述了任务,然后轻声补充道:"关于手机,学校有明确规定,在下课之前,手机需要关机放在包里或交到老师的讲桌上。"这是根据学校的规定给予他们一个直接清楚的选择。玛迪抬起头,"保拉(她的老师)有时不介意!"对于一条公平、合理的,全校学生都要遵守的规则,我没有就此同他们争论或是谈判。我也没有提及保拉(她现在的老师),我重复了指导性的选择"⋯⋯关机,放在你的包里,谢谢",然后就走开了(给他们时间考虑)。

我听见他们嘟哝地抱怨着，但我策略性地忽视了。稍后我会过来检查并指导他们的作业。他们已经知道可以去"摆布"哪位老师，这种现象在许多班级和学校都会出现。

如果他们拒绝把手机收起来，我会明确告知这样做的后果(p. 102f,190f)。这里的关键之处是告知学生指导性选择时，我们要保持冷静，尊重学生。这是全体学生的学习时间，我们不需要大声地争辩，或是引起不必要的冲突。

显然这种方法在课上的任务学习阶段(以及在教室外的情境中)更有效。我发现将学生叫到一边(远离他的同伴观众)进行简短的训导性谈话也很有帮助。如果教师早一点这样做，就可能阻止破坏性行为。"前言"中所说的方法也应该在行为管理中变得规范化，即使是在一些非课堂的环境中，如在走廊上、操场上等。上述方法的最基本的要领是问候学生，叫出学生的名字以及询问学生："学习进行得怎么样？""需要帮忙吗？""你学到哪里了？理解吗？"

分散或转移学生的注意力

上述前言中的示例是一个典型的"分散"或"转移"注意力的方法，也可以说是一种社交礼貌。

教师注意到在整个上课过程中，一名学生一直合着他的练习本，便说："达米恩(……)，打开练习本阅读起来会更方便。稍后你会需要它的。"教师的态度是冷静的，而不是讽刺的(甚至带有些许幽默)。然后老师将给他一些心理接受的时间。

我的一位同事记录了她给幼儿上课时使用的一些典型的转移学生注意力的方法。这些方法不过分关注学生的负面行为，而是进行积极的行为指导，由此可避免课堂局面失控。

"我知道大部分小朋友都想帮忙捏橡皮泥，你们还记得我说过只需要一个帮手吗？大家认为我们应该做什么？"然后我对那些耐心等待着的孩子们表示感谢。或在说那些话之前，我可能会说："汤姆也举起了他的手，他也安静地坐着两腿交叉。汤姆你想要帮忙捏橡皮泥吗？"

莱恩正在摆弄铅笔。"莱恩，我可以看一看你的画吗？你可以给我讲讲你画的是什么吗？"

玛丽正哭着找妈妈。"玛丽，我有一幅画需要你涂上好看的颜色，你可以带回家给你的妈妈看。你打算给蝴蝶结涂上什么颜色呢？"

约书亚在教室里游荡。"约书亚,当你计算完积木数,你想给胖胖蛋(童谣中从墙上摔下跌得粉碎的蛋形矮胖子)的图片涂颜色吗?"("当……时"是一个有效的语词,包含着提供给学生的选择)

教师要求小朋友轻轻收好小手鼓,约书亚则朝着盒子扔小手鼓。

"约书亚,你在做什么?"在此时,我们不要问学生为什么这样做。

约书亚答道:"我把小手鼓扔到盒子里。"

"你应该做什么呢?给我示范一下放小手鼓的方式。你想想我们为什么需要小心地收放。"如果学生没有回答,然后我会提醒他们正确的做法是什么。

提问要明确、直接

老师的问题要明确,而不要用一种"开放"的形式:例如采用"什么"、"什么时候"、"如何"或"在哪里",而不是"为什么"或"你是……"

"你在做什么?"而不是说:"你在愚蠢地画着什么?"或者"你为什么做着这些愚蠢的事情……"

"你应该做什么?"或"我们的规则是什么……"

上述这些提问直接指向(唤醒)学生对自己行为(p.93)的责任意识,而不是追究原因。直接提问关注的是学生对他们当前责任的反应,而非追究他们做的不周全或不负责任的原因。

当一名十年级的学生正在浪费时间和制造噪音时,我们说道:"我们需要你完成任务时不要给他人制造麻烦,你打算怎么做呢?"

我问一名八年级学生她正在做什么。我注意到她正在做数学作业而不是完成这节课的课堂任务。当我走到她桌子旁时,她试图把数学作业藏起来。"杰西塔,你好……你在做什么?"我看着她"半藏着"的数学作业。她说:"没什么……"并盖住了她的作业。

我简单而又平静地说道:"实际上,你似乎正在做……这是你的数学家庭作业吗?此刻你本应该做什么呢?"我直接明确地说出了我的问题。她很快回答:"这个垃圾……对不起,我的意思是说这个课堂作业……"(注:shit(垃圾)和 sheet(作业单)发音很相近,此处表示学生不小心发错音了)我们俩都笑了。"听起来好像你知道该怎么做……"我走开了(给她接受的时间)。过会儿我再过来看一看,并鼓励她。而现在她正专注于课堂任务。

指导性的选择

"选择"是由教师根据已知的规则或程序给予的,如:"是的,当你完成日记写作后,你就可以画画。"("当……然后","在……之后")从这个意义上说,"选择"表现有条件的指令:"讲完这部分内容,我们就可以稍微休息一下。"在某种意义上,教师给予学生的所有"选择"都是有条件的。它们会再次指向(一种方法或另一个)权利、规则和责任。可以参考前面提到的有关手机的案例……(见 p. 100;p. 16f)

"选择"/延迟的后果

我把"选择"这个词加上引号表明没有选择是自由的。选择意味着这是在权利、规则、责任限制下的直接选择。在这种情况下,老师要明确告知持续扰乱行为的后果,给出后果的"选择":"如果你不能安静地在这里学习……我就会要求你俩分开单独学习……"(针对两个反复制造噪音的学生)

"如果你不愿意将 iPod(或者电话、指甲油、漫画)收起来,我将要求你课后留下来(或者其他……),讨论你的行为。"(p. 122f)

这意味着早些时候,老师已经提醒学生相关规则,并且给学生指导性的选择:"将 iPod 放进自己包里或是老师的讲桌上。"

"选择"的语言不能传达任何威胁或试图在对抗中获得胜利的感觉。我们明确告知学生延迟的后果,然后给他们接受时间,这比迫使学生立刻上交手机或抢夺那个玩具、iPod 或手机更有效。我曾见到这样一种可笑的情况,教师走到学生面前,简单地伸出手,说道:"好了,把手机交给我!"学生说:"我马上将它收起来,行吗?""我说过把它给我!""不可能,"学生说,"这是我的手机。""对,但如果你不遵守学校的规则,你现在可以从我的教室里出去了。"(这是我们大家的课堂,而不仅仅是我的课堂)学生猛冲而出。我们可以想象出这样一个场景。老师认为他/她应该采取强硬的态度;他/她获得了胜利……即使学校有没收的规定,但我们在没收"物品"时,也需澄清规则。如果学生拒绝配合,我们告知他们延迟的后果、学生的责任以及问责的制度。这无关胜利,而是引导并在(之后)避开同学的情况下执行确定性的后果(p. 179f)。

"制止",部分同意,重新关注

"制止"是一种沟通方式,即一位教师通过不理会学生的搪塞或与老师争辩的意图来"制止"学生拖延性的争论。

教师提醒两名学生看着前面黑板并认真听课。学生们抱怨道:"并不是只有我们在说话……"教师冲他们张开手示意他们不要再说了,以阻止他们继续为自己开脱。这个手势不是强制性的手势,而是一种轻松但又明显的提示。然后教师向学生重复她的指令,实际上她是在说:"我对你们为什么讲话或者还有谁在讲话这个问题并不感兴趣。我希望你们此刻看前面并且认真听课。"在这个时候,她重新引导学生回到主要问题上来,并且她也避免过度关注他们的"次要行为"(如皱眉、叹息……)。这种方法通常是有用的,即通过"阻止"学生试图拖延这一路径,给学生接受的时间并且重新拉回全班的注意力(p. 98)。

在有些情形下,学生会抱怨不止,例如幼儿试图解释"谁拿走了谁的玩具"。教师坚定但又不失和蔼地说:"迈克尔(……)、特洛伊(……),停下来。"(伴随着相应的手势)"当你们用正常的语调说话时,我才会听。"之后有效的做法是:关注学生的感受("我知道你有些沮丧……"),然后重新回到我们关注的事情上("记得我们的规则是什么吗……""我们应该如何解决这个问题?"或"你现在应该做什么?")。

表示部分同意、赞同

教师在处理学生的拖延或逃避行为时,可以先部分地赞同学生的行为,进而再提出需遵守的规则或期待的行为改变。这种方法尤其适用于青少年。

当一位老师提醒一名正在嚼口香糖的学生行为规范时,学生表示抗议:"但是斯克罗金先生允许我们在他的课上嚼口香糖(通常报怨不止……)""其他老师允许我们在桌子上跳舞……"

此时,教师要避免同学生争论,可以表示部分同意学生的观点,"尽管他是这样做的";然后接着说道:"我们班的规则是明确的(这里要注意避免对其他老师的做法进行讽刺),垃圾桶就在那,谢谢!(附加指令)"此时给学生一些心理接受时间往往是有效的。

> 附注:"我不在乎是否……"和"即使……"并不是同一个意思。

果断的言论/指令/要求

一个人的语言和声调能显现出不同程度的果断。从根本上说,无论何时当我们坚持自己的权利(或别人的权利)时,我们可以以一种果断、坚定、非攻击性的方式说道:"这种语言是不可接受的。我们的规则是彼此尊重,我希望你能尊重他人。"(这是针对一名语气和行为都表现出极不尊敬的学生说的)坚定却不带有攻击性的眼神交流,清楚、冷静的声音及指令性、聚焦的语言是表达主张的核心所在。我们自信的"冷静"也会影响到对方以及同伴观众,他们自然能感觉到周围的紧张气氛(p. 60f)。

学生有关性别歧视和种族主义的评论或羞辱应该得到果断而明确的处理。教师接着需要在课后避开同伴观众进行一对一跟进。邀请一位资深的同事协同参与后续跟进的辅导也是很有成效的(p. 122f)。

不尊重和不礼貌的行为

学生公开的过分无礼和粗鲁的行为应该得到处理,并且在处理时要简洁明了、果断和冷静。我们冷静的言论暗含着对目的和公平的关注,并不仅是针对那些学生,而且也是对同伴观众而言的(他们需要明确我们对这些行为的价值判断)。

对年龄偏小的孩子,我说道:"雪伊(可能的话尽量使用学生的名字),我并没用刻薄或讨厌的声音说话……我们不要使用令人讨厌的声音。"使用一些形容词可能对于小孩子更加适用。对年长的学生,则可以简短而明确地用第一人称说道:"我没有无礼地对待你,同样我不希望你无礼地对我说话。"(当然,这也意味着我们确实通常就是这么跟学生说话的)或"这是无礼的,我们不希望这样。"然后重新明确告知学生在当下什么是适当的行为。这通常是一个积极的规则提醒。

- 这不是一个讨论,而是一个不容置疑的声明。
- 记住:对于旁观的学生,冷静地说出我们坚持的原则将获得他们的支持。
- 使你的观点更坚决、简要,并且重新明确告知学生在此刻适当的行为表现。
- 允许学生有心理接受时间。
- 如果有证据显示学生的行为仍表现出明显的不尊重,告知他们这样做的明确后果,必要的话进行隔离处分。

达到以上这些要求并不容易,但我们是专业人士,我们的专业技能使我们能够坚定而又果断地强调权利和表达期望,而不是陷入激烈的争论或者对骂中。如果学生对此有争议,我们需要加以制止并让其重新关注规则。实际上,我们需要重申规则(如有必要),倘若学生依然我行我素,可以使用暂停—冷静(p. 103f)。

命令

　　下达命令时,可取的做法是简短有力。建立直接的眼神交流,说道:"迈克尔(……)!"说第一个词时,语气要坚定甚至"尖锐",有时在情境中声音要更加响亮来获取关注。"迈克尔(……)"目光对视后,音量要放低,坚定、果断地给出指令"从桌子上下来——立刻"。"杰登(……),立刻把剪刀放下。"这个未成年学生用剪刀戳他的作业本,而这使得他所在的小组的学生感到害怕。我们不使用"请"这个词,这不是一个请求。另外,如果处在对抗性的情境中(最典型的是发生在走廊或操场上),而你又不知道孩子的名字,那么你可以大声地说道(声音大一些,因为这是吸引注意力的一般方法):"嗨(……)!嗨(……)!"然后声音坚定而又果断地命令道:"现在马上离开那里。"教师可以使用非语言暗示提醒学生离开。引导旁观的学生离开并迅速给予帮助。当情况有些混乱不明时,最好立刻给出明确的命令并制止扰乱行为。在可能对他人造成伤害的情况下,我们不能使用"尖锐"的声音,而越发要保持声音的果断、清晰和冷静。如果这名学生拒绝服从命令,我们就应该寻求援助。比如一个全校性的暂停—冷静计划,这需要成人的支持,以便可以尽快在应对学校危机中发挥作用。

　　显然,我们不能为每一个意外事件都做好应急计划。这些关键的语言技能是一个人在一些典型的行为管理和执行纪律的情景中可以应用的。这些语言"形式"就像备忘录,可以让教师提前就这些方面做些准备。这些关键的原则和技能构成了我们在教学和管理中与学生进行交流和交往的基本框架,并且确保了最低到最高干预原则的实现(p. 95f)。

> 附注:在行为领导中找到"自己的声音"是很重要的。更加清醒地意识到我们该如何表达自己,如何与他人沟通对于我们的领导都是至关重要的。语言暗示是建立在完善的心理学理论和实践的基础之上的,并被应用于纪律/行为管理和社会学习中。将这些技能作为一个"模板"加以利用,可以确保和加强你(作为教师)"自己的声音"。我在文中反复提到:我们的语气、态度和目的是强大的——在沟通中也许比我们使用的词语更有力。我们在关系动态中进行纪律管理;我们的学生可以很快意识到其中的区别。

教室之外的行为管理(另见 p.37f,55f)

在走廊里,我注意到学生们都到了。有几个学生戴着美式的棒球帽,另外一些戴着墨镜,还有几个嘴里嚼着东西,后面还有几个学生手中正拿着手机,几个学生正在听音乐,几个男孩正在互相推推搡搡,打闹玩耍(轻微地推搡,"友好地"打闹……)……

和我一起工作的同事并没有意识到对走廊里学生的某些行为进行管理的必要性。他们只是打开教室门,然后让学生们进来。他们没有引导学生意识到教室外(运动场)文化和教室(教学)文化的差异(p.79)。当学生在教室外面排队准备进入班级时,某些老师甚至都不跟学生打招呼。在走廊上要求学生安静下来并让他们排好队有其合理的理由。(教师)在走廊上简单地要求学生安静的命令(在教室外)意味着集体的行为要在步调、场所、空间及目的上产生一种变化。

引导学生进入教室之前,简短地对走廊上学生们戴帽子、玩手机、听音乐、嚼口香糖以及推搡打闹等行为作出规定是很有帮助的。

首先扫视一下全班学生,给出简短的指令"大家都安静下来(……)"。等到他们都看着你……"肖恩(……),哈立德(……),游戏时间结束了。"这是对两个在"打闹玩耍"的学生说的。"我们只是闹着玩呢!"他们试图将老师拖入"讨论",并以此来获得其他同学的关注。"在走廊里不能像这样闹着玩",老师简短、清晰、坚定地说道。然后老师拉回学生的注意力并且重申指令(这是个很不安分的班级):"安静下来(……)。这次好多了。谢谢!大家早上好。在我们上课前(……),我注意到还有几个学生仍戴着帽子……比恩(……),卢卡斯(……),马库斯(……)。"

这种简要地对事实的描述,虽没有直接告诉学生摘掉帽子,但通常足以让学生清楚地意识到"要摘掉帽子"的问题。有时给学生一个非语言暗示,如手放在头上示意一下就足够了。

"我还能看到手机(……),要记得我们接下来将进入学习环境……"对于正戴着耳机的学生,给出一个非语言暗示。我们补充道:"大家记住关于音乐播放器和手机在教室中的使用规定。谢谢。"再扫视一下整个班级,"看来我们都已经准备好了,当

课堂行为管理指南(第四版)

你进入教室时,记得坐到你应该坐的位置上"。这是这个班的第二堂课。对"走廊"秩序的管理不用花很长时间,但它为教室门的另一边带来了改变……

对于任何新班级的建立阶段,这都是非常重要的(p. 36f)。

一旦进入教室,向学生强调我们对其在教室里就坐并安静下来的期望,这对于第一天、第一学期(和接下来的几个学期)的管理都是十分有帮助的。对于幼儿,我发现这样询问他们很有用,例如:"同学们,当我们进入教室时,我们需要做什么?"当他们有些人忘记了,老师就有关帽子、水瓶、书包等问题进行简要的提醒是必要的。但重要的是,不要在走廊里教训学生。

有关走廊的纪律要求表明了老师/学生对教室内目的性行为的期望。随着时间的推移,教室外的纪律要求应该成为一种习惯,简单地排队,或分组进入教室是必要的。

如果一所学校存在排队的现象,那么在一个年级组或教师组中,教师就此与同事们进行讨论是值得的。讨论内容包括进教室前他们是如何使学生安静下来的:他们做了什么,说了什么,这么做的原因是什么。

进入教室后的前三分钟

任何课堂的前两到三分钟都是极为重要的。教师必须激发、维持和聚焦全体学生的注意力(p. 58,70f)。

很明显老师需要允许学生花点儿时间找到座位坐下(年幼的学生坐在地毯上)。在此期间老师需要传达出,他/她期望等待(期望)学生们坐好("同学们,眼睛看前方,耳朵仔细听……"),然后准备开始上课。

教师同新的班级可以进行一个简短的讨论——有关学生进入教室和安静下来学习的基本期望和要求,这种讨论是有益的。这样的"安排"当然随学生的年龄和科目的不同而有所变化。在戏剧课堂上,这可能涉及脱鞋子、靠着墙壁、围坐成半圆;在信息技术(IT)课堂上,要求可能意味着找到一个座位,面向前方坐下,放松并等待老师。重要的是要有一个可行的常规,即使没有"排队"政策,也将使班上25—30个学生平稳地安静下来,有意识地把注意力集中在课堂教学中。学生也需要知道在课堂上前三分钟是要求他们集中注意力的("注意力要集中到前面,谢谢";"把手放在膝盖上",对于幼儿阶段的学生,要解释"膝盖"是什么)。值得思考的是,在试图激发和维持全班注意力的前三四分钟里,我们要对学生说什么(如口头提示),特别是针对那些更加混乱的班级。思考一些基本方面也是有帮助的,如确保班级的门总是开着的(当学生进入时)。当他们正陆续进入教室时,避免与学生进行任何交谈。当然,当学生走向座位经过老师身边时,一个简短的、积极的问候是合适的。如果有学生想聊天或"提出问题"(在第一分钟左右),简要地向他们保证——你会稍后跟他们交谈。然后重要的是,走到教室的视觉中心位置,口头提示全班同学安静下来。如前所述,我们在课堂前几分钟的所做所说是值得考虑的。我们的表达能力和冷静的心态对于如何积极地集中学生的注意力是至关重要的(p. 60f)。

- 避免对班级群体使用疑问式的提示,如:"你们可以保持安静并且认真听吗?""你们能停止说话和……?""打断一下,你们还在聊天吗?"(这不是一种请求)(见 p. 72)
- 使用直接关乎行为要求的语言,如"坐好……看……听……谢谢……"或"眼睛和耳朵这样,注意认真听(……),谢谢。"
- 简要地处理学生的分心行为,如当你正在暗示学生找到座位坐好时,学生们不安分地倚靠在座位上,"窃窃私语",大声地摆弄物品(如文具盒),这时,给予简短的、描述性的、指导性的提醒就已经足够了(p. 97f)。简短地处理分心问题后,我们需要重新集中班级的注意力,"坐好,认真听……"。
- 问候学生,然后开始进入教学阶段。当全班学生都安静下来后,给予全班学生一声问候。

在小学高年级和中学阶段,建立和维护一个合理的"目标时间",可以帮助学生有秩序地进入教室,安顿下来以及准备相关材料,然后很快将注意力集中在课堂上。一个合理的目标的讲述可以占用课堂的一到两分钟,有时候看起来要更长一点。在目标时间,有意识地设置一个班级目标,并在前几节课上重复几次(Pearce, 1997)。

让学生直接投入一个活动可以很快让学生集中注意力。如在英语课上,学生陆续进入教室,坐到座位上,拿出班级指定的小说进行五分钟阅读,或者阅读一些导读材料,这些材料要有一定的难度以便所有的学生在前两三分钟的安静活动中都能有所收获。一些学校仍然直接要求学生在每一堂课开始前或结束时安静地站在座位后面。如能积极地加以运用,这也不失为一个有用的提示策略。在教学阶段,可以使用一系列的非言语暗示来集中全班学生的注意力(p. 59)。当第一次使用时,应该在口头上给出说明和解释。

在班级教学时间管理学生的分心和扰乱行为

课堂上学生典型的分心和破坏性行为包括在垫子上翻滚和躲藏在桌子下（希望这只发生在幼儿身上，尽管我曾经在七年级班上遇到过一个男孩子躲在矮橱里），以及当教师试图讲课时，学生窃窃私语，这非常令人厌烦。

课堂上最常见的扰乱行为往往是：教师讲课时学生私下说话；冲着教师大喊大叫；上课迟到；（懒散地）靠在椅子上手脚乱动；摆弄文具或其他小玩意……上述大部分行为（至少在我所工作的具有挑战性的学校）趋向于在班级建立阶段显现出来，学生想以此检验自己与同学之间以及与教师之间的关系。

当我们对全班学生或小组学生进行纪律管理时，重要的是我们要意识到自己的言行，避免同那些具有合作精神的学生疏远。在课堂上或活动中执行纪律时，我们的任何言行都并不只是影响到某个学生（或某个小群体），还会影响到旁观的学生。例如，当我们对少数个别学生进行纪律管理时，如果我们制造出过于对抗的氛围——一种情感上可感知的氛围，这会影响所有学生的积极性和合作。如前所述，每项纪律事务都是一项社会事务（p. 94）。在有些情况下，简短、明确地表达挫败感和愤怒也是适宜的。但在大多数情况下，当我们处理前面提到的破坏性行为时，重要的是要保持尊重、积极的态度和尽量"低干预"的原则（p. 95）。积极、自信和适度的坚定并不是对立的概念。

当教师开始集中班级学生的注意力时，几名学生正专注地私下闲谈着。教师放松地站着（并非无精打采），用眼睛扫视了教室并试图集中全班学生的注意力（p. 70f, 59f）。她简要地描述了几名走神学生的行为表现。

"同学们，老师要开始讲……但许多学生在教室里四处交谈。"有时对这种"事实"进行描述就足矣。有时我们需要补充行为指令："脸朝向这一边，认真听讲，谢谢。"然后教师给学生心理接受时间（p. 98），之后再继续上课。如果是几名学生聊天，或大喊大叫，或……我们可以说："有些学生在……"如："有些学生在大喊大叫（描述性的提示）。还记得我们的规则……"或"举手回答不要大喊大叫，这样我们都能得到公平的对待……"（规则提醒或定向提示……）我们没有说"所有"学生。在群体意识中，这一点区分是极为重要的。

如上所述，在这种情况下尽量使用"谢谢"，而不是用"请"。"谢谢"包含着对学生遵从的期望。

有时学生这种私下闲聊，或在老师讲课时说话，是学生注意力不集中的行为而非破坏性行为。上面所提到的方法都有助于使纪律管理的干扰性减至最低。

上课迟到的学生

教师已经上了5分钟的课，一名学生才来到教室。教师快速走到门口，对学生说："你迟到了吗？"（学生如果回答："当然，我迟到了！"这一点也不惊讶）。如果教师问："你为什么迟到？"这听起来（特别是如果教师表情沮丧）像是教师在"质问"学生，而实际上教师可能只想知道原因。然而，在这堂课的这个时间点提问学生为什么迟到真的重要吗？教师试图在教室门口获得答案和原因，但却只能助长（一些学生）吸引他人注意的行为甚至对教师权力的挑衅。我们的注意力也被引至远离全班教学时间的事务上。

老师："你为什么迟到？"

学生："你知道人们有时候都会迟到。"如果学生的语气是生气的、任性的，或者充满敌意的（次要行为），那么迟到问题可能会迅速演变为这样一个情景，即这名学生认为他必须迎合他的观众（同学）进行表演。

老师："你不要用那样的语气跟我说话！"

学生："是的，我只是迟到了，你没必要找我麻烦。女孩有时也迟到，你也没找她们麻烦，不是吗？"

老师：（伸出手指，悬在半空，声音尖锐地问道）"你在跟谁说话？"

学生："是的，你就因为我迟到了几分钟就找我麻烦——迟到又有什么大不了的呢？"

老师："坐到那边去，现在！"（老师指向几个空着的座位，学生不想坐在那里，他想同他的伙伴一起坐在他原来的座位，但那个座位已经被占用了。）

学生："我不要坐在那里。我与内森和特拉维斯一起坐在后面……"

老师："听着，我一点都不在意你想坐在哪儿。我要你坐到那里！"

学生："为什么我要这么做？"（他闷闷不乐地双臂交叉，看向远处。他和他的同伴观众正想对此"大做文章"。）

老师："好！要么离开，要么坐好上课！如果你不打算准时来上我的课，可以出去,然后去见年级主任布朗先生!"

学生:"是的,我无论如何都会走的,这堂该死的课……"(他转身并怒气冲冲地走了。)

当然,我们需要解决学生的迟到问题,但在课堂上的这个时间点和在全班学生面前强调迟到问题却是不必要的。一些教师的注意力很容易陷入到学生的"次要行为"中(比如学生的语调,"无精打采",交叉的手臂,皱着的眉头,应激性的语气,嘲弄的"笑容"……)。

当学生迟到时,简洁并且积极地欢迎他们总是有用的,特别是在前几节课上。我们也不要过度"积极",例如:"噢,你好!""很高兴你来这里。大家看,杰森来了!不是很棒吗?"在我们第一次同一个新班级见面时,我们并不知道一名学生迟到是因为懒惰、散漫还是缺乏时间意识,抑或存在家庭方面的问题。

在下面的示例中,该学生迟到五分钟,看看一个不同的课堂和一位不同的老师是怎样处理这种情况的。

老师:(简要告诉班上的学生他会继续上课直到最后一名学生到来)"同学们,请稍等……"(欢迎在教室门口的学生)"你是托尼吗?"(老师还没有完全记住学生的名字。他伸出手和学生握手。托尼皱眉,看起来有点踌躇——他没有预料到老师会这样做。老师简要、温柔又不失尊重地告诉托尼他迟到的事实。)"你迟到了。那边有一个空的座位——卡洛斯旁边。"(老师没有告诉托尼要坐在那儿,他"描述了明显的现实"。此时,他把注意力集中在课堂上的重要问题上:直接让学生坐好,然后继续上课。)

学生:"我不坐在那里……我同……坐后面……"(他对这位老师没那么抵抗了,但仍然(打算)进行拖延。)

老师:"这个座位别人已经占用了,托尼……"(老师可能会补充道:"你如果准时到教室,你就可以坐这里!""我们稍后可以进行座位调换,谢谢。"(老师这样说增加了未来的"选择",可以化解任何残留的紧张。老师的目光离开托尼,开始扫视全班学生,给托尼心理接受时间(p. 98)。)

"同学们,正如我先前正说着的……"老师继续他的教学,好像托尼会(自然)根据老师的指导坐下。他的确这样做了——他向座位走去,有些故作姿态,然后弄出些许动静才坐下来。老师在策略上忽视了这个行为……保持他和学生的注

第三章 行为管理和执行纪律的规范用语

意力集中于正在进行的课堂上。

如果学生公然拒绝坐到老师指定的地方,我们需要做的是清晰而平静、简要地告知后果。"如果你选择拒绝坐在那里,我必须让你离开教室然后去……"如果只有一两个空余座位而他们拒绝坐在那里,那么"恳求协商"或"讨价还价"是毫无意义的。确实会发生这种情况。这种可能情况需要在学校的隔离处分策略和实践中得到讨论。

在课程快要结束时,他和托尼短暂谈论了他的迟到问题。如果学生屡次迟到(连续几天/几次课迟到三次),那么老师就要同年级指导教师讨论这个问题,咨询一下是否其他班级也会出现这种情况。

如果学生迟到

- 教师应该欢迎学生并简要地告知他们迟到的事实。
- 指示学生坐下或坐到某一个指定的座位上(如果有班级座位安排规划的话)(p. 52f),然后给他们心里接受的缓冲时间(p. 98)。
- 继续课程或先前的活动。

课堂建立阶段的纪律管理

- 扫视—聚焦—扫视,避免长时间与某个学生或小组保持眼神交流。
- 尽可能使纠正性语言简短。
- 在可能的情况下使用积极的语言。
- 专注于特定的行为(管理纪律时)或关注相关的规则。
- 避免与学生争论——口头阻止或部分同意,并重新调整到规则或要求的行为。
- 在适当的地方给予学生接受时间(p. 98)。
- 尽可能在适当的地方策略性忽视非言语的次要行为。如果学生的次要行为也是不合适的,或具有干扰性,教师要简要地解决并重新帮助学生回到期待的规则或行为上(p. 97)。

描述真实的公共环境(看似不经意地引导)

曾经有人在超市或公共汽车或出租车队列插在你前面吗……我很好奇有多少人会在现实中让别人插队到自己的前面。在这些场合,我通常会有礼貌地简要说明实际情况:"对不起(……),队列从那里开始排。"摊开手,而不是用手指指向队列的后面。一个友好的微笑,没有丝毫讽刺和"你威胁到我了"或"我比你更重要、更优秀"的意味。然后我们把目光移开,仿佛……(接受时间)。但有些时候我遇到的人会说,"但是我赶时间"。这时简要地补充:"我们也赶时间(指自己和队列中的其他人),队列从那里开始排。谢谢!"这是极为有效的。我经常看到队列中其他成员露出感激的微笑。当然,如果插队的人重达 20 英石(286 磅),头上还有国防军文身的象征,那么让他通过吧(或移到另一个队列)!

在伦敦的维多利亚地铁站——一个疯狂拥挤的地方……这里有大量的通勤者正快速通过检票闸。有一对新西兰(我在几码远外通过口音分辨出来)夫妻,徒劳地拿着皱巴巴的票塞入自动检票闸(这是牡蛎卡)。新西兰没有地铁。令我厌恶的是,几名穿着条纹西装的绅士正在抱怨着,因为这对夫妇(拎着满满的在伦敦的购物成果)浪费了他们 30—60 秒钟的生命。

我走过去,扫视到队列中 20 多个人正在发牢骚、抱怨……坚定地说:"打扰一下,先生们(……),很明显他们正在努力操作着机器(……)。那儿还有好几台机器。谢谢。"我用手指了指。他们走开了,皱着眉头,叹息着——有几个人(尽管)看起来富有同情心。我想他们误认为我是伦敦地铁站的工作人员。不过我并不是,我是一位老师,我想支持我的"新西兰兄弟"。

我对那对年长的夫妇说道:"你好!这些机器不太方便操作吧?"他们看起来更加放松了。

"你是澳大利亚人吗?""是的……"我们简短地聊了会,然后他们通过检票闸,很感激地离开了。

齐列库说过,"如果一个人的行为表现出他有权威,那么令人惊讶的是,这种态度会推动他的学生表现出相应的行为"(1986:132)。

我对其进行了补充,甚至成年人在一些公共场所也可以捕捉到微妙的暗示和信号(通过我们的语言),并且举止更为得体。显然,我们需要"读懂"这些情景(情绪/社交智力)。

非口头（语言）提示

如前所述，通过非语言提示，一些走神的行为问题是可以得到解决的，甚至可以被扼杀在萌芽状态。非语言提示降低了教师每次都通过语言表达行为要求的需要。这对低年级学生特别有效。典型的提示如下：

- 教师食指交叉，然后用右手指向前面，提示为"双腿交叉坐好和看向前面"。
- 教师举起一只手，用另一只手捂住嘴暗示"举手发言，不要喊叫"（针对那些在课堂讨论时间大声叫喊的低年级学生）。如果教师有信心使用这样的方法，那就可以在策略上忽视一些学生大喊大叫的行为。非语言提示作为一种简短的提醒而不会对上课的进程或是活动造成过多的干扰。
- 教师把一只手叠放在另一只手上，并拉至胸前表示"管好自己的手和脚"。对不安分的、敏感的幼小孩子来说，这是一个重要的提示。
- 教师用食指摸着一只眼睛，然后再是一只耳朵，用手势指向教室前面，表示"现在眼睛看向前方，耳朵仔细听"。
- 教师伸出大拇指和食指，两指间分开一点点表示"使用同伴声音"。在进行任务学习阶段，教师在教室里四处走动时，这是一个十分有效的提醒。他/她可以在一个课桌前指导学生，并用暗示提醒临近小组。我在中学的课堂上曾无数次使用过这种提示方法。
- 一个类似上述的手势是拇指和两个手指朝下，然后旋转，类似一个虚拟的音量控制（老套的技术，但甚至在中学的八年级和九年级的课堂上它仍然有效）。

前几次我们使用任何非语言提示时也要添加语言提示。使用几次后，我们就要终止语言提示并使用非语言提示作为规范提醒。使用任何管理策略时，避免制造任何不必要的紧张氛围是很重要的。如果教师在给出上述提示时，手势表现出急促不安，怒目而视或长叹一声，这都很难被看作一种简单有礼的提醒。

眼神交流

眼神交流可以吸引注意力，表现出兴趣和意图。然而，如果没有语言提示，凝视的目光可能产生含糊不清的信息。在一些男性看来，长时间凝视代表着敌意或威胁。道奇(1981、1985)在一些具有攻击性的孩子身上研究归因偏差，他观察到具有攻击性的男孩选择性地注意环境中可接收到的提示。具有过高攻击性的男性倾向于对另一方的攻击性意图产生知觉和归因偏差。

作为教师，我们可以避免与学生产生不必要的敌意，通常的做法包括：接近对方，进行伴有简单指令或提醒的目光交流，避免不必要的大范围的眼神交流，给出心理接受时间，通过组织语言——比如使用适当的选择(p.105)来避免不必要的输赢感。重要的是要注意，在某些文化中(尤其是东南亚国家和土著群体)使用大范围的眼神交流同在欧洲文化中使用这种方式的境况是不同的。"强制"进行目光接触可能会导致明显的尴尬，甚至羞辱。最重要的是，我们要使用冷静的声调、肢体语言和眼神交流(p.60f)。而教师的皱眉也是合适的，尤其是给出命令或肯定性指导时，但我们并不需要维持长时间的皱眉表情，除非是给出一个确定的声明或命令。不过，即使在这里，我们也将努力避免使用威胁的姿势(过近的距离，用手指指着……)。

策略性忽视

策略性忽视是一项很难的技能。这是一个有意识地不关注学生的某些行为的决定，这些行为包括：当我们要求(指示)学生做一些对他们来说非常困难的事情时，比如回到他们的座位，或者举手回答问题不要大声叫喊，或当老师说话时把笔放下……学生表现出愠怒、叹息、眼睛望向天花板、滚动眼珠、"垂头丧气的样子"、过度夸张地皱眉。我们说的策略性忽视也是一种非言语交流，这是针对所有学生的，而不仅仅针对我们在策略上忽视的那些学生。它表明教师在这一点上关注主要的行为问题，进一步避免过度关注"次要行为"："眼睛不要总这样盯着天花板……""你为什么做一件简单的事情也要叹气呢？有这么困难吗？你怎么了？你有必要那样生气吗？"当然，我们不应忽视那些学生也认为不应该忽略的行为：任何反复性的大声呼喊，在教师讲课时插嘴干扰教学或侮辱其他学生，任何口头上粗鲁或挑衅的语言(p.11,116f)；任何充满敌意或攻击性的行为；任何不安全的行为。70%愿意合作的学生知道其中的区别；当一位教师选择策略上忽视时，他们能明白。

例如，在课堂讨论中策略性地忽视那几个屡次叫喊的学生是非常有效的。这传递出一个信息，即教师将会注意那些举起手来而没有叫喊或敲桌子的学生。当然，教师不能表现出焦虑、紧张、含糊不清或趾高气昂。否则这种忽视会使正在发生的事情变得混乱,让人烦恼。

一种常见的替代方法是在实施任何策略性忽视前提前说明。如果一名学生大声叫喊(在全班教学时间),我们给出一个简短的提醒或指令,然后重新回到教学上。如果这名学生再次大喊大叫,然后我们策略性忽视。"提前说明"澄清了并实际上暗示全班学生(和个人)为什么我们现在在策略性忽视这名学生。

策略性忽视的使用场景

老师正在三年级教室里走动着,同时向学生们提供帮助、鼓励及解答。教室里比拉大声地呼喊"老师"来帮助。他确实举手了——他认为只要他举手了,即使他叫喊或用手敲桌子,他仍遵守了"规则",也总是能引起老师的注意。在教室里隔着一段距离,老师给出一个条件性指令:"比拉(……),当你举手并不再大声叫喊时,我就过来帮忙。"然后忽略比拉随后的听喊。随后的策略性忽视在此时有了一个理解的框架("当……时候,那么……")。

一个常见的例子是在幼儿园(托儿所)上演的一幕:过度担心或焦虑的母亲在第一周的第一天把她四岁的孩子送进幼儿园,孩子哭着,抓住他的母亲,苦苦恳求着,母亲向孩子一遍又一遍地保证:"是的,我爱你……我的宝贝。我会回来的……我会的。我保证……要做一个很棒的男孩……是的,我爱你。"孩子确实在哭,也可能是焦虑

（虽然一些孩子确实会通过哭泣来获得关注）。母亲自然想安抚孩子，但最终强化了孩子想要获取关注的行为："母子告别花了45分钟"。大多数幼儿老师会悄悄地安抚母亲，如果她自信并且微笑地给孩子保证然后离开（一次或两次），那么孩子会安静下来。（"请半小时之后打电话，史密斯太太……"）老师在先前贴心的保证之后，将会策略性忽视孩子的哭泣并且坚定地——愉快和友善地——重新指导孩子的行为而并不过多关注孩子试图引起注意的行为。她（显然）也会把这样的孩子同更擅长交流的孩子分在一组以转移他们的注意力。在这个例子中，策略性忽视包括选择性注意，安抚，当孩子安静下来之后调整孩子的行为。

行为的过度强调

一些教师解决并且纠正学生的走神行为，然后会就此不停地唠叨，库宁（Kounin，1971）称之为"行为的过度强调"。"杰森！杰森！停止愚蠢地摆弄橡皮泥，现在！你还能看到跟你一样傻的人吗？我不能。每次我们进行这样的活动，你总是四处乱走而不是做些有成效的事情。有那么难吗？你知道应该做什么，为什么就不能……"

好像说得长一些（大声些）教师就可以把这个问题讲得更清楚……

接受时间

作为辅导老师，我正在教十年级数学（几年前）。在自主学习期间，我扫视了一下教室，注意到一名学生在他练习本上放着一本看起来像小说的书。我走过去。

"你是戴蒙，对吗？"这是我给这个班级上的第一次课，我还在熟悉学生的名字。我补充说："早上好。"

他抬头（并不打算合上书），"是的，我是戴蒙"。

"我注意到你有一本书，是一本小说吗？是关于什么的？"

"这是关于连环杀手的"，他笑着抬头。

"好吧，但愿他没有在追杀老师吧"，我说道（用意也是如此）。这个短暂的聊天是在重新聚焦任务之前的一种引言。我认为最好把重点放在学习任务上。

"学习任务进行得怎样？"

"很无聊"，戴蒙说。

"这很可能是无聊的，然而，戴蒙，对你而言，这是今天的工作。你知道要做什么？"我的语气是愉快的，期待着他的配合。他叹了口气，倚靠在座位上。

"是的,知道一点儿。"

"我能帮上什么忙吗?"

我给了一个简短的任务提醒,指指身后的白板并补充道:"顺便说一下,我希望你把那本小说放进你的包里或者如果你愿意的话可以放在我的桌子上,下课后,你再拿回来。"(一个指导性的选择……(p. 102))

这是简短约定的"纪律"部分。他咧嘴一笑。我补充道:"我一会回来检查你的作业,戴蒙。"在这个时间,老师的离开可以留给学生一些接受的时间,同时,老师给出了任务焦点。对于年长的孩子,一些不必要行为会使得对抗升级,如拿走或抢走干扰他们的东西。类似地,如果在给出指导性选择后(如上所述),老师继续站在那里等待学生把东西拿开,这对一些学生来说也会造成不必要的紧张和对抗。

心理接受时间也可以传达出老师对学生的信任,即相信他们会做出适当的回应。在一些潜在的紧张情况中,心理接受时间有助于保存面子。稍后老师再回去学生那,检查他们是否重新专注在学习任务上,并简要地重建师生关系和给予一些鼓励,这些都是非常重要的。对于年幼的孩子,在他们做出回应之前,老师可能需要多次重复一个指令或提醒,然后针对他们的反应给予相应的接受时间。

附注:随着孩子们的逐渐成长,我们在行为和纪律管理中所使用的语言(Rogers, 2011)也要做出相应的调整,让这些孩子们中的"新兴成年人"(emergent adult)更多地参与进来:

- 不要用居高临下的语气对学生说话,或对他们滔滔不绝地说话。
- 试着引导学生思考他们的行为:使用附带性的和描述性的语言(p. 98),提问或指导性的选择(p. 93, 102),当同伴在场时,尤其要这样做。
- 不要把学生逼到情绪爆发的边缘(而是要使用延迟的后果,p. 102f)。

关于穿戴"不端"的讨论

某些学校仍然保留着关于校服和首饰佩戴的繁琐规定(以及管理条例):只能

佩戴简单的小耳饰、金质或银质的简单耳钉；袜子长度必须及膝；不能佩戴戒指、手镯或展示友谊的任何配饰；头发长度必须保持在规定范围等（所以，"不端"要加上引号）。这些规则可能出于合理的原因，但是这些规则的应用应该关注我们深思熟虑的管理。

教室里，一个小女孩戴着一个"不符合规定"的大戒指，这是父亲送给她的礼物。这个戒指对她来说有着特殊的情感意义。她刚到这所学校不久，碰巧一位老师注意到了她的严重"不端行为"并且要求她将戒指上交。这个女孩感到沮丧和困惑，并且变得十分焦虑和失落。

"不，不行。如果必须的话，我会把它摘下来的。"

老师重复了他的命令："把戒指给我"。他伸出手，暗示着他期望学生无条件服从这个命令。

"不！"女孩很自然地握紧了拳头。她不知道自己是否还可以把戒指要回来（如果现在交给老师的话）。女孩提到班上的其他老师看到了也没有说什么。"我不关心其他老师是怎样做的，我说了把戒指交出来。"信不信由你，如果这个女孩不这样做，老师将对她进行课后留校！

听起来这像一个编造的案例，但很遗憾——不是。确实，这位老师可能并不知晓这个女孩对戒指的心理依恋，他可能也在警惕地"管理"学生的着装（但是在这里他过于警惕，也许有些近乎疯狂的警惕）。问题在于他没有考虑女孩的感受，或者没有认识到女孩的幸福感也是管理/纪律的一部分。在管理青少年的行为时，他缺乏同情心以及换位思考的能力。他似乎只关心繁琐规则的机械应用；只考虑"获胜"、"证明"和"控制"。他也可能对老师的控制以及警惕性管理持有一种苛刻的、专制的观点（"孩子必须服从他们的老师"、"孩子们不应该顶嘴，他们应该按照我说的做"、"优秀的老师必须控制学生……"）。

在这所学校的另一个班级上，一位老师也发现一名学生在上课时间戴着类似的戒指。

"雷切尔，这真是一个漂亮的戒指。"

这个女孩简单地与老师聊了聊这个戒指。

"你知道学校有关戴戒指的规定吗？"（这个老师的声音很轻柔，她特意把声音压低。)

"但是其他的老师没有说什么。"这个女孩皱着眉说道。

"他们可能没有说什么,但是,雷切尔,学校的规定是……"老师对学生的观点表示部分同意,并且重新集中在学校的规定上。老师给了一个非言语的暗示,指了指学生的口袋,这暗示女孩可以把戒指放进她的口袋。这个女孩服从了老师的指令。即使是对学校这样繁琐(琐碎)的规则,老师也可以实行放松的警惕。

故事的结尾,如果这个女孩拒绝了这样的指导性选择,教师将会暂时延迟处理这个问题,等到课后再进行处理(p. 122f)。如果教师发现这名学生此后在学校仍然戴着戒指,那么可能就需要在课后留校的时间段强调这项规则。

如果你恰巧在一个对违反首饰佩戴规则采取没收政策的学校教书,至少告诉学生确定会当天归还给他们。我了解到有些"强权型"教师会把类似的戒指等首饰以及其他不具有危险性的物品保管到周末,甚至在一些奇怪的情况下,会保管到学期末再还给学生。这简直是心理折磨。让我吃惊的是,有些学生会配合上交这些物品并且忍受这样的对待。在有些学校,学生并不会对教师的控制(命令)表示无条件的服从,那么类似上交戒指的命令就会被学生嘲笑。

绝不仅仅是个性

我听说有些教师在观察同事的行为管理时会为自己无法有效地管理学生而开脱,"哦,正是他们的个性使然,这就是他们能够得到这些学生理解的原因"。虽然性格很重要,但如果他们更仔细地观察,就会注意到这些同事也意识到自己的非语言沟通和其"统筹全局"的行为对他人的影响(Rogers,2006)。他们也会发现这些教师尤其注意自己在管理和执行纪律时使用的语言及对学生加以鼓励的语言(p. 152f)。

这里有一些技巧可以提高我们的专业"个性",这些技巧通过增加沟通内容的和谐性而促进积极沟通。我们如何沟通(非语言方式);选择什么时间(什么时间实施干预);以及为什么我们最终选择这种沟通方式(我们的价值观和我们的目标)(p. 93f)。

有些人天生就是有效的沟通者,但我们大多数人都必须明白:我们的非语言行为和特质性的言论在我们的日常交流中占有重要的分量。这些非语言行为暗示可以确保我们与学生(和同事)建立积极的、良好的关系。甚至当我们沮丧和愤怒时,一些非语言暗示能缓解沟通过程中的压力,当我们平复心情后,更容易修复和重建这种沟通关系(第七章)。

在所有反思性教学中,我们应该从本质上考虑我们的行为对他人的影响,并且相信他们也会做同样的事。"己所不欲,勿施于人。"

人们普遍相信团队管理技能是一种自然禀赋,你天生拥有或者天生缺乏。但我们的证据并不支持这一观点。这一观点最有害的一点是,教师将不能管理好班级归因于个人能力的不足,而不是特定技能的缺乏,而这些技能可以通过培训或同事的建议而获得。

最有才能的、"天生的"教师可能只需要少量的培训或建议,因为他们能够迅速在经验中学习。另一个极端,对于一些老师来说,有效的培训和建议也不能发挥作用,因为他们的性格不适合这项工作。然而,很明显,经过适当的培训、经验的获得和他人的支持,大多数教师都能够成为更有效的课堂管理者(《艾尔顿报告》1989:69)。

在一个公示栏上看到的:
　　我将不会在班上大声叫喊,不会乱扔东西,不会体罚学生,不会乱发脾气。我必须在所有的孩子面前始终做一个好榜样……因为我是一个老师……我是一个老师……我是一个老师……我是一个老师。
　　我在学校的公示栏上的一个显著的位置看到了这张 A4 纸。一些人在下面添加:
　　每日早上读一读,以防某天发生这种事情。

(哪一天不发生呢?)

对学生进行课外的跟进:"短期"干预与长期一对一干预的平衡

有些行为问题在教室的"公共舞台上"上不能充分解决——我们必须私下花些时间(避开同学)处理。可能是五分钟的"课后聊天"或是更复杂的面谈。这也可能涉及我们在留校环节处理学生的行为和学习问题。

（最近）我正在我所指导的一所学校里教授一节八年级的英语课。当时正处于课程任务阶段，距离下课大约还有十分钟。我正在教室的前排走动着，与学生们谈论他们的作业（给予鼓励和一些反馈……），这时我瞥见后排的泰森正低着头，专注于缓慢地吐一口痰，像是钟乳石（或石笋）的形状和构造。当他环顾教室时，我刚好看见他……他知道我已经发现了。令人惊讶的是，坐在他旁边的女孩竟然没有注意到他的异常行为（他"悄无声息地"吐了痰）。

我和我的同事宣布下课前，我告知泰森让他下课找我。他皱着眉头，问道："为什么？"我告诉他不会耽误太久的（这是早晨课间休息）。我和学生们说再见，然后下课了……

泰森待在教室门口附近，背靠着墙壁，双臂交叉并皱着眉……

我简单地提到他此刻的感受："泰森，我知道你想出去和你的伙伴们在一起……我知道我不是你的正式教师。你可能会感到恼火。"

他很快回答说："我做了什么呢？"

我说，我看到他向着地面长时间缓慢地吐痰。

"嗯？！我只是吐在我的鞋上而不是在地板上。"他纠正道。这似乎对他很重要。他是吐在他的跑鞋上。"真的"，他解释道，"我吐在我的运动鞋上，我可以给你看。"我本打算回到他一直坐着的后排，要求他收拾我原以为是一摊唾沫的脏渍……（我和我的同事总是在上课时间带着一盒纸巾、湿巾……）。

"泰森，我原以为你是吐在地板上。"

"不"，他快速地回答道，"那是我的鞋"。

我问他当他想吐痰时通常会怎么做。

"什么？"

"泰森，当你想吐一大口痰时，你通常会怎么做？"（大多数孩子都不带手帕。）

他皱着眉，沉思了一下，"我不知道……"。

"你是不是通常都只是把它吐掉？"我并没有气恼。他抬了抬眼，补充道："我只是——有时候——把它咳出来……但是是咳在我的鞋子上，如果你想看的话可以看一看。"他并没有弄脏地板，这个事实对他很重要。我告诉他我相信他，并且表示并不需要检查……

"我会被留校吗？"

我回道："留校会教你走到讲桌上，拿些纸巾，快速地包起来……扔到垃圾桶……"

他咧嘴而笑。"所以我并不是留校,那么?"

"你可以去玩了,泰森。我只是想提醒你纸巾的问题。快去玩吧,下次见。"

他看起来松了一口气,沿着走廊轻快地走开了。

(顺便说一下,我认为那是钟乳石……)

如果我们后面没有连续的课程,有时可以像这样简短地"课后交谈"(大约5分钟)。如果不是休息时间,我会跟学生约定在午饭时间见面,以便"继续跟进……"。我会给他们一个简单的提醒。大多数学生对"课后留下"的指令往往会表现出烦躁,有时甚至是愤怒。这是正常的。我们接下来的所作所为能够产生一些建设性的重要后果。

在同一所学校另一个八年级的班上,我已经多次提醒杰克把脚放下来,坐端正。他把脚抬起放在桌子上,然后靠在椅子上以保持平衡……喊叫着……我简洁地要求道:"杰克,把脚放下来,坐在椅子上;记得我们讨论制定出来的班规吧。"接着我把视线移开,给他一些心理接受的时间(p. 118f),他大声地叹了口气。我策略性地忽视了这声叹气,接着我听到脚放下来以及缓慢搬动椅子而发出的声音。

第二和第三次,他再次做出这个引起注意的斜靠着坐的动作,当我正引导着全班进行讨论时,我给出一个简短的非语言提示……他感到生气,大声抱怨……眼睛看着天花板并且一次比一次大声地叹着气。在课堂任务时间,他的行为更过分了,并严重地逃避任务。

下课之前,我引导学生做些整理……我带着学生大致回顾这堂课的内容,然后提醒他们为下节课做些准备。我看着杰克(举起黄色的笔记本),说道:"杰克,下课后我需要和你简单聊一聊。"

他生气地说道:"因为什么?我没有做任何不好的事情。拜托,这是午饭时间了!"

"不会耽误你太长时间的……"我把视线移回到全班学生。杰克把他的座位移到后面,双臂交叉闷闷不乐地皱着眉头,咕哝着。

我解散全班,杰克也向门外走去。我叫住他。

"拜托!我做了什么?我什么都没做!"他靠在离门很近的那堵墙上,随时准备夺门而出。

"杰克(……),听着,我知道你现在很生气。"

"太正确了,为什么我要被留下来?"

"杰克,我不会耽误你太长时间的。我需要同你谈谈你总是靠在椅子上,把脚放在桌子上,还在全班上课的时间大喊大叫等这些行为。"

"什么?"再一次表示出愤怒。

"你介意我给你演示一遍我刚才说的那些行为吗?"

他现在不那么生气了,但是仍然皱着眉头,"你究竟是什么意思……"

"我只是想把我看到的简单地演示一遍给你看……"

"我不在乎,你可以做你想做的。"他现在没有那么生气了,而是注视着我……

我走到他的座位上,把我屡次看到他把脚放在桌子上,背靠着椅子,大声叫喊,以及把脚放下来移动椅子发出嘈杂声的景象表演给他看……然后我走回到门口……他很认真地看着我……我至多用了15秒模仿他的行为。"这就是我想说的,杰克……"

他大笑起来,并补充说道:"这太愚蠢了。"

"是的,我这样做是挺愚蠢的……但这些行为我至少看你做了6次。你想想,这种行为对你、对我以及你的正式老师造成了什么麻烦……好几次,杰克,你想想当我正要上课时,当我们正试图进行讨论时,你就像那样大喊大叫……"这个简单的"模拟"(p. 128,235f)唤醒了"动觉记忆"。

我还没有来得及给杰克一个回应,杰克便说道:"你知道我的问题是什么?我有注意力缺陷综合征。你知道那是什么吗?"

我回答道:"这对你意味着什么?"

"有时候我会很暴躁。前几天,我把我的书扔下来并且踢了我的椅子……"

"你今天并没有显得很暴躁啊。"我回答道。

(总是关注我们在课上看到的行为……我们并不拿学生上周的行为说事,我们关注"今天"……)

他告诉我他正在接受药物治疗,我问他药物治疗是否教他如何放松地坐着(不需要把脚放在上面,成45度角斜躺着……)

"啊?"

"药物治疗是否教你如何放松地坐着,并且回答问题时举起手而不是像我展示给你看的那样大声叫喊?"

"没有……你想说什么?"

"杰克,吃药并不能告诉你应该怎样做事。你对自己的行为具有决定权。我的工作就是帮助你成为最好的班级一员,你的'工作'就是决定你将如何配合我们……"

(p. 50)

我简单地提醒他我们有关学习和尊重的班规(见附录 A)。这次我们聊了不到十分钟。

"你还有什么想说的吗,杰克?"

"其他的孩子也大声叫喊了,像是罗斯科和比拉⋯⋯"

"是的,还记得上周你到我让比拉留下来了吗?而且罗斯科在我提醒了关于班级讨论的规则后,他安静下来了。我让你留下来是因为你屡次大喊大叫⋯⋯就像我刚刚演示给你看的那样。"

"杰克⋯⋯很感谢你留下来。"

"我没有其他的选择,不是吗?如果我不留下来你会告发我⋯⋯"

"Dobbing"也有"告发"的意思。他的意思是我会把他的事情告诉年级主任或者副主任。我简单地补充道:"我不会告诉年级主任,杰克。下周四见。"

当他离开的时候,他很勉强地笑了笑,补充道:"真糟糕,我以为你只在今天见我。"

"不,杰克,我还会回来的——享受你的午餐时光。"

他叹了口气,然后向走廊走去。

在接下来的几周,还有好多个班级发生了像杰克这样扰乱纪律的事件。之后,我们作为年级团队决定在年级层面上对这些事情做出回应(见第六章)。

我们在几周内进行了多次聊天或留校(针对一名学生),或更正式的行为面谈,自然引发了一些问题:

- 这名学生在不同教师的不同课堂上做出干扰或是分散其他学生注意力的行为的频率是多少?
- 这些行为是持续的还是仅仅发生在"糟糕的一天"?
- 到目前为止任课同事是如何处理这样的行为的,无论是在教室公开的课堂上还是任何私下一对一的场合?

针对那些频繁表现出破坏行为,甚至对教师的常规(和尊重学生的)干预不予理睬的学生,期望每一位老师都能提出一个行为改变的计划是不合理的、站不住脚的,也是不公平的。这个问题会在第六章得到处理。

我们需要在课堂外(一对一)跟进学生的原因如下：

- 澄清一个与课堂学习有关的问题，包括对课堂任务的误解或一名学生没有完成学习任务或家庭作业。在这种情况下，后续的跟进通常强调善意的教师支持。在此，不应该强调对那些正努力学习或完成布置的任务、家庭作业的学生实施惩罚。
- 发起一场关于学生行为的讨论(可能有时会导致短暂的5—10分钟的留校，正如上述案例所示)。
- 实施延迟的后果(p. 102f)。一个典型的案例场景就是，一名学生留下了一堆垃圾并且没有努力清理干净。在小学阶段，教师有时对那些没有努力完成课堂作业的学生使用延迟后果(假设学生有能力完成既定的任务)。
- 为那些在课堂时间已经表现出冲突行为的学生进行调解。
- 实施留校或者更加正式的留校程序(p. 198—201)。

中学阶段在课间(尤其是在一天六节课的情况下)跟进一个问题非常困难，除非是在休息时间。有时教师在课后简单地跟学生聊几句就足够了。如果这个问题极为重要，那么教师就有必要要求与学生稍后见面(例如，在午餐休息时间)。在课后的短暂时间内，我们不能深入细节，那么可以跟学生约定在这天的稍后见面，或者如果这个问题发生在午餐后，我们可以约定明天见面讨论。当然，我们仅仅跟进那些重要的问题。

伦理上的正当性

教师在与学生进行一对一的课后谈话时，保持道德上的正直是至关重要的，尤其对一位男教师和一名女学生而言。在实施一对一跟进的时间段内，额外邀请一位异性同事在场是很有帮助的(可能她在心不在焉地进行着工作)。

- 不管后续的跟进是一个简短的聊天，一个基于任务的后果(就像将留下来的垃圾打扫干净)，与学生的面谈，甚至是课后留校，重要的是教师应该强调公平的确定性，而不是后果的严重性。

我看到过教师在课后面对学生时，用食指指着学生的脸，像讨债一样。

"是的,你现在被留在里面了吧?错过了游戏时间,你活该。如果听从我的话,你现在就可能在外面了,不是吗?你一早上都在浪费时间,我告诉过你,如果不停止瞎闹,你将会在课后被留下来。你当时怎么说的?嗯?你说你才不在乎。现在你在乎了吗?你必须扮演大人物,是不是……"我能够理解这些教师的感受。我能够理解他们可能是试图让这个孩子感到愧疚,甚至通过这个过程遭受一些心理上的痛苦。但是这会适得其反,毫无必要。同时也是不可接受和不专业的。在这种情况下,这名学生不可能通过教师的行为而学到任何关于其行为的有益内容,并且也几乎不可能配合教师的工作。这种方式只会滋生愤恨,甚至对某些学生而言,可能引发报复。

- 试着体会学生可能的心理感受——学生很明显想要同他的同伴们待在外面玩耍,而且可能真的烦恼,甚至生气,一些学生甚至感到焦虑。通过体会学生的感受,我们让后续的跟进工作更加人性化,同时保留了结果的确定性。"当我要求你课后留下(或是在午餐时间见面,或是……),你可能会感到烦恼。"我们此时的语气和行为方式(通常在纪律管理中)是极为重要的。如果听起来跟进的过程(无论时间有多短)就像是教师为了"赢得胜利",那么学生可能也会这样感知或定义这个问题。保持冷静并且尊重他人是重要的。我们也没有必要为留下他们而道歉,比如说:"很抱歉在游戏时间要求你留下来……"我们不必感到抱歉:承担后果是公平的、必要的、合理的。

- 特别关注学生的行为或作为教师所忧虑的问题:"我很担忧教室里所发生的事……"如果是一个与任务相关的结果,那么指导学生完成任务要求就足够了:"布兰得利,把教室打扫整洁后,你就可以休息了。"聚焦任务的后果有助于联系班规"在我们班,需要保持教室整洁……"

为了将注意力集中在学生的扰乱行为上,向学生们真实地"反映"(mirror)其行为是适合的(Rogers, 2003a)。"行为镜像"包括教师简短地把学生们典型的扰乱行为(例如,大声叫喊,反复靠在椅子上或在教师讲课时大声讲话),甚至他们的次要行为(例如,频繁叹气,翻白眼,大声咕哝等)表演出来(p. 12f)。

在一对一的情景中"呈现"学生的行为时(并且仅在非课堂的一对一情景中),我们应该总是做到:

  ○ 征求学生的同意:"我想演示一下我所说的你大喊大叫是什么意思……""你介意我给你简单演示你在课上说话时有多大声吗?""让我演示一下当你和

其他同学坐在垫子上时（年幼的孩子），你是怎样推搡其他人的？"演示时，我们并不明显地触碰学生而只是推或挤一个"想象中"的孩子……我们简要地模仿这些行为。"当……可能你并没有意识到你是怎样跟我说话的……我想要简单地展示一下……"

- 简短地、真实地呈现学生的行为（10—15 秒）。
- 避免留下这样一种印象，即通过展示出学生恼人的、愚蠢的、失礼的或者呆傻的形象而获得心理上的满足；我们只是说明他们的行为，并不对此进行"评价"。
- 在向学生表演完他们在课堂上的行为后，我们从肢体动作中抽离并回到行为本身以便明确澄清问题所在："这就是当你这样做时的样子。"
- 对于年长的学生，询问他对这一特定行为的回应是有效的，如可以问："你觉得你像那样大喊大叫了多少次？"

镜像呈现试图澄清和阐明学生典型的分心和破坏性行为，有助于师生间的对话。这种方法通常可用于教师帮助学生意识到自身存在的行为问题。

> 附注：当我们对那些患有自闭症谱系障碍的孩子进行一对一辅导时，通常不使用上述镜像呈现的方法。相反，我们会特别集中让学生理解什么是适当的/必要的行为。我们要使用清晰直接的语言，模拟其行为，增强清晰度，并且要求学生实践这些合适的必要行为（见 p. 211f）。
>
> 我们通过运用图片提示和特殊的行为提示来提供一个讨论框架，在此框架内探讨和澄清期望的行为。

- 在适当的情况下，给予学生回复权。这种回复可以以口头形式或书面形式。教师可以依据已发生的事情（导致他们课后留校的事情）询问一些问题以确保学生集中到自己的行为问题上。教师也要回顾学生行为守则中所规定的基本权利和义务（p. 39f）。教师需要特别强调，学生的行为在某种程度上已经影响了他人的权利，这是行为事务管理的一个关键目的。

教师询问的一些基本问题包括:"发生了什么?"(与学生行为相关)"你的行为违反了什么规则?""你如何看待你的行为,你对此有何感想?"(他们的回复权)"你认为你可以做些什么改变……改进……解决问题……让事情变得更好?"可以让学生写下来。这四个问题都是以"what"开头,我们称之为"4W"问题模式。

在长期的追踪干预中,我们还可以增加一些补充性的问题,如:

○ "对你而言,你希望发生什么?"
○ "你认为如果你在课堂上一直这样表现,会发生什么?"具体说明。
○ "你认为怎样做才能不干扰其他同学的学习(简单列举学生近期的扰乱行为)?""怎样做才能让其他学生获得安全感并安心学习?"
○ 最重要的是,"我(和其他老师)应该怎样帮助你……"。清晰具体地说明学生需要改变的主要行为以便帮助学生顺利地回到课堂学习与人际交往中。

询问这些问题的语调和态度是至关重要的。如果我们用挑衅、对抗的方式提问,学生明显会心生怨恨和抵抗,这也是教师需要解决的学生行为问题。如果学生在一对一的情境中足够冷静,我们可以指导他们书面回答这些问题……如果学生书写存在困难,那么教师可以提问并记录下学生的回答。

- 我们通常(学生冷静下来之后)在暂停—冷静或留校阶段使用"4W"问题,或者在调解时将其作为先前谈论的焦点。
- 当问及学生以后要怎么做(生生之间或师生之间)时,他们通常都会回答说:"我们以后再也不会这样做了……"我们可以告诉学生"永远不"或"以后绝不"是一个重大的承诺,成年人也很难做到。这些话说起来容易,做起来难。不过,我们可以关注(在我们的帮助下)他们用当下能够做到的事情来表达歉意,表示关心或做些补救。我们也要告知致歉的语言和实际的行动之间的区别。从现在开始,你对待他人的方式、与他人交流的方式……你的行动才能表现出你的歉意。
- 就像乔治·艾略特说的,"我不会用花言巧语来说明什么,我会用我的行动来证明"。(选自《弗洛斯河上的磨坊》)
- 对行为问题进行跟进的重点是加强学生对其行为的自我意识。
- 询问这些问题最终是希望学生对其行为有更深的理解,乃至制定改进"计划",

这将会提高学生的自我监督意识及规范意识(见第六章)。

- 如果学生不愿对支持性的问题做出回答,甚至拒绝配合,那么为使学生尽可能意识到自己需要做些什么改变,教师仍然可以清晰地告诉学生以下几点:
  - "对于你的行为,我所见的是……"教师需具体指明。
  - "当你……这对你并无益处。"教师需具体指明。
  - "如果你想改变自己的行为以便……你需要这么做。"教师具体阐明。
  - "我一直都愿意帮助你。"给学生一些时间思考来回答以上所提出的每一个问题,并向学生承诺你愿意帮助他们制定行为计划。
  - 如果学生表现出抵触行为,另一种方法就是从吸引注意和谋取权力的角度来探索他们行为背后的可能目的(见第六章 p. 218f)。

- 一些学生经常使用(甚至抱怨)"我不能(I can't)……"的句式表达:"我完不成这项任务……""我控制不住自己的脾气……"此时,教师可以坚定地告诉学生,也许你不能做到是因为:
  - 你上课时没有看向前方以及认真听老师讲课……
  - 你总是在课上找不到钢笔、尺子或铅笔……(我可以帮你制定一个……计划,见第六章)
  - 你没有完成阅读任务内容(假设他们有足够的阅读技能,如果他们缺乏,我们应该寻找一些创造性的、支持性的方式来调整任务和开拓他们的思维)。
  - 你同迪恩坐在一起时总是容易分心,所以让我们制定一个计划(来解决这些难题)。

然后制定一个计划逐渐提高学生的"学习生存技能",以及自我行为管理能力,并且促进学生的学习以及改善同他人的关系(见第六章)。

- 当我们因基于任务的后果而对学生实行留校时,指导学生回到任务上来,给学生一些心理接受的缓冲时间,然后检查任务完成的进展就足够了(指的是打扫卫生,完成一项作业等)。
- 处理完学生的行为问题,与学生分别时要尽量保持友善的态度(即使是在课后的五分钟交谈时间)。我经常听到教师因在交谈时所说的一些不必要的结束语,如"……如果你恶习难改,那么你就不只是和我谈谈了,要么叫上你的班主任,或者是你的年级组长,甚至叫上你的父母!或者我会……通知教育部长"

而使得师生关系越发紧张。

- 如果在跟进过程中,学生的行为或态度没有明显的(后续的)改变,那么就要与其他同事(组长或年级指导员)共同核实这种行为在不同班级和年级是否是典型的、频发的。如果在这些情况中存在典型的、频繁的和持续性的破坏性行为,更为明智的做法是商讨出一种覆盖年级的、汇聚全体教师智慧的方法来处理相关问题(见第六章)。

我的一位同事最近告诉我:"我会跟进那些举止粗鲁无礼的学生、那些棘手的学生和存在学习问题的学生。"有时,我甚至从同事的班级里抽出一些学生进行跟进。我使用了"4W"问题模式(p. 129f)(他们并不喜欢,说道:"你为什么不能像其他老师那样给我们一些标准? 我们还必须认真思考这些问题!")。在第一个学期实施起来困难重重,但到第二个学期,做起来就轻而易举。

我的同事在说事情变得轻而易举时并没有表现出傲慢或自以为聪明的神情,他是一位友好耐心的优秀教师。他所说的是指在第一学年的班级建立阶段进行及早的持续性跟进最终取得了成效,这有助于同那些更具挑战性的学生重建积极的关系。

在紧张的氛围中与学生沟通,我们可以这样做:

- 在试图让学生冷静下来时,先保持自我冷静。
- 留一些时间让学生做出回答,避免仓促地对话。
- 即使在短暂的课后交谈中,也要允许学生表达他们的观点。有效的做法是,询问学生:"你还有什么想说的吗?"如果他们说(我多次遇见过这种情况):"我并没有一直在大喊大叫。""很感激(没有一直大喊大叫)——特洛伊,但你今天在课堂上几次大喊大叫,这是我们现在进行交谈的原因……"如果那名学生说:"其他人也这样做了!"我们可以补充道:"是的,我们稍后也会同他们谈话。但现在,我在跟你谈论你在课上大喊大叫的问题。"如果学生仍然对他的行为问题表示否认,我们需要坚定而又不失耐心地指出我们所看到或听到的。
- 注意使用非对抗性的肢体语言;避免入侵学生的私人空间。
- 直接聚焦"主要行为"或主要问题(避免毫无意义的争论)。
- 指出学生的行为已经违反学生行为守则。
- 无论在什么情况下,尽可能保持支持的、邀请的语气。

反思

- 你是如何意识到在你的行为领导中的纪律的基本目标？(p. 93f)

- 你是如何意识到自己在行为领导中使用的语言？(p. 15, 97f) 当你不得不处理学生某些典型的破坏纪律的行为时，你是否曾有意识地对自己的言语和行为进行反思？

- 前面提到的关键技能(p. 97—106)是怎样影响到你的纪律管理实践的？你对学生日常的行为领导和纪律管理有任何学校层面的期待吗？我们应该有一些共同的学校层面的管理纪律的手段吗(超越教师个人的因素)？

- 这里提到一些十分具有挑战性的技巧。你是怎样意识到你在使用策略性忽视（对学生的行为给予选择性的注意和积极的反馈），给予学生接受时间，在高风险的情形下使用一些果断的命令等技巧？

- 你怎样在课外跟进学生的行为(甚至5分钟的谈话)？(p. 122f) 本书中提到的原则(p. 95/96)又是怎样影响你的实践的？

访问 https://study.sagepub.com/rogers4e 获取更多资源，您也可以听到比尔亲自讲述常见的行为管理情境以帮助您更好地管理课堂行为。

第四章

有效教学：基本理解与技能

> 反思片刻：想象一下，如果你是老师，你课堂上的学生会是什么样子……
>
> ——比尔

有效教学：一些基本的思考

"有效"一词需要一些反思。在什么意义上有效？对谁有效？如何才能有效？以什么方式奏效？

如果仅仅是在功利意义上追求"有效"，那么，故意侮辱、控制、挖苦、公开羞辱和使其难堪都可以为我们所用（很明显一些教师就在使用），只要这些行为可以"有效地"使个别学生闭嘴，让全班保持安静，获得所希望的服从或者"完成工作"。幸运的是，我们没人想要这样。我这一代的许多孩子就是在教师的这些做法中长大的：当我们在 10 分的拼写测试（或任何其他测试）中没能拿到 5 分时，老师就让我们罚站；或者让我们到黑板上做数学题（其实我们不会做）；或者因为我们没能马上理解一些内容就说我们是"傻子"或"笨蛋"。值得庆幸的是，现在的学校里已经很少有这样的老师了。"有效的……"也不仅仅意味着"应试教育"或者"基于考试"（SATS）的学习。有效教学也意味着使学生更自觉地认识到自己作为学习者要具备学习技能，能够整合学科之中和跨学科的知识。有效教学能使学生更有效地学习，因为我们能够让他们识别并发展其作为学习者的技能。在任何意义上，"有效"也需要包含我们所追求的"有效教学"背后的价值观。诸如尊重所有学生和平等对待的核心价值观，是任何年龄段的学生在提到有效教学时普遍都会联想到的。

我们试图激发学生作为学习共同体一员的"归属感"，而不仅仅是作为一名"学生"。归属的需要是一种基本的社会需要，孩子每天有三分之一的时间和我们在一起，因此一种积极的归属感往往更能保证有效教学。甚至对全班同学（以及进入教室的每个人）的一个积极问候也有助于在这个地方——我们的教室——形成基本的归属感。

在不同的学生阶段和教学场景中，有效教学存在一些基本特征[①]：

- 教师的领导力意味着表现出自信、耐心与冷静（p. 60f）（尽管是糟糕的日子，见 p. 22f）。教师也要展现出对所教学科/主题/技能的真正兴趣，并真正努力积极促进和关心每个学生的进步。哪怕是对学生的作业和进步给予认可和肯定的一个基本承诺，也会对学生的学习动机产生积极的影响。当然，如果我们希望被学生所接受和评价，我们的肯定、反馈和鼓励就需要是真诚的（p. 164—168）。学生将会分辨出教师是否真诚。教师的解释和指导是清晰的，而且是以一种联系学生的情况、需要和理解力的方式展开的。有效（或优秀）教学最基本的一个方面是，教师要解释他们的教学目的和教学内容的相关性，以及由此产生的特定的学习期望和结果。在每节课和每个活动中，他们都要做这些。当我们布置学习任务和学习活动时，我们需要让学生清楚任务和活动的目的，并呈现对学习将如何进展的基本期望（甚至每一个步骤）。在每堂课中，任务的清晰性虽是基本的，但却是关键性的(p.74f)。

> 附注：无论何时，无论我们教授什么，我们都应在以下关系中形成创造性的交互作用：
>
> ——口头的 ……到书面的
> ——已知的 ……到知道较少的，到未知的
> ——较短的 ……到较长的
> ——简单的 ……到更加复杂的
> ——整体的 ……到更加细节性的
>
> 例如，无论何时，当我们试图提高学生的写作能力，我们鼓励学生就其想从创造性思考和想象力转化为书面文字的事物提出问题……是什么？何时？在哪里？如何？
>
> 事实的知识不同于事实原因的知识。
>
> ——亚里士多德《后分析篇》
>
> 探索事实的科学知识的通常的方式是从那些对我们而言更加熟悉的和明显的事物开始，进而走向那些本质上更加清楚和更可知的事物……
>
> ——亚里士多德《物理学》

- 在每个教学单元，对于教师而言也很重要的是，尽力吸引并维持学生适当的注意力，关注教学过程。吸引学生注意力的方式也包括传达出对所讲话题的热情。

我也曾听到教师这样说："嗯，……我们现在所做的事情非常无聊……但是我们又不得不做……所以……"（然后深深地叹了一口气）如果内容"很无聊"，学生很快就会发现的——为什么还用得着告诉他们？如果这只是一项常

规的或者"无聊"的活动,甚至只是一个耳熟能详的、"老生常谈"的话题,那我们尽力去做就好了。我已经教授语法(英语)知识很多次……然而每次我们都试图找到它们之间的联系(视觉的,甚至是动觉的),这将吸引学生注意力,并产生融合学习。我们不需要提前告知"无聊感"。

教学不仅是一个认知的过程,也是一个情感的过程。因此重要的是,教师不但要对自己的学科,更要对学生展现积极的态度……贬低所要教授的内容从来都不是明智的……更好的做法是尽自己最大努力呈现学科知识,让学生来决定这些是否具有内在价值(Robertson,1997:70)。

在15班教室外的走廊上,史密斯先生偶然看到他所教的八年级学生在排队。当走向他们的时候,史密斯先生并没有打招呼,甚至一个简单的"你们好"都没说。他推开门走进教室,学生们吵闹着排队进入。

他没有欢迎他们,也没有专门让课堂安静下来。他也确实从来没有努力记住他们的名字(这是第三周)。他没有导入话题,也没有将学习内容与之前的学习相联系。他开始把运算法则(八年级数学)写在黑板上,几乎没有热情。很明显他没有考虑到,一些学生学习数学中更为抽象的内容显得极为吃力,而且他们本能够从一些视觉的关联中,或者是所学知识与其他知识或经验领域的"关联"中获益。这位教师没有认识到一个基本的事实,即孩子们的学习方式是不同的,并且这会影响到他们的学习(效果);并不是所有学生都是听觉学习者。确实,他今天可能很累,他也可能很无聊。但是,如果这就是他教学的常态,那么毫无疑问以下的几个方面存在着相关性:

- 学生的不专心与那天他讨论话题的方式。
- 他缺乏热情甚至基本的参与和学生的漠不关心与动机不足。
- 学生学习结果与其教学方式。
- 开小差(这种分心经常是因为教师并没有参与学生的学习)。
- 他的教学方法与他对课堂的"一面之词"("他们不听……"、"我不知道为什么我要费心(教他们)"、"他们应该更努力……")。

罗伯森指出:

也许除了和一个班最初少数的几次见面,课前的一个温暖而轻松的问候往往可以使大家感觉更好,无论一节课要重复多少次,也无论教师感觉有多累,他/她必须保证对教学材料的充分兴趣。否则,整个班级很快就会被(教师的)乏味所感染(1997:69)。

- 教师知道,他/她特质性的声音和行为可以有效激发学生的注意力、兴趣、动机和合作。尽管我们不是演员,我们却还是要呈现出一种可见的、自信的以及富有激情的风度并注意声音、举止、态度和方法的运用,以使学生专注于我们的教学内容和对话(见 Welch,引自 Thody 等人,2000)。这种热情并不是指一种过于夸张和兴奋的(hyped-up)一片欢呼"叫好"的状态,充斥着"有趣"、"很棒"、"很好"等词语,而是指我们努力传达对我们所教学科的兴趣,运用课堂讨论的互动使话题更生动,并与学生的已有经验相联系。显然,这不仅仅意味着说话、讲述和指导的能力。
- 教师运用积极多样的提问方法启发学生思考,检查学生的理解程度,并提高学生的思维品质和水平。这一问题稍后详细讨论(p. 150f)。
- 教师要把控既定课程的进度以及全班和个人的行为,因为这些会影响教学。这种把控可以确保教师对课堂的节奏和进展做出适时的调整以及处理任何不专心和破坏课堂的行为,并回到教学的中心上来。这种监督尽可能是以不知不觉的方式进行的(见之后的个案研究,p. 164f)。
- 教师应努力有意识地鼓励学生且乐于这么做,并给出经过深思熟虑的表扬和鼓励,尤其是反馈(p. 152f):
  ○ 保证描述性的而非概括性的鼓励与反馈,例如,"你用多种方法描述了盒子,所以你能清晰地知道它的样子"。教师详述了学生如何运用多种形容词,如颜色、形状、大小等。"桌子上那个红色的大盒子是空的……""这在你的诗里是一种生动的、细致的描述",而不是简单地说"好作品"、"很棒的作品"或"百分之九十是优秀作品"。
  ○ 运用"私下的"而非公开的表扬(公开的表扬会给年长的学生造成不必要的尴尬),也就是说,在学生做练习时悄悄地在旁边表扬他们。
  ○ 不仅要关注学生的努力与进步,还要注意学生的过失与错误;把过失与错误当作学生学习与收获的机会。关于鼓励的话题在本章的后面会有讨论(p. 152f)。

> 附注：约翰·哈蒂认为(2009)，教师效能与其"可信度"相关。学生知道哪些教师影响了他们的学习，促进了他们作为学习者的发展，而不仅仅是某一学科的知识(我们都记得那些教师，好教师凭借作为教师的能力建立信任，表现在：他们清晰地沟通、热情地交流活动意图或目的的方式；特定主题的知识与其为学生确定的整体目标关联的方式；以及不论是长期的还是课上给予学生的反馈)。(见约翰·哈蒂《可见的学习》，2009，伦敦：路特雷奇出版社)

一位同事简述了他在一堂十年级数学课上鼓励一名不愿意学习的学生的过程。

上学期一个周四的下午，十年级的数学课。这是紧张的一周，学生们都很劳累。正值期末数学考试即将到来的时刻。孩子们已经开始复习功课，但是他们依然有点不确定，到底哪些知识点会考到，哪些不会。

我把主题与章节参考书目要求列出时，米歇尔在听。当我列出第七章(三角函数)时，米歇尔大声呼喊："不，不要灯塔，我讨厌灯塔！"我带着学生继续复习，鼓励他们学习这个奇特的、"语言不同于英语"的被称为数学的科目，并希望在周五的第一节课再次讲解这部分内容。

米歇尔的话引发了我的自动反应——不再使用"灯塔比海平面高出多少"这样"老套的"问题呈现方式(这是她在数学上取得进步的绊脚石)，并且还要把这种类型的题目变成进入奇妙的数学之海的跳板(或者至少让她在考试时会做这种类型的题目)。

我制作了包含3—4个复习问题的讲义，准备在周五早上的课堂分发。最重要的问题是，这张纸上画着米歇尔的人物简笔画，她在冲着灯塔开炮，图画中同时标注着三角函数的细节以帮助学生计算出大炮的射程多远才能击毁灯塔(这是一个损坏的旧灯塔)。

第二天的结果很令人满意，也颇有成效。有人看到了命名为米歇尔的简笔画，稍后这个消息就传遍了全班，大家纷纷查看讲义上的第三个问题。米歇尔看到这个问题来问我："您是因为我昨天说的话而改编了这道题吗？"我肯定了这件事，开心的是，我在她脸上看到一种表情——"我很重要，我的老师仅仅为了我而解决这个问题。我最好满怀热情地面对这些灯塔问题。"现在，米歇尔拥有对三角函数问题的"所有权"

第四章　有效教学：基本理解与技能

并且尽其所能地努力学习数学,她克服了对"灯塔问题"的恐惧。

站在灯塔上教学,发射出光亮引领学生前行,穿越怀疑的危险礁石,帮助学生摆脱"我做不到"和"因为我不理解所以就讨厌数学"的心态,这就是我的工作。

- 要尽可能减少对分心和破坏性行为的管理,要集中注意力于核心任务:教与学。
- 涉及典型的扰乱课堂的行为,如迟到、大声喊叫、插嘴、上课时讲话、注意力不集中时,"宽松警惕"是一个很有用的策略。
- "宽松警惕"描述了教师在行为管理中的自信和对与学生合作的确定与坚定的期望。群体监督,通过不时的扫视和眼神接触(与全班同学和每个个体),是一种呈现"我知道你知道我在讲什么"的方式。
- 巡视(在课程任务期间)和走近学生甚至可以改变一些潜在的开小差和注意力不集中行为。巡视也可以使得教师掌控任务参与情况,进行个别指导,并给予反馈和鼓励。典型的是,我曾见过教师(特别是中学阶段)整堂课都坐在他们的椅子上,在课堂任务环节很少到学生中间走动。
- 当提到分心或扰乱行为时,我们:
    - 保持低水平干涉。记住"无为而无不为"的干预原则(p. 95f)。
    - 对破坏性行为的干预要简洁明了,并尽量使用积极语言(第三章)。
    - 记住,当(向学生)宣布严肃的的纪律要求时,教师的语调、方式和话语内容本身同样重要。
    - 关注"重要"的行为或"重要"的话题,可能的情况下,要避免被"次要"的话题或"次要"的行为所分心(p. 12f)。
    - (在可能的情况)纠正学生的行为后要留出接受时间(p. 98f)。
    - 运用指导性的"选择",而非威胁(p. 102f)。
    - 重新向学生强调班级共同达成的核心权利、责任与规则(p. 39f, 46)。
    - 在任何可能的情况下,私下对学生进行批评,如果不得不公开进行,就要以最少干预的、简短的、尊重的方式进行。
    - 精心制定适用于教室内和教室外的暂停—冷静计划。如果一名学生快速地将全班学生拖下水,那么教师就没有必要非得自己处理这种情况。在这一过程中同事支持与跟进都很重要。暂停—冷静的话题与运用会在第五章详细讨论。

- 在一些重要话题上，一对一地持续跟进学生。避免轻易地把纪律行为和管理等方面的问题转交给同事去处理，而是要善于借助他们的方法、他们友善的态度来帮助自己更好地实施跟进(p. 122f, 126f)。

• 课堂上存在许多(各种类型)潜在的扰乱现象，如迟到、大声喊叫、噪音、文具缺失，以及(希望很少)敌对和攻击性行为。教师要通过在班级管理议题上"未雨绸缪"(thinking preventatively)来解决潜在的扰乱问题(和可能的问题)。这些议题包括：

- 组织问题(从排队到排座位，到"没带笔"的学生)(第二章)。
- 学习材料以及在合适时间的分配和使用(以使学生不分心，尤其是在全班的教学时间)，班长或学习委员可以帮助我们，这样就避免太多的学生"(在教室内)来回走动……"

我注意到这个年轻的小伙子(八年级)没有在做作业。我还注意到他正在与他心仪的女生"眉目传情"。我问他(悄悄地，在一旁)："你在做什么？"他若有所思，回答道："我在思考关于爱情的内容。"

- 思考我们如何在一个特定的课程或主题中吸引学生的兴趣，以及我们如何通过案例、当前话题、提问的运用、具体实例或插图等激发学生的最低限度的动机水平(见 p. 164f)。
- 计划一节课的教学进度，并告知我们的学生。

○ 计划在课堂开始阶段我们如何应对典型的分心或扰乱行为,例如迟到、噪音,思考如何让班级安静下来,吸引并维持班级或小组的注意力;应对那些大喊大叫、插嘴或试图破坏课堂纪律的学生。这些计划和思考必须包括那些我们在谈到这些典型的或者可能的分心或扰乱行为时所涉及的事情(p. 97—106)。

○ 课堂任务阶段我们如何处理典型的扰乱行为。

我们需要问的关键问题是,"我如何才能防止或减少不必要的麻烦或问题……"。

在学年的开始阶段就要思考教学或管理中的预防性问题。正是这时,我们教导并监督学生执行规则、承担责任和遵守日常规范,包括排队、脱帽、关闭手机(或拿开)、不带 iPod;遵守关于去厕所和喝水(甚至嚼口香糖)的规定;控制噪音水平;在座位上坐好以及知道如何得到教师的合理协助;学会整理物品;保持教室整洁以及知道如何离开教室(第二章)(又见附录 A)。

在确定这些基本的常规和准则时,重要的一点是我们要与学生讨论为什么要有这些规则(一般来说,适用于所有人),同时也要试图增加一些跨越班级和年级的核心、通用的常规。

- 核心常规的同事计划。最重要的是,在同事支持的背景下,预防性问题能得到最好的探讨。同事支持可以确保,我们基本上是在正确的道路上(或者当前的最佳道路)。它还能够使核心常规与(教师的)言传身教保持一致,并确保实行"宽松警惕"。同事支持可以给我们道德支持,使我们认识到我们都在同一条战线上,有着共同的话题、忧虑和问题。我们有着共同的责任,而且重要的是我们都竭尽全力做到最好。同事也能给我们提供长期的专业支持,便于我们反思、评估甚至鉴定我们的日常教学。当然,这种鉴定需要建立在专业信任和专业信誉的基础上。有时,教学可能是一种"孤独的"职业。我们每天花大部分时间和孩子在一起;我们需要指导、鼓励学生和保证五六节课的工作量,一天天,一周周皆是如此。外行人并不理解这其中的压力有多大,甚至那些教育学术界的人有时也忘记了它是什么样的。同事支持能够满足我们的归属感以及作为一个专业团队工作的基本需求(见 Rogers, 2002a)。

几年前,我坐在一个巨大的报告厅听一位国际演讲者的报告。我坐在后面——分层的座位——可以看到下面几百位同事都来参加了。主持人介绍了演讲者。他有一个小时的时间进行主题演讲。然而,不到十分钟,他就"失去"了大部分人的关注。他犹豫了,神情慌张,他的可视化展示(讲演内容)——显示在大屏幕上——非常复杂,并且有时难以看清。由于呈现得太快听者不能记录,更不用说专注。我在评价这一切(甚至是"批判性地")——作为一名教师和作为一名"学生"。他的例子好像很深奥,但是彼此之间没有联系。他的声音听起来总是很单调,而且他几乎不笑,也很少扫视听众的眼睛(当然,扫视本可以让他从部分听众那里得到反馈)。他经常低头看笔记,没有高潮,没有小幽默的缓和。实际上,他没有和我们交流。我们也并没有真正听到他所感受到的东西,既不知道他对该话题的了解,也不知道他的话题对他和他的世界有何影响。我确定他的研究已经很充分了。他只是没有沟通,没有让他的世界与我们发生交集(对我们而言容易理解)。我感受到他的挣扎、他的焦虑,我感觉到他情绪上的痛苦。

我前面坐了两个同事(心理学家),他们开始互相写纸条,而且还发出笑声并说悄悄话(很大声——他们仿佛回到学校)。他们完全无视这个演讲者。

我俯下身去,低声说:"他在试着和我们交流。"他们压低声音回答道:"但是他简直无聊透顶!"我想,**作为一位教师**,对别人注意力的吸引是多么脆弱。

我能体会到他的紧张和焦虑,然而我也明白我的同事为什么那么做。

我们是在互动中教学的。

有效教学行为不仅仅是技巧;并不是说"掌握一堆技能就是一位有效的教师"。有效教学的技能是可以习得的,但这些技能还需要其他条件的支撑——热爱教学以及愿意与孩子和年轻人"打交道"。有效教学与适当地展现人性和感情并不矛盾。

有效教学是我们的规范的、专业的责任。

幽默、热情与友好关系

威廉·格拉塞曾说过,对"有趣"的需求是我们的一种基本需求(1992)。他这样说的意思是,课堂中的教师需要认识到在情感和认知方面保持积极性的重要性。也意味着,我们要试图在与学生的互动关系中传达出这种积极性。

所有年龄段的孩子都喜欢和那些有幽默感的教师一起学习,从有趣的话语到有趣的面部表情,滑稽的讽刺,适当的闹剧和自我幽默(如失态)。一个人并不是非得讲笑话(我对笑话的记忆很模糊)。妙语、机智的应答和恰当的措辞都能化解紧张,使疲倦的学生重新集中注意力并提起他们的精神。

我曾经见过这样的课堂：没有笑声、没有热情，甚至没有基本的乐趣。这里是令人沮丧的工作和学习场所。当然，学习不可能永远有趣。实际上，有时候，学习是一件苦差事。正是如此，在乏味的时刻，幽默给予我们这种感受，即"我们都在同一条船上，在大致相同的方向上前进"。共享的幽默肯定了我们人性的某些基本的东西。

几年前，我在一所高中的数学课上教"小数"。当我在班里走动时，我注意到一个小女孩在偷偷看隐藏在作业本下的《太阳报》。我走过去问她作业进展如何。"有意义吗？"她叹了口气说道，"太无聊，我们一直在做练习……"我分享了我在上学时如何与数学"斗争"的事情，又说道："做不喜欢的事情或者无聊的事情很令人讨厌。"

我问她是否能看一下她的作业。她只做了一点点。我在离开之前，注意了一下她已经完成的作业，随意地提到《太阳报》……"呃，太阳……"

她立马回答说："我没有看……"

我挑高眉毛，假装皱眉舒展，小声说道："如果是《卫报》或《独立报》的话，我不介意！"然后关于报纸，我给出了指导性的选择。她看起来很放松，我笑着走开了，并保证我还会转回来。

最近在和一名十一年级的学生谈话时，她说她非常喜欢数学，还说："真的很令人惊讶，因为我以前从来没有真正喜欢过数学……"进一步谈过之后，我发现造成这种改变的原因是她这学期的数学老师……是老师的影响。

最近，在一节十年级的历史课上，我注意到杰克在听音乐。当我在班里走动时（任务学习期间），我走过去，示意他把耳塞摘掉，"如果你关掉，会对你有帮助"。我又问他任务进行得如何。他淘气地咧着嘴笑，抬起头说："我故意戴上的……"我眨了一下眼睛，补充道："只要你不介意我'故意'把它们摘掉并拿走。"这是微笑的效应吗？我是否意识到他明白我知道他对"把戏"的了解？"待会见，杰克。"

当然，要与一个班级群体中不同个性的人建立和谐的人际关系和信任确实需要时间。我们与班级（集体）和个人打招呼的方式，我们在教学中分享我们的乐趣（甚至热情）的方式，我们试图与学生保持基本的尊重关系的方式（甚至在管理时），我们总是试图在必要的纪律之外以修复或重建的方式——放下不满和怨恨——每天都重新开始，这些都会传达我们的善意，也会扩展师生间的信任。

关于教师身份和权威的说明

当教师试图建立适当的道德权威和角色权威时,重要的是要认识到,这种权威是教师在建立(与学生的)关系的过程中树立和获得的。这种关系的本质在于教师所流露出的对所教内容的尊重、学识和热忱。权威也是教师通过对其管理和教学的从容和自信,以及对自我(和他人)易错性的坦然接纳来建立的。如罗伯森所说:

> 那些想要建立权威的教师应该表现得好像已经具备了权威。这并不像听起来的那么简单。凭借(特定的)"身份"教师拥有特定的权利去以一种不同于学生的方式行动并践行这些权利以增强其权威。这并不意味着他/她应该是专制的,而是说他/她的行为应该与他/她的"身份"保持一致。
>
> 如果教师的行为能够说明他/她的权威是合法的,那么学生不太可能质疑教师的权威。在第一次与新班级见面时这样做,对一位教师尤其重要(1997:10,11)。[2]

传递适当权威和"关系型权力"的一些重要方面

- 道德权威影响着角色权威。与一个人的权威相关联的权力也需要被理解为不仅仅是"凌驾"(over)于他人的权力。我们为了学生,也和学生一起使用我们的"权力";不仅仅是运用权力凌驾于学生之上。在这里,我是故意使用"凌驾"这个词的。我这一代的许多教师认为,他们有凌驾于学生的权力;他们的领导行为往往反映了他们的观念,尤其是关于惩罚措施的观念。当然,经过一段时间之后,我们也积极反思了对"权力"的理解和执行,以及我们的关系型/道德的权力如何在我们的领导力和与学生建立可行的、积极的关系的能力中"获得"。

  我们是否运用自己的领导力、经验和合法的角色权威去引导年轻人增强其自律和对他人权利的尊重?我们的领导力、管理、教学和纪律不仅仅旨在控制他人,还在于帮助他们控制自己,管理自己及其在学校里的学习和社交关系(p. 29f)。

  "关系型权力"而不只是"控制型权力"的运用,是确立并维持教师对学生的道德权威的重要因素。这与在学生做出扰乱、混乱,甚至危险行为时,教师进行果断处理以及控制的需要并不矛盾。

关系型权力部分是在教师第一次与学生见面时,通过互相尊重而确立并发展的。

- 在建立和维护这种权威时,教师:
  - 总是以核心权利与责任为出发点和落脚点(p.38f,41f)。
  - 让学生充分认识到上学、上这节课以及参与这项活动的积极意义。
  - 维持学生的注意力和动机水平,这是有效教学的一个关键因素。如果教师缺少吸引和维持注意力及对学科或学习表现出热情的能力,学生不太可能主动参与到任何有效的(或有意义的)学习中,更不用说以一种师生平等的方式参与了(又见 p.58f,70f,108f)。
  - 确保学习活动和任务的恰当性。这(显然)包括:通过有意识地考虑视觉(和听觉)的学习方式,以及资源如何在个人或集体的学习经验中被充分利用,照顾学生的能力差异。

    从根本上说,教师的权威需要建立在有效教学和行为领导力的基础上,而非基于强权或权威主义的管理方式的运用(这从长期来看也会失败)。

    精心准备的课程,清楚呈现和沟通的能力,充满热情并清晰地传授知识、信息和技能的能力,以及吸引学生注意力和兴趣的能力,对任何有效教学的概念都很重要。这种教学也包括发展与学生共同对话的能力,以及明确学习任务和活动,使学生有意义地参与到我们的教学中(见个案研究,p.164—169)。

- 学生通过感知一位教师的整体领导力行为就能很快对教师的权威进行评估。特定的语调、表情、眼神交流、扫视和姿势的特征都可以传达教师的情绪状态,而且可以传达该教师的信心或焦虑程度。与全班学生建立关系的早期阶段,教师典型的"行为集"(global set of behaviours)(口头的和非口头的)通常会得到学生的评估(Rogers,2006a,2011)。

  据称,学生通常喜欢那些老师,他们能维持秩序(并不是太严厉),公平(例如,平等对待,没有偏好),讲解清晰并给予帮助,上课有趣,而且"友好,有耐心"(Kyriacou,1986:139)。[3]

- 当运用我们的领导权和权威时,我们需要认识到,这依赖于与之相应的责任。在践行领导角色的过程中,教师的权威是通过互动而被认可和接受的。这种"互动"可以在学生通常如何回应我们的领导中看出。例如,当一位教师走到学生的课桌前,评论了学生桌上的一个玩具,然后给出一个指导性的选择

(p. 100f),"戴维,我希望你把玩具放进你的书包或者放到我的讲桌上,谢谢……",然后那名学生将玩具放进他的书包里,实际上,学生给予了老师权威,而教师在这时可以自信地执行。这是发生在关系型权威中的"互动"的本质。一位教师在关于玩具的"选择"中说出的话可能听起来像指导性的选择;而另一位教师说出来可能像挑战或威胁;有的教师说出来可能就像恳求。

当一位教师对全班说,"现在请看这里,注意听讲"(或其他引起全班同学注意的方法),大多数同学朝前看着——实际上也听着——这一事实表明了关系型互动的显著特征。通过师生间的互动,教师领导、引导、提醒、指导、引发(并给予)"选择",指出后果的权威,都建立在学生对这种权威认可的基础之上。这是教师权威中自然的——甚至是创造性的——张力。我们的领导行为引发的不仅仅是学生按照我们的指导行动。他们如何感知与我们的关系,尤其是在关系型的情境中,也会影响他们对我们的回应。

权威存在于关系之中,且在很大程度上是由学生给予的。所有人都认为应该有教学发生的情境,而且教师应被认可其角色扮演所需的权威。对教师而言,他们将不得不凭借教学质量获得权威,但是从一开始就以一种与其"地位"(rank)相称的方式,表现得好像已经拥有了权威是有帮助的。

当一个人以自信而有效的方式行动时,我们更容易相信,这种行为反映了他/她的知识与经验。在学校环境中,事实是,教师权威存在于与学生的关系中,但是他们的行为必须与此保持一致,并且显示出知识与经验,如此教师才可以"声称"(他们拥有)权威(罗伯森,1997:75)。

- 在重要问题上做好准备跟进学生,例如关心学生的学习或作业,关心其行为或以适当的进程帮助其渡过难关(p. 122f)。比如课外跟进时,教师不仅需要在行为问题处理和落实后果上表现出权威,也要表达对学生的关心。在跟进过程中,如果学生存在焦虑、紧张或敌意的话,教师也应该乐于改善或重建师生关系。

正如前面提到的,在任何一所学校,学生认可的教师权威都有较大差异。那些差异超越了年龄与性别。罗伯森(1997)、奇列库(1986)和罗杰斯(2006b,2011)的研究认为,有效教学和管理中体现的个人品质,而不是单纯的(教师)角色,决定了一个人关系型的和道德的权威。

然而,这可能如材料中所写的,听起来很明显,但我也曾经见过许多教师——在实践中——显然备课不足,没有找到符合学生理解力的可行的参与方式、兴趣和切入点，毫无热情地以一种无聊、无趣的方式教学，并很少给予学生鼓励和反馈，仍然期望或甚至要求他们的权威得到认可。

我们应该期望教师的个性和特征使他们有能力获得学生的尊重。这种能力不仅包括他们驾驭所教知识和让知识充满趣味的能力，而且包括他们对学生表现出尊重，对学生的所说所想具有真正的兴趣和好奇心，以及对学生个体表现出专业关心的品质。只有优秀教师和学生之间存在这种喜欢和尊重的双向通道时，学生才能在学校中茁壮成长（Kyriacou，1986：139）。

方言和口音——一个需要考虑的问题

英国存在一些非常独特的方言。有时，我还要非常努力地去理解一些英国口音中的每个单词。没有冒犯的意思——就像是理解一些澳洲人的语言一样，虽然《邻居》(*Neighbours*)已经在电视屏幕上播出很久了！有些教师的方言（或英语之外的语言），或者他们的英语口音有时给了孩子们嘲笑或取笑他们的机会。和我一起工作的教师，他们有时会因为被蓄意嘲讽而情绪低落，比如几名学生密谋肆无忌惮地嘲笑老师们的表达方式、措辞、口音，抑或过快的语速。清晰的沟通和表达是日常教学的重要方面。教师知道，他们的口音、典型的嗓音或英语发音可能——潜在地——影响着他们的教学和课堂管理，以下一些方法将会有所帮助。

- 提前与同事商量一下如果遇到类似问题发生要怎么应对。其中包括：提前思考如何回应学生的特定评论，以及如何自信地与学生谈起这个问题（即教师的方言和口音的问题）。
- 在第一节课的开始，简单地（且自信地）向学生解释一下："你们很快会注意到，我的英语口音有些与众不同。有时，我可能会偶尔读错单词，不过我在努力学习英语，提前感谢大家的理解和支持。"这可能会有所帮助。事先准备一个简短的"解释"，设想一下如何更好地（简短）解释，甚至是词汇的使用也要考虑。我看到一些来自越南、意大利、希腊、印度、黎巴嫩等国家的同事，在初识学生时就巧妙机智甚至幽默地与学生达成共识。欢迎学生（针对自己口音的问题）提问也会有所帮助。我自己的观点是，教师的解释应该充分。如果我们后续的教学是有效的，那么口音问题应该关系不大。
- 有时，如果我们认为课堂上我们的一些发音确实不清楚的话，那么重复某个词

（或短语）可能会有所帮助。
- 如果一名学生因为你的口音对你表现出不敬，简要、坚定，不带任何敌意地做出简单、肯定的解释就足够了。"我对你的发言并没有做出不公平或不尊重的（或贬低的）评论，我也不希望你对我的言论做出不公平的、不尊重的奚落。"这种陈述的语调需要是自信坚定并且冷静的。这不是威胁，而是一种声明——避免任何争论。在这种情况下，做出声明并继续讲课或进行活动就足够了。有时，甚至简单的机智应答也可能是适当的。但注意不要在你的应答中强化那种小气的、恶劣的评论。
- 如果一些学生坚持用恶意的话语扰乱课堂（语气或态度）："老师，我无法理解你。你讲得不够清楚。'yer'①的意思是什么？"（或者更难听的）那么就要使用短暂的隔离策略。我们不想使学生（对教师的口音）故意的误解成为一种随意的冒犯或"恶作剧"，或者由此导致任何的混乱。
- 对学生的任何辱骂性评论，教师要始终跟进(p. 122f)。如有必要，邀请一位资深的同事（在第一周的开始），召集相关学生进行一次"问责会议"(p. 280f)。

邀请和持续参与

学生需要清楚，教师期望他们参与到课堂中。在每节课的开始，教师需要提醒学生，整个学习过程需要他们的参与，而他们对课堂的贡献将会纳入测评成绩。例如，在一节关于莎士比亚的《哈姆雷特》的英语课上，学生们知道稍后他们将会被要求思考主要人物，如从"他与死去的父亲的关系"，或他所谓的"继父"，或"他的母亲"，或"奥菲利亚"(Ophelia)，或"他的情绪"（"虽然很疯狂，但是有方法"）的角度。留出一定的时间，然后要求学生分享："我们现在应该准备好了听你分析你对哈姆雷特处理……的思考。"在公开的分享中，应该给学生时间去形成并组织他们的观点（公共贡献）：

- "把这一话题（议题或问题）与你自己的经历联系起来。"
- "举出一个例子，或类比……"
- "用自己的话解释'它'（一个给定的概念）。"

---

① 是美国俚语，意思是你的，你们的。——译者注

第四章 有效教学：基本理解与技能

- "总结……"
- "假如一个人从没见过或听过……你将如何向他解释……"

然后,学生开始结对讨论这一问题,并准备稍后与同学分享。

教师通常会在课堂开始做一个声明:"你们需要认真听,你们可能会被要求去评论其他人的回答……""同学们,认真听,你们需要了解这个……""我想知道有没有人听说过这个?""这个问题有点难,所以……"

教师可以使用多种方法邀请学生参与进来,而不仅仅是简单地"当众"(public)提问与回答:

- 让所有学生把自己的答案写在卡片(或小白板)上,并举起来(这种"老式的"方法很有效,有利于小学或中学教师进行简单的"扫视以核对学生的答案")。不是所有学生都有课堂互动的笔记本电脑或平板电脑(至少我任教的学校是这样)。
- 学生可以在笔记本上回答问题,然后两两结对讨论分享答案,或者准备好参与全班讨论。
- 提出的问题可以在每天的日记中做出解答。
- 指导学生写一个简短的总结以回应老师为全班同学提出的问题,这可以强化任务重点,并避免注意力分散。

提问与有效教学

提问的目的是启发学生思考,巩固思维,分享观点或拓展思考。在全班教学和小组教学中可以采用多种方式进行提问。提问可以帮助教师检查学生的理解是否正确并澄清模糊不清的地方。提问也可以为教师提供明显的反馈。在这种方式下甚至可以运用反问。

- 重要的是,教师在课堂对话中不要有大篇幅讲话。我们也要避免提出有多个问题的话题,这经常会转移重点,甚至使学生产生疑惑,不知道关键议题、话题和焦点是什么。我看到过教师足足讲了 20 分钟,没有任何真正的学生参与。使学生在整节课堂讨论中都以任务为主导是有效教学的重要特征。我们需要调整和聚焦问题,结合先前的理解和当下的学习重点,然后扩展到目前的学习主题上。

在大部分学习任务中,明确任务(并使其可见),指出一节课理想的和积极的效果是很基本却至关重要的。一般而言,重要的是通过任何口头或书面的问题紧扣目标和任务重点。

- 一些重要问题最好写在黑板上或者工作表中,以确保不偏离学习活动的重点。
- 简短地延伸后再重新聚焦问题也可以让学生集中注意力。在活跃的课堂讨论中,在回应个别学生时,教师可以通过重新聚焦和重构问题来拓展他们的思维:"你说的是……对吗?"或者一个简单而积极的问题:"然后呢?接着说下去……"或者更简单的"还有吗……"、"那样更清楚"可以引导学生更加充分地组织或表述他们的答案和见解。
- (在可能的情况下)教师提出的问题(和同伴的问题)也应该联系学生已有的知识,以发展并扩展他们天生的好奇心。
- "我想让你们思考一下主要话题/特征/观点",整体提示过全班后,教师要指导全班同学分享或小组分享,然后邀请学生回答——"好的(……),我们已经准备好听听你的想法了……举起手,同学们,这样我可以看到谁愿意分享……"。
- 避免详细讨论任何一名学生的回答。
- 如果教师邀请学生到前面黑板上解答问题,至少也要指导其他学生(在座位上)同时去思考解决方法。然后,可以对不同答案进行比较。任何此种方法的使用都需要一个有凝聚力的班级环境,而且教师不能强迫任何一名学生在全班同学面前分享。
- 避免通过提问(作为一种惩罚手段)让学生难堪:"马克,你怎么看?""你在听吗……""那么,你知道我们实际上在讲什么吗?"

在小学阶段,现在许多教师的教学内容都会包括一个关于积极听课技能的教学单元,以此来增强学生在课堂讨论环节的注意力(见 McGrath 和 Francey,1993)。

深思熟虑的提问也可以增强所有学生积极的认知参与。当运用指导性提问时,教师也是在指导学生分享他们的思考;提问并不仅仅是为了判断学生的回答是否正确,也是为整个学习过程提供支持。

过度使用那种只有一个标准答案,或者只需要一个词就能回答的问题会限制学生思考或表达的有益发展:例如"谁能……""……是什么?""你最喜欢《哈利·波特》

第四章 有效教学:基本理解与技能

里面哪个角色……""谁能读一下这个词?"这种问题只会限制学生的思维拓展。

比较一下这些问题:

- "和你旁边的人分享一下哪个是你最喜欢的角色以及为什么。"这个"为什么"深化了思考,并拓展了学生的思维。
- "想想你自己在……关于希望或勇气的例子,写下主要观点……当你已经记下一些观点时,抬起头来看前面,这样我就知道你已经准备好,我们将以小组的形式进行分享……每个人都有思考的能力……"

提问时的"等待时间"

罗韦(1978,见 Cummings,1989)提出了一个有趣的术语,他称为"等待时间",这是指教师在对全班或个别学生提出一个概括性问题时,给出一些时间(等待时间)来准备,而不是简单的"……是什么"(期待一个正确或错误的答案,虽然有时这些问题确实有一席之地……)。教师更加周到地架构问题:"思考……之间的差异,当你考虑好回答时请举手。现在花些时间想想,'怎么样','是什么','在哪里','如果……会怎样'……"然后教师扫视学生,给出一些"等待时间"。

根据罗韦的观点,"等待时间"的创造性运用可以:

- 增加学生给出的答案的长度;
- 引起更多学生回答问题;
- 增强回答问题的信心;
- 使"思维稍慢"的学生有更多机会回答;
- 对课堂行为产生一种普遍的更积极的影响。

> 附注:根据卡明斯的研究(1989),当教师认为一个学生是"聪明的"时,就会给他/她更多的鼓励性的非言语的反馈(如微笑和点头)以及更多的回答问题的机会。显然,当教师回应低成就学生时,他们对低成就的认知会影响他们与那些学生的互动方式。

> 这是一种行为模式，与通常所说的"期望效应"相关（参见 Rosenthal 和 Jacobsen，1968；又见 Robertson，1997；McInerney 和 McInerney，1998 及 Rogers，2011）。

运用鼓励

几年前，在九年级的图形课上，我和同事用流行的大哥特体、小型插图和围绕着大写字母的装饰图案来教授书法。学生的课程任务进展良好，作品非常具有吸引力。此时正值作品完成的最后阶段。

我和一个小伙子讨论他的字母的形状和颜色。"那么，你是如何在青铜色和古蓝色的背景下得到这种涡卷形的画卷效果？"我真的很感兴趣。他热情地分享了这幅作品的起草和设计过程。我从头到尾没有说过他的作品"很棒"、"很完美"或者"很好"，但是我们确实讨论了他的书法、他的设计和最后的效果。总之，我是想让他知道，我已经注意到他的努力，他现在作为一个学习者和艺术家的历程。我和我的同事将这称为"对话式鼓励"。

当我要离开时，一位小伙子（刚刚一定在听）叫住我，说道："嗨，罗杰斯老师，您可以也看一下我的作品吗？"

学生重视鼓励和反馈。当他们确信我们认可了他们的工作和努力时，他们会从中受益。反馈也可以明晰学生的思考和其作品的方向。它有助于弥补不足，拓展思维，甚至只是让学生意识到那是他们自己的作品。

在持续不断的学习过程中，获得一些成功的体验对孩子们来说是很重要的。作为教师，鼓励是一种主要的教育方式，可以让学生知道他们做得怎么样，以及他们的优势和进一步发展的空间在哪里。

"鼓励"对我们的情绪和思考都有影响；因为当我们因鼓励和反馈而心情好时，通常会进而认为自己还可以做得更好。当我们面临挑战性问题时，发展新技能时，努力理解知识的含义时，这一点尤其重要。

鼓励使人自信。相反，当教师批评和否定孩子的努力时，就会引发沮丧（毫无疑问，我们都记得自己的学生时代……）。

举一个普通的例子，教师评价孩子的写作……

"确实,你在这里使用了一些比较有趣的形容词,但是你的写作很混乱。你为什么不能写得更整洁一点……"当我们进行鼓励时,我们没有必要添加负面的警告。"好吧,你已经画出了切割木头的这条线,但是你并没有正确地握锯。我告诉过你多少次了?难怪你把木头锯弯……""不对,不是这样做!来来来(深深地叹了一口气),这才是正确的方式。"(我已经记不清有多少次听到老师这么说了。)

"不对,第二(deuxième)不是你所读的那样……"

很有可能,学生只听到并记住了后面的话,尤其是那些对自己的写作能力、使用锯的方法(木工或技能课)或者学习法语的能力并不是太有信心的孩子……

我记得,在一堂木工课上(作为一个学生时),我的老师说:"如果你把你的食指放在锯柄上,就有助于稳定它,它就不会晃动。需要我演示给你看吗?"他总是鼓励我,从来不会说:"不,不是你做的那样!"或者"我刚说了什么,你没听到吗?"他从来不会瞧不起我或批评我;他耐心地帮我专注于我当前的技能水平。他通过提问帮助我重新集中注意力,"你是否注意到你是如何拿锯的……"。如果我使用特定工具的方式不正确或起不到任何作用,他也会加一句:"你介意我给你演示……吗?"然后加一句:"你现在注意到……吗?"他试图集中我的注意力并进行指导。这让我对自己的能力和技能发展充满信心。我把我在使用木工工具方面的信心归功于这位老师。

虽然,我们也需要帮助学生面对错误,但我们可以建设性地做这件事,而不要过于关注孩子的挣扎、失败或过去。

- "现在,你确实已经掌握了如何计算小数乘以分数。最后几个问题稍微有些棘手;我明白做到这个可能更加困难。让我们回去再看看……"
- "迈克,用削尖的铅笔,你可以更准确地标出量角器的数字。"
- "肖恩,你画图表的方式让我更容易看出其中的步骤……尤其是对那些不是科学教师的人……"(我曾在指导一位同事的科学课时这样对学生说)
- "你仔细标注图表的方式让这个过程的每一步都非常清楚……"
- "爱丽丝,记住这周的单词是有些困难的,但你已经在这一话题的写作中努力地使用它们(和它们的意义)了……"
- "艾哈迈德,你用了些非常有趣的形容词;你居然能够用这么多方式去形容那个盒子!"(这是我们在讨论关于尺寸、形状、颜色等的形容词时给学生的评语)

当学生拒绝我们的鼓励

如果一名学生拒绝(或似乎是拒绝)我们的反馈/鼓励,例如,学生这样说,"无论如何,我认为这(我的作品)是垃圾",对可能博取注意的行为进行过度关注是无益的。"哦,太好了,你的作品很好,我是真的这样认为。请不要说你的作品是垃圾……""我真的这样认为。"然后(在这时)走开,去和其他学生讨论,这就已经足够。我也见过这样的学生,他们把手放在作品上盖着说:"不,你不能看我的作品,它很糟糕。"我没有过度关注他们吸引注意的行为,而是给出了同样的回答。我最终会看到他们的作品。

我还听过一些教师这么说,"你是我教过的最好的学生……","你在……方面是最棒的","这真是一幅精彩的画……"这样的赞美将重点放在了孩子"有多好"或"在某方面如何好"上面。当这些评论被其他孩子听到时,它会滋生怨恨和不必要的比较(如当众朗读最好的文章或展示最好的艺术品……)。在这种意义上,赞美实际上可以操纵学生的自我感觉和自我意识。"你是一个好男孩/女孩……(或因为)……"正如吉诺特(1972)在他关于表扬和鼓励的著作中所指出的,支持性表扬承认和肯定了学生的努力,让学生开始理解和客观地评价自己的作品/行为。这样的表扬鼓励和激励着学生不断进步,而不是对他们作价值判断;教师不是学生作品唯一的检验者。

积极的教学风格

鼓励最基本的表达方式或形式是教师积极的肢体语言:鼓舞人心的和平易近人的态度、语调和笑容仿佛在说"你能做到";"坚持下去";"你很用功";"你做的很好";"这(项内容)很难,但是你在尝试,我可以看到(你的努力……)";"拿出你最好的状态";"我相信你会做出一个负责任的决定"。

甚至诸如我们如何进入学生的个人空间并提出看他们的作业;记住使用他们的名字;对他们正在做的事情给予特别的关注,并对其作品和付出的努力给予简短的反馈;当他们正与困难概念作斗争时,表示同情;重新讲解(如果有需要的话可讲解多次),这些"细节"都是表达鼓励的方式。

我曾经和这样的老师一起工作,他们进入学生的工作空间(同时也是他们的个人空间),拿起学生的练习册(未征求同意),然后开始评论学生的作业:"我让你做的是这个吗?"我也见到过教师无视学生的作品,(食指用力地)翻开书:"……我让你留的空白呢,嗯?"实际上我也听过一些教师问道:"好吧,我应该征得同意才能看学生的作业吗?"回答当然是"是的"。这是他们的作品。当我们与学生一起聊天、进行个别指导、给予反馈或提供帮助(在任务学习期间)时,我们会问:"你介意我看一下你的作业吗?做得怎么样了……"当一位教师(以积极的语气)说这些时,他/她就是在示范基本的礼貌;这不仅仅是为了征得同意。

一种积极的、令人鼓舞的方式有助于形成更加积极的学习氛围,并且可以帮助我们与学生维持长期的积极关系。

当学生经常听到"你永远不会……"、"你总是……"、"到现在你还不理解……"及可怕的"你是笨蛋还是什么……"时,他们很可能会降低学习积极性和感到气馁。虽然教师像这样对学生说话听起来令人难以置信,但是一些教师确实这样做了。希望他们不是有意的。和这些教师相反,有些老师会多次讲解一个困难的数学问题解决过程(如果必要的话),向学生保证:"是的,理解这个概念会花费时间,这并不容易,但是我们会解决。我以前也觉得正整数和负整数很难……"

如德雷克斯等人(1982)提出的,鼓励(encouragement)和打击(discouragement)都包含勇气(courage)。给孩子一些基本的"勇气"部分在于我们如何与学生相处,部分在于我们所用的语言。甚至作为一名持续的成人学习者,我注意到,往往是教师对待我的方式以及非评判式的反馈,促进我的学习,增强我的动力,甚至让我确信错误和误解并不意味着我是一个失败者;我能够做到……

在我做全职教师时,我开始(并完成了)一些研究生课程的学习。这是漫长而艰难的过程,我(有时)怀疑这是否值得。在我所修的研究课程中,我需要学一些统计方面的知识。我的第一位老师举止有些随意。他似乎没有意识到我们(他的成人学生)整天都忙于教学、忙于奔波,在傍晚赶到大学进一步追求知识、扩展思维和提升职业素养。他的教学风格是高期望(期望我们全都知道二次方程、正交比较等)和低容忍,无法容忍挣扎、困惑。他无声地叹息,眼睛看着天花板,对我们在"明显的"和"简单的"问题上的挫折表示失望,这都让我们感觉到自己是能力不足的学习者。这些都让我回到了从前的高中时代,一位我不喜欢的老师似乎总是漫不经心,不关心我们和我们的感受……

我的第二位"教师"是一位教授。我们(作为成人学习者)进入大学课堂的第一天,布瑞恩(Brian)与我们逐个打招呼,当我们坐下后,他说:"大家好,欢迎你们。我知道经过漫长而忙碌的一天,你们(教五年级或八年级)很可能已经疲倦了……你们可以看到,我准备了一些茶、咖啡、热水和水杯。我希望你们端一杯茶,重整旗鼓,静下心来,然后我会解释这门课程,以及这一单元我们的学习方式和我们要一起解决的问题类型。"我们所有人立即感觉好多了(是这杯茶的功效)。我们觉得自己很有可能完成这个并不太容易的科目的学习。

布瑞恩一直都认真地解释统计概念，必要时会采用多种不同的方式讲解。他会运用视觉可见的例子和那些与我们的工作相联系的例子。他鼓励我们参与到小组工作中并互相帮助。他总是解决并回答我们提出的（有时）简单的或者"愚蠢的"问题。他总是愿意在课下交谈，帮助我们修正自己的错误理解。他总是对我们的作业提出描述性的反馈（而不是仅仅给个"18/20，做得好"，"5/10，必须做得更好"）。我喜欢上布瑞恩的课（尽管数学从来都不是我的专长）。我甚至以很好的分数通过了考试。考试结束后，他给我（也给所有人）写了一份个人评价。

从布瑞恩身上，除了统计，我学到了很多东西。他提醒我如何成为一位有效的、支持性的教师。

作为教师，我们很容易习惯于消极行为；习惯于容易注意并过度关注学生在教师讲话时的分心行为，如小动作和窃窃私语；习惯于解决迟到、吵闹、作业拖沓等问题……虽然我们不得不管理并纠正学生的分心和扰乱行为，但我们也需要平衡惩罚与鼓励之间的关系，这应该成为我们教学实践中的一条准则。我也听说过一些教师说出可笑荒唐的评论（对工作中令人鼓舞的积极行为和努力）："嗯，无论如何，他们应该这么做！"

平衡惩罚和鼓励之间的关系非常重要，这和当学生做练习时教师在教室中边走动边对学生的表现表示认可（微笑、点头、OK的手势）一样重要；此外，正如教师应该对学生的作业予以特别的关注并给出描述性的反馈和赞扬，教师的鼓励也应如此。

有时只需要几句贴切的话就足够了，如学生当着其同伴的面回答了一个问题时，老师说，"这是一个值得深思的问题和一个有趣的观察视角"，而不是说，"不，这不是正确答案"。如果学生的作业或回答错了，简单地指出，"……不正确，但是你尝试了……"就足够了。我们不需要传达出学生是愚蠢的和不会学习的信息。

这里是好的鼓励方式的重要特征：

- 除了更真诚的表达，教师还要意识到一些细微的鼓励方式：一个肯定的微笑会使你的鼓励更加有人情味儿，同时也能消除学生的疑虑；简短的任务检查，如"做得怎么样了？""做到哪里了？""这个是怎么来的呢？""你有没有考虑过？""我可以提建议吗？""如果……可能会有帮助。"

当教师注意到一名学生的作业没有留空白和写日期，不是去质问为什么没有这样做,而是询问是否可以看一下作业。看过之后教师给出了一些反馈。当教师把本子转过来递给学生看时,她并没有说话,而是把手指向页面的左边暗示学生记住留空白,然后指向页面的右上方,好像在告诉他要记住标日期。教师眨眨眼睛,学生回之以笑。教师的任务就完成了。微小的动作,但却极为重要。

158
- 如前所述,在给出口头或书面的鼓励和反馈时,如果我们给孩子(从其作品到行为)以描述性的评论而非仅仅是整体的表扬或否定,这会有所帮助(p. 163f)。"桌子看起来很整洁,很有条理,史蒂芬(Stephen)……一面放书籍,另一面放书面材料,这样的话东西更容易找。"这位教师专注于孩子的努力(以及他的行为)。教师描述的是学生所做的事情:"……是一件好事(或一个深思熟虑的行为,或是需要合作才能完成的,或是考虑周到的)。"描述性的反馈需要稍微长一些的时间,但是它承认并肯定了学生的努力和努力的方向。这也维护了学生的自尊,因为我们对他们的想法和努力表示了赞赏。

    这种方法也可以用在学生的学业中。在学生的作业中写上"做得好"、"伟大的作品"、"了不起"或"优秀的作品(在满分为10分的考试中得了9分)",这当然会给孩子鼓励,但是这并没有说明哪里"伟大"、"了不起"或"优秀(以及为什么)。把这些评价和以下的评论比较,像"你用来描写荒野的凄凉和与世隔绝的词语……我能感受到主人公……时的感觉"。这位教师加了几句话描述何为"好作品";更重要的是,教师也肯定了学生的努力。学生也能看到他们被教师所认可的优势在哪里。

    也可以指出学生的错误和不足:"记得检查你的单词拼写……"用规定的符号标记突出(作业本上)那些要检查的空白、表格、拼写甚至是语法会有所帮助。这避免了学生的作业满篇都是混乱的红色标记。避免判断式的提醒,"别忘记日期……(空白,图表)"或者"你到现在应该知道如何拼写'因为'(because)"。批改学生的作业时,"记得……"是一种更加具有协作性的提醒。

> 附注:约翰·哈蒂和海伦·廷伯利(2007:81)认为,教学反馈"是学生表现的一种结果"。为了有效,"反馈需要提供信息,尤其是与学习任务和过程相关的信息,这可以填补已知和未知之间的差距"(p. 82)。

> 哈蒂也提出外在的、有形的奖励与学习表现之间存在负相关关系(p.84)。
>
> 与反馈相关的一些重要问题是：我要去到哪里？（目标是什么？）我如何去？（为了达到目标，选择什么路径？）下一步去哪儿？（为了取得更好的进展，我应该采取哪些行动？）
>
> 教师的反馈应该"针对学生适当的水平"，这也很重要(p.86)。在这个意义上，"当学生相信自己能够达到时"，目标可能会更加有效(p.89)。

- 在鼓励学生时，承认其学习过程中的努力、奋斗和进步（尤其是当学生抱怨"……太难了"的时候）会有所帮助："是的，把黏土滚成扁平状确实有点困难……""我也花费了很长时间来理解一些法语单词的重音……可不只是'一些'单词！哎！""我记得你过去在这上面花费了多少心血！看，你已经进步这么多了！"在这种意义上，鼓励可以在学生"失败"或"做错"时给予他们情感上的安慰，并让他们看到自己已经付出的努力。相反，如果我们轻易地、经常性地为学生做一些他们自己能够做到的事情，如"给我剪刀……我展示给你看"，将不会有任何帮助。与此相比，这样说可能会更有帮助："这个形状很难剪，我可以给你展示一下如何更简单吗？""如果你不喜欢这种方式……你认为怎么做才会使你感到高兴/更开心/更满意呢？"确实，有些学生似乎会拒绝甚至是善意的鼓励。如果一个孩子要拒绝我们的反馈，那就满足这种拒绝，让其相信我们的鼓励是善意的，然后顺其自然(p.154f)。

  当我们运用反馈来帮助一名经常犯错误或者具有不良行为的学生，开始进行一对一的反馈时，这样评论可能会有帮助："你有没有注意到……？""你知道……吗？""你听见自己说……吗？""你是否意识到……"以及"当……时，你感觉如何？"这些开场白可以引出对学生学习或行为的具体的、支持性的、反馈性的评论。小学教师经常运用学生的家庭—学校日志(home-school diary)给予鼓励：

戴维，祝贺你在拼写方面取得的进步。这个单词表不简单，我看到你真的在努力；7/10 的分数表明你的进步和努力；你确实在尝试。你知道吗？当我像你这么大时，我也觉得拼写有些难。祝福你！

史密斯先生

卡尔，我注意到你在艺术课上与泰勒分享你的彩色铅笔。这是一个关心他人的行为，泰勒也一定感受到了你的关心（这也让我不用去找备用铅笔）。谢谢你的合作。

乔伊斯女士

这种简短的评论表明，教师不仅要认可学生还要给予学生一些描述性反馈和鼓励。经常发生的是，家长也会看到这些评语，而他们经常会给予"二次鼓励"。

因为任何评论回家都会被父母看到（日记、笔记、信件、证书），所以它们作为鼓励的价值，主要取决于给予者（教师）和接收者（学生）之间关系的质量。

- 避免轻易抬高（qualifying）甚至贬损鼓励或反馈。如果我们注意到一名学生不用提醒就认真地把垃圾扔到垃圾桶，这时候说"戴维，这很好，让清洁工的工作更加容易"，已经足够。我们不需要添加："如果你经常那样做，我们就会有一个更加清洁的教室。"如果一名学生书写工整（一反常态？——谁知道他可能是正准备做出改变），他不需要听到的是："为什么你不能总是这样做？"以"永不"、"但是……"、"为什么"、"假如"或"总是"开头或包括这些词汇的评论，如"你永远都完不成作业"、"你总是在课堂上大喊大叫"以及"……要是你能……"，也非常令人沮丧。

另外，当评阅一名学生的作业时，我们需要注意的是这是他们的作业（避免在整页上胡乱写评论或反馈）。谨慎地批阅表明你关心学生已经完成的作业。细心、经过深思熟虑的批注（简短地在边上或末尾标注，而非打大叉号/对号）可以在指出错误的同时对学生的努力表示尊重。他们的努力也是我们需要肯定并作为（进步的）基础的。

"你今天终于完成了几乎所有的数学作业。那么，为什么你不能永远像这样呢？"或者教师直接在到处都是错误的数学作业本上打上叉号，然后对学生说："你没有专心，对不对？"或者说："你没有真正的努力，对吧？看你错了多少题！""除非你专心点……"尽管这样说是对的（而且是个和善的老师），但如果一个孩子经常听到这些，也不会有好处……教师如果经常在表扬学生之后立刻又附加以警告，就会实际上取消原来的赞美。

鼓励的目的在于启发并肯定一名学生对于自己作品或行为的自我认知、有意义的理解甚至是"评价"。孩子们知道我们的反馈和鼓励何时是真诚的。

如德雷克斯等人提出的,"孩子们是敏锐的观察者,他们知道谁是真诚的,谁不是。当任何人试图假装某种姿态时,大多数孩子都会感觉到并憎恨或嘲笑它"(1982:93)。

我的朋友兼同事约翰·罗伯森(John Robertson)区分了积极的(qualified)和消极的(unqualified)赞赏。他以一对情侣或夫妻"愉快"地享受一顿特别的晚餐为例。如果回应是这样的"……太好吃了;非常可口……看,如果你真正尝试的话,你就能做到这些。现在如果你也能让厨房更整洁一些……"(Rogers, 2002b:35)。

我想为约翰的例子做些补充……如果我们的伴侣/配偶在"合格的"评价末尾加一个傲慢的"嗯?"的问题,我们会有何感受。

- 年龄较大的学生(小学高年级及以上)倾向于对公开的(尤其是针对"学习上的努力")表扬感到不自在。他们更愿意接受周围没有同伴的简短而积极的话语。

(几年前)我曾在学校遇到一个有情绪和行为障碍的八年级学生,我试着去鼓励这个年轻小伙子在课堂上用稍微小的声音讲话。我与他一起制定了一项以"同伴声音"为重点的个人行为计划。我画了一幅他在课桌前写作业时用比较小的声音说话的卡通画。我给了他一张明信片大小的计划书以作为提醒,我自己有一份复印件,他的正式教师也有一份。

在上课的很多时候,我注意到他在努力试着用同伴声音说话。我悄悄地示意他来到讲台前。在这里——远离他的同学们——我轻声给了他一些反馈。"艾哈迈德,我注意到你有意识地使用同伴声音,这让每个人都感觉更加舒适……你的老师和我。你一直记着你的计划,老朋友。"

我在我手里的这份计划书上画上对钩(后来在他的上面也画了)。有时,我只是注意到他,然后给他一个小的 OK 手势。当他忘记他的计划时,我会私下里给他一个暗示提醒他小声:拇指和食指稍微远一些表示一段小距离(像以前一样),即"同伴声音"的距离。

许多教师也用激励手段如贴纸、印章、航海图、"自由活动时间"、奖状,甚至代币券(如果在小学的游戏场地上发现学生表现良好或积极配合,就奖励给他们),这些代币券可以用来兑换冰激凌,等等。

无论教师使用何种激励手段，重要的一点是：我们惯常的教学实践包括给予支持性的、描述性的反馈和鼓励的原则，这些原则针对学生的努力、善意、贡献及认真的合作行为。即使他们本应该这么做。像我们一样，学生寻求肯定和认可并从中获益。

162　奖励

"如果我执行这个计划，我会得到什么？"

我在和一名9岁的学生（诊断为多动症）执行一项个人行为计划。他在学习时间明显地不在状态，而且在课堂上经常干扰其他学生。我们讨论了他如何能够停止喊叫，在座位上摇摆，随意走动，作业拖延……更重要的是，我们讨论了一些关于他该怎么做才能有助于改进他的学习和人际关系（许多学生都受够了他在课堂上的扰乱行为……）。

他似乎对我们一起推进的计划很有兴趣，它起作用了。我会画一些小卡通画，并以这样的话开场："为了帮助我的课堂学习，我的计划是：……（我们讨论的具体技巧，会在一对一的行为支持单元中得到练习……p. 228f）。"

然后他看着我说，"那如果我这样做，我会得到什么？"

"你是什么意思？"我问。他很快就明确表示他希望得到某种奖励（玩电脑游戏/平板电脑游戏的"特殊时间"，等等）。

奖励问题一直困扰着许多教师。我们是否应该给予特殊"待遇"、"奖励"、"贿赂"（有时候就是如此）？如果表现良好你就会得到这些……至少，这是一些孩子的理解方式。其他孩子看到有的孩子行为乖张却经常得到"一周之星"（这似乎很容易）或从校长那里得到特权（例如被派去拿一些好吃的），自然会生气。

我对这个小男孩说："你所得到的是在学习中竭尽全力、努力尝试以及与班上所有人一起协作的'感觉'（我指着我的头和心）。这个计划向你自己，还有我们（你的同学、老师以及你的妈妈）展示了你是认真的。"

班级老师每天和他一起执行计划，在他的提醒表上有一个专门打钩的地方，用来确认他记住了计划的哪些内容，也有贴纸突出显示渐增的对钩。最重要的是，他的班级教师用描述性鼓励和反馈增强学生的自尊心和自信心(p.158f)。

如果我们运用奖励(尤其是有形的/食物奖励),我们不仅应该讨论如何做,还要讨论为什么这样做(在小学或初中)。一些学校已经制定了非常详细的奖励或认可/肯定制度。我曾经见过一所学校(初中)为出勤率/努力/参与/合作而设的"奖励"……涉及分等级的体系:金/银/铜,学生可以在当地商店、企业,甚至健身房使用这些奖励。听起来很复杂,但是它至少有这样的优点:对所有人开放,并为学生所重视。

一些教师会利用全班的庆祝活动(而不是个别的奖励)来认可学生的努力和投入。一次特殊的下午茶、棋盘游戏、看DVD……对于年龄稍小的学生,教师会让一个正在执行行为计划的孩子在周五那天走到教室前面,戳破三个彩色气球中的一个以揭示那个气球里面的全班庆祝活动名称(写在小卡片上)。

动机

孩子们像成人一样被一系列因素所激励:来自父母、同伴以及教师的认可,尽管有时也会被家长的不合理要求所推动……有时,动机与奖励、公众的认可以及在某项技能活动或运动中获得的成功联系在一起。我们也希望我们的学生能够在外在动机和内在动机的平衡中学会自我激励。我们试图通过这种方式加强学生的自我概念,以使他们不依赖于外在的认可或奖励。

行动往往源自个人利益和个人所得,这是人之常情。这并不一定是自私。我们的学生需要学会平衡个人利益与合作甚至利他之间的关系。

学生需要知道,在某种意义上,无私的行为本身就是一种"奖赏",且存在更广泛的社会利益,我们的合作和利他行为会让我们发现自身最好的一面。

赞美(过与不及)

可以理解的是,教师们会说:"为什么我们应该奖励那些学生,他们只是偶尔做到了其他学生在作业/行为方面正常就能做到的?"

问题是我们所说的"作为一种奖励的表扬"是指什么。一些教师过分赞美,大声说出"太好了",好像学生写了一个多么令人惊异的或者"才华横溢"的句子。

我们不会对那些坚持努力做好作业并与其他同学合作的学生给予赞美。那么,我们为什么"需要"对那些挣扎努力的孩子说呢？

对于那些有特殊需要或在过去很少努力的学生，当教师对其过分赞扬并给予额外奖励（特殊的玩电脑游戏的"自由时间"）时……一些学生自然会感到不满。

希望我们的鼓励可以规范地给予所有人。

个案研究

他被告知这是一个非常棘手的班级——一个八年级的英语"差等"（low-stream）班（学生主要是男孩子）。这位教师个人更喜欢混合能力的教学，但是能力分层是学校现在的政策。他决定帮助这些学生超越他们的"标签"，不让自己对混合能力教学的观点影响自己积极管理新班级的愿望。

他花了几次课的时间与班级的学生，尤其是几名有学习需要和捣乱行为的学生初步建立起了积极的工作关系。

班级中的大多数扰乱行为都是轻微的，尽管有时令人讨厌和沮丧，但很微小。例如，当学生进入教室时会出现普遍的喋喋不休和躁动不安的现象。在走廊里和他们打完招呼，他发现集体进入到平静和安定的状态。现在他站在门口迎接他们进来。然而，他并没有和学生聊天，或谈论稍后在学习任务期间要解决的问题（如果必要的话）。他微笑着打招呼，并表扬学生，然后招呼他们坐到座位上。

他站在教室前面扫视学生，刻意等待他们坐好。当全班安静下来，他示意学生集中注意力（p. 58f, 70f, 108f）。有时，他需要稍微提高嗓音，然后随着班级安静下来，他再降低声音。他把学生们看作一个集体，感谢并欢迎他们，然后开始新的课程。他从来不会通过大声训斥让学生安静下来。他们喜欢这样（一些学生告诉过我）。

今天是一节复习课，是关于标点符号的。他知道，学生可能会认为这是"学过的内容"，甚至是"小儿科"，但是这是复习要求的一部分。他让学生讨论关于自行车、轮胎被刺破和修理包，并以此开始这堂课。

他用轮胎被刺破的修理工具进行类比，把"轮胎穿孔"（puncture）和"标点符号"（punctuation）联系起来了。

"你们中有多少人还骑自行车？请举起手。""你骑什么样的自行车？"一些学生兴奋地叫出来；有些是故意地叫出来。他提醒他们注意规则："记住我们课堂讨论的规则（见附录A）……谢谢。"

在分享的过程中，一名学生评论说："加文的自行车是一辆该死的自行车。"

大家都听到了,窃笑环绕着教室。老师顺着声音传来的方向(他并不确定是谁说的)说道:"这不是一个有益的评论(即使是真的)。"事实上,他的语气是轻松的,并继续上课。

> 附注:如果一名学生做了不恰当的评论,或者问了不恰当的问题,我们需要简短、清晰、直接地关注预期的行为:
>
> "这不是一个合适的问题……"
>
> "这是一个令人不快的评论……"
>
> "当你说一些事情如……(简要而明确)的时候,显示了你的无礼、不尊重……(简要而明确)……"
>
> "这是一个不必要的评论……"
>
> 当我们与学生关系良好时,可以这样评论:"好了杰森(……)!你可以表现得更好。"这是针对"轻微的"轻率、无礼或炫耀的言论所说的。我们也不需要增加修饰语,例如:"……是吗?"这会带来不必要的介入。
>
> "我们已经有关于尊重的规则了——请遵守它。"(参见 p.99)

"你们多少人曾经遇到过轮胎被刺破的情况?"一些人举手了。他们对这个问题很感兴趣;谁都不想自己的车胎被刺破。几个学生喊了出来。教师再一次(简短地)提醒他们注意规则。扫视大家的面孔后,他补充道:"所有同学都公平地拥有回答的机会……"他继续进行着讨论;他再次聚焦……

"杰西塔(……),"他点头并对她微笑,"告诉我们你记忆中最糟糕的轮胎被刺破的经历。"一些学生笑了。她详细叙述了她的故事。当其他人分享观点时,他并不过分关注某个学生的回答或观点,甚至当他听某个学生的回答时,他继续时不时地扫视班上的学生(进行短暂的眼神交流)。一名学生迟到了,做了个小手势。教师悄悄地示意他进来,指出他迟到了,然后让他坐到座位上(p.30f,110f)。他继续上课了。

他进行了类比,从轮胎被刺破(一个洞,或几个洞,像杰西塔的轮胎被刺破)到一堆标点符号:逗号、句号、问号、引号(表明哪里是直接引用)、感叹号,甚至是大写字母。他张贴了一张附有十几句话的大海报。这是一篇用第一人称写的关于"我的第

第四章 有效教学:基本理解与技能

一辆自行车"的文章,但是没有标点符号,所以非常难读,简直是一堆单词叠在一起。他请几位学生来读。自然,他们发现这很难读。老师也读了一些,承认没有标点符号的"一堆词……"很难读。(在读的时候)当文章中的一层意思与另一层意思混在一起时,学生总会发出笑声,因为从文本里释放出的是混乱的信息。显然,尽管(像我一样)他必须多次讲授标点符号,但他享受其中。他意识到每节课都是一节新的课。他尽最大努力(即使在糟糕的一天)做好。他不会夸大也不会过分热情,但他与学生保持一种轻松、积极、愉快的和谐关系,这能够引发学生的兴趣并维持他们的积极性,他甚至能够使学生在大部分的时间都满怀热情。

他注意到杰森重重地倚靠在座位上,发出了声响。他意识到这可能只是无意的不安分。

他给出了非言语的提示,然后继续上课。他注意到几名学生在嚼口香糖,他有意地忽略了这个现象;咀嚼并不影响教学进度。他稍后会解决——在课程任务阶段。

克里斯塔举起了手。教师请她说话,她说要去上厕所。他怀疑她只是想出去几分钟。他说:"克里斯塔,等我讲完这部分,我们会有休息时间。"她皱着眉,然后身体后倾,"满意了"(如果她显得很急切或者反复提出要求,他就会让她去,并稍后再讲这个问题)。他继续上课了。

"所以,同学们,"他看了一下全班学生,"我们能做些什么来让这大量混杂的文字变得有意义呢?"他讨论了标点符号的作用;这些符号(标点符号)帮助我们在书面表达中澄清意义。"我们怎样才能给整篇文章加标点呢?我们需要让它们有意义。"他用手指指着黑板上的内容,"我们每句话的开头用大写字母,为什么?我们为什么……用逗号?我们为什么……用引号?这在我们阅读时有什么意义?"

当学生给出答案时,他有时会扩展或延伸。"所以,马特,你说的是……对吗?"如果一名学生的回答在积极的方向上,他的延伸只是补充"所以……",或"那么……",或者"继续……"同时带着微笑和眼神接触,仿佛在说:"继续,你说得对。"

"所以,标点符号是用来做什么的呢?""使用标点符号的目的是什么呢?""现在,这些知识如何在你的写作中发挥作用呢?""记住杰西塔和罗布分享他们如何用修理工具修理轮胎了吗?"

"我这里有一个标点符号'工具箱',就像自行车修理工具箱。"他举起一张画着开口的罐头的海报。"好,在这套装备中我们需要什么?这套小装备会帮我们改善我们的写作;把它们按顺序放好,会有合理的意义,对吗?"他贴出画着罐头的海报,罐头里的卡片的内容表示:大写字母、句号、逗号、引号、问号。然后,他询问学生如何运用"标点符号工具箱"来完善黑板上的文字。

接下来的课(和下节课)主要专注于使用"标点符号工具箱"修改(海报上的)文本。如果在他忙于集体教学或讨论的任何时间,学生讲话,他都不会跟他们谈论这个问题。他知道这种默许很容易强化学生的小声说话行为。有时他只是巧妙地停顿,有时他只是附带性地提醒整个班级(或个人):"一些学生在讲话……"或者"你们在讲话,我在努力上课。"他主要关注的并不是扰乱行为本身,而是班级的教学过程。任何纪律都是一种手段,能够保护基本的权利和在合作学习环境中的专注学习(p. 93f)(也见附录 A)。

在学生开始进入课堂任务之前,他会提醒他们注意任务的要求:"请使用同伴声音,谢谢";"如果你需要我的帮助,你知道该怎么做——检查任务要求,通读一遍,先和你身边的同学确认,然后寻求我的帮助,在等我帮助的时候,继续阅读……"(他在教室前面贴着一张海报,上面写着这些正面的提醒……)。在课堂任务时间,他绕着教室走动,与学生讨论,鼓励他们,帮助他们重新聚焦和明确问题,他会提出一些辅助性、探索性和鼓励性的问题:"还有不清楚的吗?""你对……有什么问题?""这个简单还是难,为什么?""你需要知道什么才能把它联系起来?"

当他注意到一名学生没在学习时,无论多久,他都会走过去低声说:"我看到你没有在做……你知道你现在要做的是什么吗?我怎么做可以帮助你?"如前面一样,他并没有问那个学生为什么没有在学习。他也意识到该如何进入一名学生的个人空间。他要求看他/她的作业,"你介意我……吗?"他并不只是拿起来读,也不是没有礼貌地在学生的作业上写:"你介意我……吗?"

附注:"这工作很无聊!"

在澳大利亚,我们称外语这一科目为 LOTE——英语之外的语言(Languages Other Than English))。我曾作为指导老师和 LOTE 教师们(中学)合作过很多次。在我工作的更具挑战性的学校里,我经常碰到学生这样评论:"我真的不喜欢 LOTE!""我讨厌 LOTE!"这其中的一些(无疑)来自父母的态度:我们为什么需要学习印尼语、意大利语,或者德语(或任何学校提供的外语课程)?"简直浪费时间!"

无论是在全班教学时间或在他们的桌边的"个别指导"时间,当一名学

> 生对我说这些,我也都会承认:"这一定是困难的工作,有时,你不喜欢或者讨厌……"不要有丝毫傲慢或厌烦,只是承认学生的观点,有时会心一笑。本质上,我不会为任何主题(学科)辩护,也不会假装他们离不开数学或诗歌(或者法语、德语、意大利语、印尼语),只是简短地调整他们的情绪和重新集中他们的注意力……"然而,这是我们今天要做的工作;需要我帮忙吗?"学生们经常会回答:"我说过我不喜欢!""你确实不喜欢,你不必非得喜欢它。我的工作是帮助你通过 LOTE(或……),获得一些可能的进步。来吧,让我们一起看这个。你要做的是……"而且我们重新关注并鼓励学生参与当前的学习活动。

临近课程结束时,他会抽出时间在课堂上进行"击鼓传花"(round-Robin)式的提问,随机叫学生回应这节课的相关话题并提出问题,如:"你觉得今天活动的目的是什么?""还有不清楚的地方吗……""还有同学有问题吗……""你能把今天学的东西用在其他课上吗?如何用?""你如何回忆、记住今天的主要观点?""现在谁愿意分享一下如何可以更简单、清楚地使用标点?""什么产生了意义?"(每 3—4 节课,他有一个"总结环节")

他早早地完成了一节课的教学,简单总结、收集作业、布置家庭作业,然后提醒学生保持教室整洁,并以得体的方式离开教室……(p. 86f)。最重要的是,他试图以一种积极的方式结束每一节课(即使不是最好的课)。

对于那些不努力或是"故意偷懒"的人,他会避开他们的同伴私下跟他们交谈(一对一,p. 122f)。他不会因他们学得不好或写作业不专心而责备他们,或使他们感到内疚,或惩罚他们。但他会(私下里)指出他知道他们能做得更好,会告诉他们现在所做的选择会对以后产生影响,而他会为他们提供帮助。

他知道,建立一个有凝聚力的班集体是需要时间的。为达成目的,他认真规划,而不是妄想通过巧合实现。课程不会永远都进展顺利,偶尔有一些困难的日子。他已经使这个班的学生建立起基本的信心和凝聚力,相信他们能够用书面表达进行更加周到、有效、有趣的交流——这是这些学生一直试图掌握的技能。

当一节课进展很顺利时,他会花一些时间来反思促使课程进展顺利的因素是什么。是课程内容呢?还是那天的投入和授课方式?是那周的时间表吗?是因为他当时的状态非常好吗?

当某节课进展尤其不顺利时,他同样也会反思:他是如何对待那些分心的、懒散的、逃避任务的学生的?学习任务清楚吗?他是否讲授太多?他得到足够的反馈了吗?他有时也与他的同事讨论这些问题。他是一名反思型的实践者,我知道,因为我和他一起工作过。

技能提升需要时间

我最近在一节八年级英语课上指导一位同事。学生们正在准备 SATS① 考试,他们正在"刻苦学习"语法。我问他们正在看的内容……名词、形容词、动词。

一个小男孩认真地举起手(这个小男孩被诊断为阿斯伯格综合征)(Asperger's Syndrome),"罗杰斯先生,我们必须做介词练习吗?"几名学生笑了,我示意他们不要笑。许多学生不知道什么是介词。

"是的,我们每天都要用很多次介词。"我决定用我在教授基本语法时多次使用的方法:一个词在一句话中的"工作"。

我询问几名学生他们是否愿意到教室前帮助我(包括安德烈,问这个问题的小男孩)。

我带了一个白板笔,注意到在教师的讲桌上有一个空的纸板盒。"好了……白板笔——这是什么?我们说出名字好吗,香农?""名词。""盒子——艾哈迈德?""是名词。""接着,我们将笔作为'主要'名词,将盒子作为'次要'名词。安德烈,我想让你把笔放到盒子里。谢谢。"我把笔给了香农,"我想让你把笔放在盒子的附近,或旁边,或后面,或前面……谢谢。"继续:在盒子的里面/上面,轻轻把笔从盒子上摇落。然后我们有一节课讨论"认真地(副词)摆放(动词)在盒子(名词)旁边(介词)",讨论每个单词在一个句子中的"工作"。

如前所述,无论我们教一个话题、思想、理解、概念、技巧多少次……我们都是努力为了:

- 启发视觉的甚至动觉的学习意识。视觉(如这里)可以帮助澄清和聚焦物体与

---

① SATS(Standard Assessment Tests)标准评估考试,英国针对小学阶段的一种考试。——译者注

物体的位置概念(如语法中的)。
- 激起兴趣、积极性和理解。
- 促进从已知的、熟悉的、舒适的领域转到……(p. 134f)。

作为一位指导教师,我注意有些同事在掌握新技能时的斗争(如我们所有人那样……),特别是管理、约束或甚至是鼓励学生时采用的新的沟通方式。无论是何种新技能,重要的是记住在"舒适区"中发展任何技能都是需要时间的,因为在舒适区中我们的语言显得容易而且自然,无需多加思考。

我只打过几次高尔夫球(受人邀请,打高尔夫球不是我擅长的运动)。当我看别人打球时,我看到他们的击打、对准以及随球动作如此流畅,一切看起来都很容易。当我试着打球时,我却感觉自己很僵硬。我的腿(在那种情境下)似乎和胳膊、头衔接不起来。我好几次都把球棒打到地上,并且击球也过于用力。我甚至不知道球要去哪里。它与我所瞄准的球洞区偏了很长的距离。我太过专注了。

但我游泳游得很好,还有潜水、骑自行车(虽然不经常)、画画(本书中有一些)以及空中杂耍(接抛三个球,两个或三个都行)。为什么?因为我多次练习这些技能;我觉得需要;我有动机;我坚持着,直到对我所选的、想学的和需要学习的技能(像开车……)产生一种"第二天性"。

要达到习惯水平,在某种程度上,一个人不得不经历"不适区"。这是正常的。作为一位教师,了解技能(通过阅读或在职培训和训练)和能够综合地运用技能是两件完全不同的事情。最初,新技巧会让人感到不适,话语、语气和方式似乎都"不是我自己的"。如沃德豪斯(P. G. Wodehouse)所说,"我的舌头似乎和我的大脑缠绕在一起"。然而,如果我们能看到技巧所蕴含的需要和价值,如果我们能够看到那些技巧如何运用在我们整体的教学和管理中,我们就会成功(加上努力、时间、常规的失败和一些同事的鼓励)。我们要运用本书中所提到的所有关于我们的领导力和教学的技能,我们要有意识地反思自身的特质性行为,花时间进行专业评论或甚至评估,学习并且还要"练习"我们了解的技能,这有利于我们进行有效教学和行为领导。最终,我们没有必要去思考:"通过策略上忽视后续的次要行为,我是否避免了对次要行为的不必要的关注? 我是否需要重新聚焦和重新建构核心议题?""我是在使用描述性的鼓励吗?""我是否在可能的情况下使用积极的纠正语言?"我们就会自然而然地这样做。

忠言逆耳

我的女儿曾经对我说："爸爸，既然一些老师'厌恶'孩子，他们何必还从事教学呢？"她用"厌恶"来指代不喜欢，表现为（最糟糕的情况下）卑鄙、粗暴、小气、考虑不周（当然，我们希望只是考虑不周）；缺乏基本的人性，即缺乏关怀、积极支持和相互尊重。因为曾经和一些这样的教师一起工作过，他们似乎对待教学以及自己的学生表现出一种特质性的"悲痛至极的态度"，所以我明白她的意思。

每当我和学生们讨论"优秀教师"的问题时，他们总是强调教师行为的几个关键方面。下面括号里的评论直接来自我所教过的高中学生。（一些积极的行为是以消极的词语表达的。）

有效的教师：

- 讲解清晰，表现出对学科的兴趣以及对学生需求的关心："这节课很有意思"，"他们尽力帮助我们理解他们所教的内容"，"他们帮助我们完成任务"，"如果我们让他们解释一些问题，他们不会抱怨"，"他们给我们发言和解释的机会"。
- 建立班级的凝聚力，因为它关乎在"这个场所"——教室里一起学习，一起生活。"他们让我们所有人知道为什么我们要学这门课"，"他们给予我们选择的权利"，"他们注重礼仪"，"他们信任我们"，"他们富有幽默感"（这是一个最常出现的描述），"他们不是沙文主义者或性别歧视者"。如一名学生苦笑着说："如果我们一起被困在这里……我们都是人类……（这点经常被强调）我们必须解决这个问题而不是感觉多么痛苦！"我理解他的意思。
- 公平的纪律管理："他们会跟你讨论或解释规则"，"他们不会偏袒"，"他们不会让你在全班同学面前感到难堪"，"你会有公平的机会"，"他们给你们公平的警告，甚至是非语言的暗示（原文）""你犯了错误，但是他们不会因此而对你抱有成见"，"因为他们与班级有着良好的关系，所以学生也更容易接受他们的改正意见"，"他们是公平的"，"他们会跟你平等地交换意见"，"他们会倾听你对事情的理解……"。

教师（与班级和学生）建立和维持的这种关系是有效教学的核心。当我们实行必要的纪律管理时，良好的关系也增加了学生配合我们的可能性。

我自己的孩子曾说过关于他们老师的话,他们喜欢某一门课,通常是因为在那个学期或学年教这门课的某位老师。

171　　教师与学生个体和学生群体的关系中最重要和最有影响力的一个方面是,教师愿意理解和鼓励学生(p.152f)。换位思考意味着教师具有这样的能力,即体会一名学生在任务、行为或在学校的人际关系方面存在的困难;倾听学生的挫折或焦虑;给予学习和行为反馈,并总是给予学生回复权。如布兰怀特(1988)所言,教师的移情能力是学生们最看重的教师品质(引自 Kyriacou,1991:57)。

教学并非适合每个人

显然学校教学并不适合所有人。这是一种充斥着压力的职业,它的压力是自然的、固有的,甚至是一种常态。它的日常需要是多方面的,同时需要一个人不仅计划周详,而且也要灵活,能够站在别人立场上思考问题。与他人和谐相处、清晰有效地沟通的能力,激发学生热情与积极性的能力和技巧,处理多重任务、组织群体活动和个人活动的能力,这些不仅仅是教师应当具备的能力,而且也是必不可少的特质和技能。

有些教师在教学和管理实践中表现不佳。支持那些在困境中的教师并不容易,部分是因为他们本身就是造成班级难以管理的一个重要因素;同时也因为我们需要看到同事的挫折并支持其努力,而不是把他们当作失败者(第八章)。

当在学校范围内对课堂行为管理有着共同的价值观、目标和实践,如果支持同事的教师行为能够得到重视,那么这个任务尽管不一定会更加容易,但在某种程度上会更加清晰。

如果一位苦苦挣扎的教师不请求或邀请同事帮助,那么重要的是我们要接近这位同事,至少非正式地表达出我们对他的班级状况的关注。如果我们偶然经过一个班级,发现这个班级经常吵闹,那么班里的课堂行为就不仅仅是"糟糕日综合征"。如果不找相关同事讨论一下问题并提供支持就是专业上的不负责任。要提供这种支持,我们需要考虑以下方面:

- 尽可能提供"早期干预"的支持——在更大的挫折或失败来临之前。
- 高级教师的参与往往可以建立进一步的同事网(甚至辅导),并解决更为严重的问题,例如学生的骚扰(p.280f)。

- 提供支持应该谨慎和私密。
- 第一次开会时,重点是让同事诚实客观地分享他们的忧虑、需要和问题,既要强调他们在教学和管理中积极的方面也要强调他们忧虑的问题。
- 与其他同事(也许是一位指导教师;p. 288)合作制定支持计划,以确保提供持续的支持。任何提供支持的计划,最初可能需要包括周到、细心的暂停—冷静计划以及对付那些过度破坏或扰乱的"起催化作用的"学生(见第六章)。

教师通常表现出懒惰、冷漠、缺乏奉献精神、教学差、管理和纪律约束不当、迟钝甚至其行为引起强烈的异议,这些行为问题都需要在学校共同的价值观和实践下得到支持性的和专业性的解决,因为它们关系着一位教师的专业权利和责任。

对于那些在教学实践中典型地表现出无能的教师("无能的"和"差的"这类的整体描述要慎用),最好建议和劝告他们重新考虑一下教学职业是否真的适合自己。

下图显示的是一个幼儿园的班级(孩子的年龄大约 5 岁)。乔伊(我的同事)是这个班的教师,他正安慰一个不舒服的小男孩。我在监督他们的课间餐(在澳大利亚的学校,在教室里孩子们和他们的老师一起吃从家里打包带来的课间餐)。幼儿在上午 10∶30 有早晨游戏,但是课间餐在那之前很早就开始了。他们花了很长很长的时间用餐。

一个具有合作性、支持性的学校评价系统,再加上一个更有意识地提供支持的"教育标准办公室"(OFSTED),能够帮助上述教师在教学生涯中尽早地重新审视自

己的专业选择、义务和责任(在澳大利亚我们并没有这样的教育标准办公室)。

我也给班级里的孩子唱歌。"我能看到一些三明治,一些三明治……我能在你今天的课间餐中看到美味的三明治。"当我在唱歌时,一名学生拿着一支铅笔来到我旁边开始给我梳头发。我并没有叫她过来。我在想一杯茶(小小的乐趣)。我问自己:"为什么看起来这么久才能到早茶时间?"

教幼儿是不一样的。白板的上方是用蓝丁胶固定的小老鼠"鲍里斯"。我得把它揭下来。

反思

我们所说的"有效教师"的问题需要考虑价值和效用,以确保获得有意义的、适当的效能感:

- 在你的学校中"有效教学"的指标是什么?(除了教育标准办公室给出的)
- 本章提出的有效教学的理解如何反映你的常规实践?对有效教学的研究有一个明确的目标变量:个人的或集体的反思。你有花时间独立/集体地反思你的教学实践吗?如何做的?
- 如果你想在教学实践中有意识地做出改变,起初是什么激发或引起这种意识的?
- 你如何理解鼓励和赞美之间的区别?你如何认识你对学生的(口头和书面的)惯常的鼓励和支持性反馈?
- 你是否反思过自己在教学实践中对提问的运用(p. 150f)?关于运用提问的建议如何促进你的实践?
- 研究区分了权威(在关系中获得/形成)和"控制"。更为关键的是,我们的权威直接与我们所创造的积极的教学文化相关。在与学生的关系中,你如何感觉到你的"权威"?你觉得他们如何看待你的权威(当然即使是糟糕的日子)?(p. 22f)

注释

1 这些观点主要引自奇列库(1986)、罗伯森(1997)和罗杰斯(1998,2002b 和 2011)。
2 关于这个棘手的领域,我读过的最好的一部著作是约翰·罗伯森的《有效课堂控制》(第三版,1997)。

3. 尽管听起来像是一个很高的要求,但它也并不是与"糟糕日综合征"完全矛盾。孩子们完全理解和尊重成人的"糟糕日综合征",而且如果教师简单而尊重地说明他们为什么状态不佳,孩子们通常会非常宽容。当然,如果我们的沮丧或愤怒情绪是轻率的、不得体或不尊重的,我们通常应该向学生道歉。

访问 https://study.sagepub.com/rogers4e 获取更多资源,您也可以听到比尔亲自讲述常见的行为管理情境以帮助您更好地管理课堂行为。

第五章

课堂之外的管理：行为后果

> 每天重复做的事情造就了我们。
> ——亚里士多德《尼各马可伦理学》

> 不闻不若闻之，闻之不若见之，见之不若知之，知之不若行之。学至于行之而止矣。
> ——中国谚语

行为后果(惩罚?)

当一名学生不得不面对由于不恰当或者错误行为产生的后果时,教师总是趋向于使用"惩罚"这个词来描述这种情况。"惩罚"这个动词经常被不加鉴别地使用在我们对孩子所做的任何事情上,比如课后留校、"限制",取消一项权利(比如让学生错过一个重要的活动),戴着可怕的笨蛋帽(一种给傻瓜(dunce)[1] 戴的写着"D"的圆锥形帽子,站在教室角落里的学生会被带上这种帽子),或者,当然还有鞭打(嗖!哎哟!)。我也曾多次被打过(在一所冷酷的伦敦学校,尽管我还只是一名幼儿)。20 世纪 50 年代末 60 年代初,对严重违纪者我们甚至有过"公开鞭打"(在学校的舞台上)。这项活动是在唱完赞美诗,读完《圣经》,或许是读完一些诗歌后进行的。

在著作《童年·少年·青年》中,托尔斯泰(Tolstoy)叙述了他与导师、老师们相处的一些经历:体罚(跪在角落里,面对着墙……)和羞辱,"绝望、羞愧、恐惧……"(Tolstoy, 1964:153)。当我 14 岁的时候(1960),因为"忘带了我的工具箱",一个残暴无情的体育老师两次要求我站在冰冷的淋浴下。

就像托尔斯泰说的那样,"惩罚存在于羞辱之中"(如上)。我把惩罚这个词放在本节标题的括号中(加上问号)是因为我想质疑,我们如此轻易地使用这个词。无论我们使用"惩罚"还是"后果",对儿童来说都是意义甚微的。重要的一点就是:在产生任何后果的过程中孩子们会遭遇什么。

孩子看待教师惩罚行为的公平程度取决于以下几方面因素:

- 我们是为了惩罚,追究责任,还是教导?我们是为了教孩子对自己的行为和行为后果负责吗?
- 通过"后果性过程"我们所要传达的意图。
- 我们把"后果性过程"作为其自身的目的(只是惩罚)还是作为实现目的的手段——目的应该是使学生对自身行为产生理解和有意义的学习。

举个例子,如果教师的意图是通过他/她对待孩子的方式使孩子在后果性过程中感受到被惩罚,他/她就会更容易以惩罚的方式实现公平(p. 122f, 179)。

作为严谨的纪律管理的一个特征,行为后果是教师的一种尝试,他/她试图把学生的破坏性或错误行为与相应的结果联系在一起,旨在强调公平和正义,甚至教会孩子责任感和义务感。当我们运用一种后果,甚至是要求学生课后留校及"打扫卫生"的简单后果,我们都是在对结果进行组织化以使学生体验到自身行为产生的后果。通过行为后果,教师试图强调学生"选择"破坏性行为的同时也就选择了面对行为产生的后果;当他们做错事的时候,他们不是单纯的走卒或只是受害者。我们应该这样看待学生:他们应该对自己的言行及对待别人的方式负责。

177　我的一位同事曾把"修复"法则介绍给她的五年级学生:

> 有时当我们选择对人和物不负责任时,我们会让老师和同学失望。有时我们不负责任是因为我们考虑不周。
> 有时我们会因为失误而做错事情,但我们并不是有意为之。
> 当发生这样的事情时,我们会努力补救错误,或者通过道歉或者以有益的、积极的方式赔偿他人来解决问题。
> 我们把它叫做"修复行为"。当我们做出不公平和错误的事情时,我们的修复行为会帮助我们再次获得班级和学校的信任。
> 我们所有的行为都会产生一定的后果,且我们对自己的行为后果负有责任。

在这个意义上,教师强调行为后果既是由孩子参与其中的事情,也是由教师组织的事情。

在妥善处理学生行为后果的过程中,我们需要明确一下,所有的行为(以一种方式或者另一种方式)都会产生后果。有些后果是自然而然产生的:当我们不戴帽子、太阳镜,不涂防晒霜,长时间待在户外太阳下,我们就有被晒伤的风险;不刷牙迟早会患牙病,还会导致口臭(唷!);如果你没有计划好一段长期的任务,那截止日期就会很快到来(求助!)。孩子们能够看到类似这样的情境性后果的实际情况,而且他们还能从中学到东西。行为的后果也试图传授责任心和义务感。教师把后果与学生的权利侵犯行为联系在一起:"如果你选择像这样把事情弄得一团糟的话,那么在游戏时间你就要留下来或者……","如果这项任务现在还没有完成……那么……","如果这项任务在规定时间还未上交……那么……","如果你继续干扰他人的工作,那么你将不得不远离他们……"。

处理后果

- 行为守则概述了学生的权利、义务、规则和后果,所有的行为后果在学生的行为守则中都有据可循,有理可依(p. 39)。在班级守则的框架内,学生需要审视他们的不当行为,教师也需要鼓励学生接受别人的帮助来面对欠考虑的、不负责任的和错误的行为所导致的后果。
- 后果既是"不可协商的",也是"可协商的":
  - 不可协商的后果应提前告知(学生),在学校规则中予以明确说明如果断实施。不可协商的后果适用于这些行为:反复的、频繁的扰乱课堂的行为(这将引起暂停—冷静,见 p. 180f);辱骂老师;任何携带(或使用)毒品或武器的行为;暴力行为;骚扰和欺凌。不可协商的后果通常表现为某种形式的暂停—冷静、留校或正式的暂令停学。其后果可能也包括取消权利,例如经过正当程序,不允许反复表现出攻击行为的学生参加学校的露营活动。
  - 可协商的后果通常是指能够与亲眼目睹这些不恰当或扰乱行为的教师一起解决的后果。教师通常会在课后(或者留校)的时间段与学生讨论这些问题:"发生了什么?""你的行为违反了什么规定?""从你的角度上来看事情是怎样的?""你怎么看待所发生的事情?""你能做什么来补救(解决、改正)……"教师也通常会询问:"我能帮你什么……"任何此类可协商后果的特点都是与不可协商的权利和责任直接相关的(p. 41f)。

通过这种协商,大多数学生实际上会提出比教师更为严苛的行为后果,我们经常不得不帮助他们把这些重要的建议调整到现实中可行的程度。

- 后果并不仅仅是惩罚;我们试图通过应用后果来处理现实中的不当和扰乱行为问题,这些后果有助于建立行为与行为后果之间的关系。比如,当学生在学校内被抓住抽烟时,规则和后果非常清楚,即留校。有的学校会借助"戒烟视频"对学生进行正面教育。

如果一名学生破坏了学校的公共设施或他人财物,他/她就会被要求做出"赔偿"。这通常发生在"冷静时间"、后续讨论或者有经验的教师调解之后。

一名幼儿把教室的废纸篓用作尿壶(他知道两者的不同),这是寻求关注的行为。随后,在他的自由时间,他用洗涤剂清洗了废纸篓。另一名幼儿把别人的针织衫弄脏后会将其清洗干净。许多修复性的"与任务相关"的后果都可以这样处理。

179　　　重要的是学生在其中可以经历自身行为产生的后果并且能够在承受后果的过程中发现某些相关性。他们会受到启发,在下一次遇到类似情形时能够变得更加负责任。

- 关注由后果引起的目前和未来的改变。避免过度关注孩子过去的不端行为。
- 当学生承受行为后果时要保持完全的尊重。我见到过(太多次)教师找学生课后"谈话",或者留校,只是责备学生并喋喋不休地告诉学生他/她是多差劲、没头没脑、对他人漠不关心、令人讨厌的"家伙"(或其他大意如此的词)。
- 正如内尔森(1987)提出的,重要的是要强调后果的确定性而不是其严重性。至少应该保持最基本的尊重。

保持完全的尊重意味着尽管当我们不得不实施严重的行为后果时,我们也不会轻易地进行心理报复。"你现在可以出去玩了,不是吗?但是你没有,你和我一起在这儿待着!我在上课时是怎么告诉你的?难道我没有跟你说过,如果你总是浪费我的时间和你自己的时间,那稍后在休息时间你就要留下来吗?我没说过吗——嗯?!好吧?你现在已经丧失了玩耍时间,这是你自作自受,不是吗?你就是不听对吧?那就是你的问题!"

- 应在含有"严重程度"的整个学校的框架内使用后果。比如,我们不能对未完成家庭作业的学生施以留校,然而却可以对那些在课上屡次拒绝教师合理要求的学生使用这种措施。我们之后可能会通过课后留校的方式解决学生的行为问题(p. 198—201)。

与"罪行"相符的惩罚

有时我听到教师(和政治家,还有最近在BBC上的一些采访者)在谈论学校行为以及"惩罚"是如何与"罪行"相符的。这是一个明显不当的"隐喻",我们的大多数学生并不是罪犯(非常庆幸),一些可能会成为罪犯(尽管是在他们的学校生活中)。然而,我们不能预测谁会成为罪犯;现在,我们与这里的学生一起亲密地生活,同样地,他们也与我们在一起。我们不能在这样的前提条件下,建立这样一种行为后果法则。

如果犯罪与我们中的任何一个孩子产生联系的话,我们要与社区警察合作,通过正当的程序,可能的补偿性、恢复性的方式来解决。

> 附注:当制定和运用任何行为后果法时,我们要审视的关键问题主要包括:
> - 这种后果与扰乱行为或错误行为有某种程度上的联系吗?
> - 在严重程度方面,这种后果是合理的吗?
> - 我们是否对学生保持着完全的尊重?
> - 学生从后果中学到了什么?学生能够理解这种后果的理由吗?
> - 我们能够在适当的地方进行补偿和修复吗?

无论课间谈话还是课后留校,后果所传递的信息强调:

- 我们学校的行为规范中规定了公平的权利和规则(p. 39f);
- "你的行为实际上是你自己的选择"(即使其他人也牵涉在内);
- 当教师对不负责任和错误的行为施加后果时,他们这么做是因为他人的权利受到侵害,个人在很大程度上应该对自己的行为负责并勇于面对自己的责任。

我们也需要使用适当的支持,比如调解、赔偿、协商和(在合适的情况下)个人行为计划等来平衡后果产生的影响(见第六章)。

暂停—冷静①——一种必然的后果

我能回忆起 20 世纪 50 年代我在伦敦的哈勒斯登上小学的情景,在那里尽了自己早期的义务……那是一个枯燥的砖砌的学校,里面有沥青的操场和通往校长办公室(惊悚的地方)的狭窄的楼梯。锐利的铁栅栏与冰冷的沥青、混凝土、砖块构成一种监狱一般的外形。我记得我戴着傻瓜帽站在教室的角落里:这就是这所学校的暂

---

① 书中所用的词为"time-out",原意为暂停、淘汰出局,常指体育活动中的暂停时间,在此译为"暂停—冷静",作为一种行为后果;此外,在文中与"cool-time"同义,也指冷静时间。——译者注

停—冷静措施(实际上是公开的羞辱!)。

教师深思熟虑并且充满尊重地运用暂停—冷静措施,这是将暂停—冷静措施与严重侵犯他人权利的行为联系起来的重要一步或过程。在学校行为规范和管理实践中,暂停—冷静是一种必要的后果。

在给一年级的学生讲故事时(所有的孩子在我前面围成一个半圆),我看到后面的一个男孩(坐在地毯上)好几次都在拉扯他前面的孩子。我向帕特里克提醒了一下行为规范:"帕特里克(……),手脚不要侵犯别人。我已经指示他远离刚才在地毯上被他干扰的那个孩子。他停止了动作,一会儿他又开始了,这次他使劲地推了那个孩子的背,同时另一个孩子也向前倒下。这次我要求他暂停(冷静时间)。"帕特里克(……),帕特里克(……),给你冷静时间,现在过去那边。"我开始走向冷静区(给他接受时间)。

我指了指教室后面的一片区域,有椅子、小桌子和一个5分钟沙漏,墙上写着简单的标语"冷静时间"(在幼儿教室里,这个术语是指一种行为后果)。我对班里剩下的学生说道:"这要不了多长时间,谢谢你们。就让帕特里克去冷静一下吧。"我清楚地意识到他们冷静了下来并简短地目送帕特里克离开这个集体。"每个人都要保持安静……"

他抱怨着转过头对我说:"不,我会乖乖的,罗杰斯先生,我会的!"我重复道:"帕特里克(……),冷静时间,快去那里吧——现在。"他生气地跺着脚走过来。

在这种情况下,我们的语气需要冷静而坚定果断。这时不能出现任何讨价还价的恳求("帕特里克,现在你确定自己会变好吗?你能向我保证吗?")。一旦我们决定使用类似暂停这样的后果,正是这个后果的确定性传递出这样的信息:"如果你总是打扰别人,伤害他们或者一再干扰别人学习,你将不得不去冷静一下,远离大家来好好反省你的行为并记住……"帕特里克瘫坐在椅子上。我离开他,回到学生中继续讲故事和指导课堂讨论。我们不时地听到从冷静区传来闷闷不乐的咕哝声。我策略性地忽视他的行为,让整个班级将注意力集中在我讲的故事上。当我指导孩子们进行小组讨论时(为了他们的活动……),我走过去找帕特里克,和他进行简短的交谈,之后把他送回他的小组。

这种形式的暂停—冷静(在课堂中)通常适用于小学阶段的中低年级。

当使用暂停—冷静时,以下是一些需要考虑的重要事项:

- 暂停—冷静是一种短暂的行为后果;它本身并不是目的。作为一种实现目的的手段,通过给不遵守纪律的学生一次机会让他们冷静(远离他们身边的同伴观众)并反省自己的行为来帮助他们。这对于其他同学来讲也是公平的,让他们有机会重新集中注意力(在课堂学习和班级活动上),保护他们的基本权利不被破坏;它能够平衡个别注意力分散的(或者危险的)学生与那些直接被这些行为干扰的学生的权利。

- 作为一种全校范围内的后果,当运用暂停—冷静来处理扰乱或不安全行为时应该考虑最低—最高干预性的后果选择。在最低的干预水平上,课堂上的隔离(正如在帕特里克的案例中)可能是一个选择;在最高的干预水平上,学生可能需要从教室被护送到能够让他们冷静下来的区域,而且如果必要的话(在更多极端情况下),我们需要告知家长或监护人(见后文)。

当把隔离用作后果时,教师表现出冷静、坚决和尊重是非常重要的。如果教师大声喊叫和拉拽这名学生,这不仅会造成许多同学的不配合和反抗(甚至是暴力),而且旁观的学生也会产生不必要的紧张或者(对不守纪律的学生)无益的关注。在有些(极少的)情况下,教师也需要对学生进行肢体上的约束。对这种行为管理的敏感问题,学校应该制定相关规则。

我和我的同事在隔离区张贴了一张小海报让学生有一个冷静的关注点。上面有一些使学生冷静、反思和集中注意力的问题。一幅画着学生冷静面容的画可以形象地暗示学生进行自我冷静的目标。

第五章 课堂之外的管理:行为后果

可能在有些情况下,学生的行为太具有扰乱性而不适宜在课堂内使用暂停—冷静。在这些情况下,教师可以:

- 指示学生离开教室,去到被指定的教师那里或者学校的某个地方。被指定的地方可以是隔壁班或者附近同事的教室。那位指定的教师可以监督"被派去"的学生进行冷静。他们也能决定是否把这名同学送回教室以及何时送回。一些学校还设有另外的"冷静"教室,在这里学生被指示进行冷静。在发生扰乱行为的那节课的剩余时间内他们都要在这里被监督。幼儿需要被一名成人从教室护送到任何一个进行冷静的区域。

- 在指导学生进行冷静时,发起(冷静指令的)教师应该简短地跟学生阐明所发生的事情。教师应该清晰地告知学生,我们要解决的是学生的问题行为,并不是针对学生个人:"特洛伊,我三番五次地让你在座位上学习,不要四处走动,不要打扰别的同学。如果你不想停止这些行为,你就不得不离开教室去冷静一下了。你知道课堂纪律。稍后我会找你一起解决问题。"现在不要讨论。指导他们离开。对于小学阶段之前的学生,我们要派一名有责任心的学生跟着他们,确保他们在那里待着。

- 如果学生拒绝离开教室去冷静,或者我们怀疑指导学生离开会使他变得更加不守纪律,此时发起教师应该寻求同事协助。所有教师在他们的教室里都有一张提示卡——一张有象征性颜色(比如红色)的、海报大小的卡片,上面写着教室号码。这张卡片可以让值得信任的学生送去在附近(也许就是隔壁)上课的同事手中。在扰乱纪律更加严重(或危险)的情况下,卡片被送到一位资深同事(组长、年级负责人等)手中,他会迅速过来把这名同学带离教室(还有他们的同伴观众)去一个接受监督的"冷静区"。学校也会使用内线电话呼叫资深同事到这个班级来提供帮助和支持。

  在有些情况下,即使是资深教师(是的,甚至是资深教师)也不能让一个非常捣乱的学生离开教室或操场这些他们反复出现扰乱或危险行为的地方。在这种极少出现的情况下,更明智的做法就是让资深同事与违反纪律的学生留在教室,而任课教师冷静地把教室中的其他学生带离教室(事实上是把同伴观众带走)。监督的教师随后就与学生待在一起直到他们冷静下来并准备好离开教室(参见 p. 184f)。

- 任何被要求离开教室进行冷静的低年级学生都应由一位成人陪同。在一些学校,教师会寻求隔壁班同事的支持。提示卡(前面提到的)被送给提供支持的同事,这名同事可以暂时地离开她的班级(开着门以便看到班级情况),然后把违反纪律的学生带到隔壁教室去冷静和重新集中注意力。

- 在事发当天的晚些时候(或那一周的晚些时候),教师应该对学生有后续跟进并解决引起冷静处分的事件和问题。这一点在中学阶段尤其重要,因为在中学教师经常会一两天都看不到学生。如果发起冷静指令的教师对行为没有后续跟进,那么原来的仇恨可能仍然存在并在随后被带回到教室(如果没解决的话)。

- 重要的是,在冷静处理期间,不要通过辅导、特别的活动或"教师做工作"等给学生提供无益的帮助或过分的关注。暂停—冷静本质上并不是一种惩罚,而是一种确定性的后果,我们可以借此传递出明确的信息:"如果你继续干扰我们班上的学生学习,让他们感到不安全或者不被尊重,那么你就要不得不离开班级去冷静一下,直到你冷静下来,认真反省你的行为(希望以一种积极的、具有建设性的方式),并且准备好按照这里的公平权利和规则办事。"辅导和修复,当然应该在下一个阶段进行。如果学生把暂停—冷静与辅导或者特别的工作(或活动)联系在一起,那么在冷静期间,一些学生可能会用扰乱的行为模式来获得他们所认为的"特权"或者"特殊时间"从而逃避课堂作业。

案例研究

几年前,我的工作是负责非常棘手的七年级,我们班的一名学生在整堂课的教学时间里三番五次地出风头,大喊大叫,和别人说话并发表一些愚蠢的评论。我提醒他班级的纪律,他就又一次吵闹,我简要地重复提醒他这些规则:"斯科特,你在叫喊。记住我们的规则,这样我们才能被公平地对待。"我继续上课,接着他大声地叫喊:"在这儿你什么都不能说!"他交叉着胳膊,吵闹着向后靠在椅子上,然后在接下来的整个课堂教学时间都闷闷不乐(他的"次要的"吸引注意的行为)。

在课程任务阶段——当学生在进行自己的学习活动时,斯科特把他的椅子拖拽到 U 形座位安排的中间,开始在上面摇来摇去,回头看着我所在的方向(我在教室后面指导一名学生学习)。接着他开始"唱歌":"我没有在学习!我没有在学习!"

当然所有学生都停止学习,观望着(看看会发生什么事情——"戏剧")。有些学生看起来很紧张,有些很明显地在窃笑——场景更加"戏剧化"。这是第一学期的第二星期了。我看向罗茜(我辅导的那位教师),她那痛苦的表情似乎在说:"现在你知道我必须忍受的事情了吧!"这个表情没有责备的意思(这是一个充满支持的学校),而是当下的一种感受:在这个共同体中,现在另一位教师(指导教师)正在目睹着她和其他同事曾遭遇过的那种行为。

斯科特的"歌唱"是断断续续的、"刺激式的"。他在教室中间不断摇晃椅子制造噪音。我尽可能保持冷静地走过去(并没有那么近)说,"斯科特(……)斯科特(……)"(他一直也没有看我),接着我还什么都没说,他就又开始唱歌,"我没有在学习……"。我试图在断断续续的"歌唱"中找到(插话的)"间隙"并说道:"你知道你要回到座位上。如果你回到座位上我就过来帮你……"我又回到我辅导的那名学生那里。在我走到教室后面(继续帮助那些学生)之前,斯科特又开始"唱歌"了……

他正在加剧事态的发展;这不仅仅是吸引注意的行为(看我),这完全是追求权力的行为,他快速地把整个班级都卷进来。我拒绝参与到权力争夺中,而是让他回到自己的座位或者是指导他离开教室去冷静一下。

我和其他的七年级的同事已经讨论过我们班上的一些学生(比如斯科特)的行为,我们都一致认为如果我们不能采取冷静、坚定的命令来指导一名学生离开教室去冷静(在资深教师的支持下),那么我们能用暂停—冷静的另一种形式,也就是让"观众"(班级剩下的同学)离开这个不断违反纪律或者有攻击性的学生。这种冷静处理的形式需要一位资深教师协助(尽管在这个案例中我已经在教室里了)。资深的同事与捣乱的学生待在一起,任课教师"冷静地"指导剩下的同学离开教室。关键是教师们都要保持坚定和冷静。

这并不是最"优雅"的策略,但是它能够向学生传达出一种果断、清晰的信息:"你不可能在你的同伴观众面前强迫我们进入到权力的较量中"而且"你不能把我们整个班级都拖下水"。

当学生们离开教室时(有些学生仍然看着他,有些学生走出去的时候还在窃笑,无疑增加了"这场戏剧"的持续时间),斯科特继续"唱歌"……谢天谢地,大多数学生还是忽视了他。

当罗茜冷静地指导班级学生出去时,我就站在教室门口——以防他跑出门去。

最后一名学生刚离开不久,斯科特就走到电脑桌下面,蜷缩起来,继续咒骂着。在咒骂间歇,我感觉到他冷静了许多,说道:"斯科特,我就在这儿,当你安静下来,我们可以谈一谈。"他又继续咒骂了一会,我策略性地忽视了他的咒骂。然后,他开始哭泣,流下苦涩和愤怒的泪水。最终他"安静了下来",我和他一起离开了空荡荡的教室,走向谈话室(离校长办公室很近)。我们开始谈论他的行为,以及我们可以怎样帮助他理解出现这种行为的原因,并帮助他做出有意义的行为改变。很有必要再次强调,尽管当一名学生有着复杂的各种需要并有着非常令人不安的家庭生活(像斯科特一样),但如果我们只是简单地归结说"因为对立违抗性障碍(ODD)和注意力缺陷多动障碍(ADHD),所以他无法控制自己的行为(斯科特正因为各种异常情况而接受药物治疗……);因为他糟糕的家庭生活我们也无法帮助他,或者……",这没有任何帮助,还会再度伤害到学生。我们当然应该对处于危险中的学生富有同情心并提供支持,但是我们必须使之与学校社区内全体成员的权利相平衡。

我们都清楚地知道斯科特患有 ADHD 和 ODD(并在服用一些药物)。药物有时候是有用的,但不能教会学生正确的行为。我们首先为斯科特制定了一项个人行为支持计划以帮助他树立行为意识和做出行为改变,并且获得了七年级所有同事的一致支持。

"你不能强迫我!""你不能强迫我!"比如当我提醒学生注意学习要求和时间进度时,我在课堂教学中多次听到学生说过这样的话。当他们说出这样的话——"你不能强迫我",我"部分地赞同"他们的观点。"当然我不能强迫你。然而如果你继续选择不做作业,那么我就不得不在休息时间让你补作业。如果你需要任何的帮助,可以告诉我。"然后"让他们"直面他们的选择/责任和相应的后果。不要让这些话听起来像是威胁,这是非常重要的;这是一种后果"选择"的形式。

留出一些"接受时间"也是非常重要的。适时地走开传达出我们对学生将会努力配合的信心和期望。

我曾遇见有些学生对后果"选择"的反应(如前所述,或者在 pp. 190f)是一句闷闷不乐的"我不在乎……"。此时,简单地说一句"我在乎",然后走开,留出接受时间就足够了。

当然如果他们之后开始干扰其他同学,我们就需要明确一下冷静的后果:"如果你继续……(具体阐明),那么你将离开我们的教室去冷静(具体阐明)……"

对于任何一名寻求权力的学生,我们越是用对抗的方式来面对这些行为("我会赢!"),就会越发地强化学生的行为目标。这并不意味着我们在为他们逃避或拒绝任务而找借口,而是意味着我们意识到了他们的目标,并正在调整我们的领导行为来避免在他们的同伴观众面前出现不必要的权力较量。事实上,虽然我们不能决定学生的行为,但是我们可以决定自己的行为……

第五章 课堂之外的管理:行为后果

对于那些模仿这些学生的其他同学又该如何对待呢？

请记住，教室中的大多数学生(70%左右)都不会做出极度寻求关注和追求权力的行为(谢天谢地)。正是我们对了解群体动态以及那些极少数捣乱的学生的补偿行为充满信心，表明和确保了我们在行为领导中的立场。

如果教师的领导充满自信与尊重，并建立在扎实有效的(和持续的)权利/责任动态基础上，那么70%—80%的学生不会轻易地与"起催化作用的少数学生"为伍。

在对这些学生进行一对一跟进的过程中，我们所做的可能会有助于改变学生对于他们与他人(包括他们的老师)相关的行为的认知和理解，这也是非常关键的。这种一对一的面谈同样也表明了我们确实关心和想要(也将要)支持我们的学生。

寻求权力行为的情感挣扎

一名追求权力的学生(像斯科特一样)会把自己的行为指向控制，甚至是"打败"那些压制或阻止他的人。这样就会营造出让教师倍感紧张和压力的氛围。这是容易理解的，尤其是当一些教师信奉"一位好教师必须每时每刻都能控制住局面……"、"权威的教师必须展现出他们会赢……"、"没有孩子能够逃脱这样的惩罚……"(有意义的权威是挣得的，而不仅仅是基于控制权)(见 p. 29f)。

当孩子们试图把我们拖入权力纷争中，德雷克斯等人(1982：23)提出的一个著名的观点已经多次帮助过我和我的同事们解决问题：

解决冲突的第一个障碍就是普遍的假设，即成人不得不制服桀骜不驯的孩子来让他知道谁是"老大"，让他遵守法律和规则。第二个绊脚石就是在权力冲突中成人的个人参与。教师难以规避冲突，除非他们能不受自己能力不足感觉的影响或者不在意自己的声望。只要教师害怕蒙羞、占下风和被打败，那么冲突就不可能解决。

污言秽语？是的，会遇到。这并不意味着我们总是要忍受贬损或者辱骂性的言论，或者高度干扰和对抗的行为；它们总是会引起我们适当的果断回应。也就是说，我们不会通过口水战，讽刺或毫无意义的威胁(很容易发生)追求权力。对于追求权力的学生，仅仅强迫他们简单服从对教师来说是具有诱惑力的方法，但是会适得其反。

如果我们在这种情况下行为果断的话，坚决地进行干预就是至关重要的。很明显这不是"邀请"、"讨论"、"协商"的时候。这名学生暂时失去了待在教室、成为群体中一员的权利。这名学生的行为已经侵犯了教室里其他学生的安全感和(以任何有意义的方式)继续学习的权利(更不用说教师教学的权利了)。在此情况下,暂停—冷静是完全适合的和必要的。

在课堂或活动过程中,任何学生都不能通过重复的扰乱行为而把整个班级都拖下水。我们也不应该向学生传递这样的信息,即我们将容忍反复发生的扰乱性、不安全性、威胁性、攻击性或者危险性行为(p. 184f)。我们应该让学生意识到暂停—冷静是什么和意味着什么。在第一学期的第一周教师在制定学生行为守则时就要引起学生的注意(p. 39f, 46)。

如果一名学生在多个场合屡次被要求去冷静,那么制定一份个人行为计划能够帮助他解决那些需要暂停—冷静的行为和学习问题(p. 180f)。

极端的情况——"管制"

学校有时会出现非常极端的情况,如果可能会对学生(或教师)造成严重伤害,则可能需要各种管制程序。

本书所要传达的最重要的信息就是:教师应该寻求利用他们的领导力,以一种冷静、积极的方式(在任何可能的情况下)提供支持,从而缓和和减少可能发生的冲突和敌对。这种"冷静"与适当的坚决并不矛盾。

在过去 20 年内,连续出台的儿童法案已经恰当地强调了对孩子进行专业的、支持性照顾的本质和目的。但关于如何适当地、有策略地运用(在危险的情况下)管制的实际的、具体的指导还不够清晰。在特殊学校、护理中心、学生转诊中心和青少年犯罪机构的教师和护理员确实获得了特定、集中的训练;但在常规学校的教师通常没有接受这种训练。

无论任何情况下,教师运用任何的肢体接触来应对极端和危险的行为——用一种控制、限制的方式,他们在法律上都处于弱势的地位。像"积极处理"的方式、"最低限度的/合理的约束"、"适当的限制"、"安全管制……"、"限制性的干预"等术语在解决这个问题时被广泛应用。在教育部的文件里,这些术语几乎没有得到实践层面的解释。所有学校都被要求制定一份行为管理和纪律规定。然而这些规定却很少提到管制(因为显而易见的原因);它们会提及阶段性的干预(包括暂停—冷静)或者不同程度的干预。在教师可能管制孩子这种罕见的情况下(以某种方式,甚至只是抓住手或胳膊),在当时的情绪状态下,其风险评估总是一种挑战。许多老师冒着风险干预非常严重的打斗（当一个孩子面临受到严重伤害的风险，他们已经受到了身体的伤害，被踢，被吐口水，被咬，被打……）。这么多年我自己曾做过若干次这样的事情。我们这么做是出于保护的善意，并利用冷静的言语暗示来防止孩子情绪爆发。这从来就不是一件简单或者纯粹的事情。我们经常不得不在"情绪爆发时"做出行动，也不得不迅速地进行风险评估。

我们的经验和共同的实践表明：利用常识——专业常识，是我们的起点。"就我的经验而言，根据我对这些'典型'的了解来判断这种情况、这种行为有多危险。"

了解那些高风险学生将会帮助我们调整政策和实践，这样我们就能在这个困难领域变得更加清楚明了。对于处在潜在冲突（或"激烈斗争"）中的学生，任何"形式"的管制及运用，甚至是抓住学生的胳膊以及用胳膊或身体挡在学生中间做调解都应该遵守从最低到最高干预的原则。这并不是一本解释这方面"技术"和实践的书。在英国有许多培训机构在研究这方面的管理问题。

每一位决定使用任何管制形式的教师应该总是谨慎地说明他们到底做了什么：诱发性的因素，参与其中的孩子，任何成年目击者（真希望存在！），事情的进展和结果如何（Roger 和 McPherson, 2014）。

教师也应该向资深的同事汇报并在管制事件后获得支持。显然家长也应该知晓与关键事件相关的所有管制程序而不是妄加猜测。

与此话题相关的教育部门的法案和指令参见本文的进一步阅读部分（"应对极端情况的资源"）。

无论第一次运用何种安全管制程序，之后与学生家长讨论"管制"问题，澄清我们真正的意图从而获得他们的理解和支持，这将是非常重要的。这对于被诊断为自闭症谱系障碍的学生来说是极其重要的。家长也需要知道我们的支持主要是让他们的孩子在个人行为支持计划中获得帮助。

延迟的后果

针对学生反复不断的扰乱行为，教师通常需要立即处理，但是在有些情况下，教师需要延迟处理（也可见于 p. 102f）。

如果学生感到极度不安或者愤怒，那么在这样的情绪瞬间强行使用行为后果是毫无意义的。在处理他们的扰乱行为前，学生（有时还有教师）需要时间来冷静。

二年级的南森把自己的学习区弄得乱七八糟(铅笔掉在地板上,还有一些纸团)。我在午餐之前提醒过他应该打扫干净,他不肯。尽管其他同学正在打扫,他还是不断嘟囔着并抱怨其他学生还没打扫干净。

他支支吾吾地搪塞着。我给他一个指导性的选择和延迟的后果:"如果在大课间之前还未打扫干净的话(我向他指了指杂乱的地方),你就要在游戏时间留下来清理干净。"

他抱怨着:"我不在乎!"

我回答说:"我在乎,南森,我们总要清扫我们的学习区域。"在向他提示班级守则时,使用带有"我们的""我们"这样的语言比较有效。这能帮助我们提醒这名学生:我们所有人对这里都是有责任的。他坐下来生着闷气,在游戏时间之前的最后五分钟什么也没有做。

当课程结束时,我让他留下来,他照做了,但是闷闷不乐的。我简要地向他提醒了我们的班级守则(关于让我们的学习区域保持清洁)并指导他清理干净(延迟的后果)。通过这个后果,我所要传达的信息是:如果存在一些脏乱,那么稍后就要清理掉,"最终"一个人的责任感就会被调动起来。

我们仅仅在并没有那么严重的行为问题上使用延迟的后果,比如当我们指导两名吵闹、聊天的学生分开学习时,或者学生摆弄小物件时,或者学生的桌子上放着化妆品、手机等,我们要明确给出指导性选择("放进你的包里或者放在我的桌上")。如果(在简短的接受时间之后)他们还是在玩/用手机,我们就要把延迟的后果说清楚:"如果你选择拒绝这样做……我将不得不在课后继续跟进这件事。"我们随后就离开让他承受相应的后果。如果他们说"我不在乎",这时简单地说"我在乎"就足矣。

在任务学习期间,有时我会给学生留下简短的便条来提高他们对自己行为的关注。我总是会携带明亮的黄色小笔记本(就像足球场上的黄牌一样)。第一个便条简短地"描述"他们的行为。

例如:

> 法吉尔、穆罕默德,你们两个讨论的声音过大。也许你们没有意识到,但记住我们的同伴声音。
>
> 罗杰斯先生

接着我会悄悄地把便条放在他们的桌子上然后离开,给他们接受时间(p. 118f)。

如果在接受调整的合理时间内,他们继续大声地讨论,我就会放另一个便条,比如:

> 法吉尔、穆罕默德(通常使用学生的名字)我已经提醒过你们我们班级对同伴声音的规则。如果你们不能安静地讨论,那么我就不得不要求你们分开学习。我知道你们是有责任心的。
>
> 罗杰斯先生

如果他们随后还是继续大声地讨论,我就会命令他们分开学习(后果)。如果他们试图争辩,我就会告知他们课后的延迟后果。

在行为环境中提供选择

指导性的选择适用于纪律管理,在一定程度上,它们可以唤回学生的责任心和义务感。对于小学高年级和中学的学生,指导性的选择能促进和确保学生的合作。

之所以用指导性的选择是因为我们不是简单地在可供选择项中提供"自由"选择,我们所提供的选择是建立在学校机构的权利、规则和责任感(拥有和重视)基础上的。

一名学生在上课时间用手机发短信(十一年级);此时正是自习时间(我和我的同事已经结束了整个班级的教学/讨论……),我走向她的小组提醒她我们学校的规则:"哈莫尼,我们学校对使用手机有相应的规章……"我还没说完,她便说道:"得了吧,琳赛(教室里的我指导的教师)并不在乎,再说我发短信是为了工作安排的事情。"她说话的语气闷闷不乐,她(深深地)皱了皱眉,翻了个白眼,又开始叹气。我并没有要求她把手机交过来——这是毫无意义的权力斗争。我也没有跟她争吵——这将会增加不必要的权力斗争。我给她一个指导性的选择。

"下课前你的手机应该关机放在包里,或者把它放在老师的桌子上。谢谢!"我走开了,给哈莫尼一些"接受时间"。她在我背后叹着气,深呼吸着,然后大声地抱怨着:"我把它收起来,这样你就满意啦!"又一次寻求关注。

我选择策略性地忽视她的"次要行为"。她不情愿地开始做她的作业。过了一会我回到她的小组看看他们的进展。当我询问她作业进行得如何时,她说道:"没问题的……"她的语气还是闷闷不乐,抬过几次眼,又开始叹气。她仿佛通过叹气和闷闷不乐的态度在说:"过来提醒我吧,对我的行为方式说些什么吧……"此刻我再次选择了策略性地忽视这些"次要行为",试图把关注点放在她的学习任务上。

这并不是一件容易的事,因为这些"次要行为"会让我们感到沮丧,甚至是非常恼火(p. 12f)。"她不应该那样说话!"(她确实这样说了)"她应该给予我们尊重!"(她没有,至少在为同伴观众"表演"的情境下她没有)关于学生的语气/行为方式,如果我们想对他们的不尊重说些什么的话,冷静地(坚定地)说,"我并没有用不尊重的语气跟你说话,我也不希望你对我不尊重"就可以了。用第一人称"我"简短、坚定地表述。接着,在此刻,教师要提醒学生应该做什么并给予接受时间。这里的解决方案(并没有完美的解决方案)就是避免不必要的对抗或毫无意义的争论。

我们的沮丧感(有时甚至是愤怒的感受)都是可被理解的,然而显而易见的是,在集体环境中面对捣乱行为的自然紧张状态下,感觉并没有告诉我们到底应该怎么做。

我们回到那个十一年级的孩子玩手机的那件事,想象一下,如果教师说:"我毫不关心你为什么要使用手机,我说了马上放下!"尽管这种权力/权威的表现似乎是坚决的(我会赢……),但是,教师所做的一切都加强了学生潜意识中谋求关注或者追求权力的目标。

试想一下,教师强迫学生交出他们的"第三只手"(他们的手机),说道:"是的,把它给我。我说了现在就给我!"你可以简单地想象出一名青少年(一个即将成年的人,十一年级),很可能以追求权力为目标,容易和教师的需求(即权力)一致(p. 187f, 219f)。有些学生会说:"如果必须这样的话,我会把它放回去的!"这时教师也"必须"获得胜利:"我说把它给我。"学生回道:"没门,这是我的手机!"

然后有些教师(现在已经把他们自己和学生逼到紧张对抗的角落里)就会要求学生离开教室:"对,出去! 快点,出去! 我厌倦了你烦人的争论,你可以出去了!"

这名学生示威般地走出去,昂着头,最后说了一句:"我正要走呢,反正这是个狗屁班级!"(甚至更糟)谁赢了? 这里的问题(我已经多次见过)就是教师把他们的行为领导定义为一种"赢得胜利"。

我们作为一名教师和领导者的权力(也可见 pp. 29f)

作为一名教师和领导者,我们的"权力"不是源自专横和控制,而是源自在日常的班级群体背景下我们的自控能力(作为一名教师和领导者)。如前所述,作为一名教师和领导者，我们是为了学生并与学生共同行使权力，而不是把权力仅仅定义为对学生的控制权："我在这儿必须赢！"（赢什么？）"我必须控制这个学生……"我们在任何意义上都不能真正地控制他人；控制我们自己都已经足够困难了！在我们与学生之间建立的角色和关系中，我们要有能力建设性地运用我们角色中的权力来建立信任和加强合作。

通过给予指导性的选择（在适当的情况下），我们可以促成合作（即使学生并不情愿）。当教师给出这样的"选择"时（给予适当的接受时间），大多数学生的确都会把这些物品收起来。我们不能凌驾于学生之上要求他们把东西收起来……（见之前 p. 94 的案例）。

在给出合理的接受时间之后，如果仍然有学生没有将令人分心的物品（比如手机）收起来，我们就要把事情的后果说清楚。在这个案例中，后果是延迟的（不是即时的），也并不存在危在旦夕的关乎安全的问题。当我们提供任何一种指导性的后果时，语气和态度都不能传达出一种威胁："如果你不按照我说的办，那你就要被留校！"（或者无论其他什么）"选择"的因素依然存在。"如果你选择不把手机收起来，学校规章很清楚，我就不得不要求你留下来……"（如果我们有时间，在课后或者在午餐时间，与学生进行五分钟的谈话）

再一次强调，我们不跟学生争论或者讨论学校关于手机（或者任何一件事情）规定的准确性或公平性。我们暂时"离开"（留出接受时间）让学生思考自己的行为和后果。如果他们仍然选择拒绝把手机收起来，那么对行为后果进行跟踪跟进是重要的，在这个例子中使用的是延迟的后果。接着我们要确保我们跟进这个后果的公平确定性，即使后果是在同伴观众离开后的一个 5—10 分钟的聊天（p. 122f）。

如前所述，当我们运用任何一种行为后果时，无论是课后的五分钟聊天，还是任课教师的课后留校，强调后果的公平确定性是极为重要的，而不是有意强调其严重性。有些教师会利用一对一的后果时间来"报复"学生（一对一"训斥"，甚至诋毁学生）。

尽管学生的行为会让我们倍感困扰，这是可以理解的，但是保持基本尊重是非常重要的，即使是当我们对行为后果进行跟进时（Rogers, 2011）。

如果学生拒绝留下来课后交谈，或者拒绝留校，我们仍然要遵循"确定性原则"，邀请资深的同事帮助我们和学生确定一对一的交流时间。即便这样，这也不是赢的问题，重点在于责任、义务和后果的确定性。

教师可以建设性地运用行为后果，让学生意识到他们的行为（远离他们的同伴观众)并且对其行为负责(尽管强迫他们道歉或者许诺是毫无意义的……)。

如果我们不得不频繁地跟进行为后果(在第一学期的前几个星期),那么我们需要和学生一起制定某种年度的个人行为计划。这些方案的制定和执行需要资深同事的支持。这在中学阶段是尤其重要的(见第六章)。

> 附注:在哈莫尼这个案例中,最终我与学生建立起一种合理积极的工作关系。恰恰是在班集体的早期建立阶段,她"考验了"自己与这个群体和新教师的关系。

我曾经教过社会研究课。正当我准备结束课程时,我注意到安妮在最后几分钟离开了她的座位,她背着包从教室后面穿过,站在教室门口。我看见全班的学生都在看着她,因为她可能会引发争执。这是我在十年级的第一节课,我已经被警告过这是一个让人头疼的班级。我看向安妮所站的方向(全班的学生都在看着)。

"安妮。"她从门口看向我。"你离开座位了,而我们的课还没结束,下课铃声还没响。"

全班学生都在看着。我能感觉到周围的紧张氛围——学生们都很好奇接下来会发生什么,我接下来会怎么做。这是我在这个班的第一节课(作为指导教师)。我不得不解决这一系列引人注意的行为,特别是这名学生。

她把手放在臀部上,说道:"如果铃声响了,我同样还是要待在这,不是吗?"她的声音带着一种很明显的试探性的口吻,似乎在说:"接下来你会怎么做?"安妮在和新教师玩注意力/权力的小把戏。有时这很无聊,不是吗?几分钟过去了,我想到了应该喝杯茶,然后对自己(以纳秒的速度)说:"那好吧,下一步你会怎么做,老兄?"

我使用了延迟的后果,说道:"安妮,如果你继续待在那儿,不和我们一起离开,我就不得不要求你在课后留下。"

"我不在乎!"这句话我都听过多少次了?放在臀部上的手说明了一切。此时此刻,我能理解有些教师会走过来,用手指着她说:"你会在乎的!我会让你在乎!我有权力让你……做什么的权力?大喊吗?威胁吗?玩"我比你的权力大"这样的游戏吗?谁是这儿的成人?事实上我无法让这个女孩做任何事情。我不能控制她,或者强迫她回到自己的座位上。这更容易满足她引人注意或追求权力的目标。

当安妮说"我不在乎!"时,我回应说我确实在乎。

"是吗?"她讽刺地回应。

在那时,铃声快响了,我把注意力转回到全班学生身上。毫无疑问,有些学生失望了,我没给安妮做出过激反应或者兴风作浪的机会。

"好吧,各位,该收拾收拾了。咱们周四见。记住接下来是另一节课,让我们帮他们一个忙……"(把桌椅整理一下,把垃圾捡起来,有秩序地安静离开)。安妮还是站在那儿,双臂交叉着。我猜她在等朋友。这时铃声响了。随着她的小伙伴走到门口,她也准备走了,我叫她回来。

"安妮(……),安妮(……),我现在想跟你谈谈,谢谢。"

"这是休息时间,我要走啦!"我能感觉到她想把自己蜷缩起来逃避一切的心理。

"我知道是休息时间,我还是想跟你谈谈……一分钟左右。"

"不,我要走啦……"她抱怨着。在她准备走的时候,我补充道:"如果你现在离开的话事情会更复杂,我将不得不把这件事告诉你的班主任。"这是另一个延迟的后果——不是威胁。我给她选择(实际上),然后走回教室。不到一分钟,她就进教室了。"好吧,你想干嘛?"她面带怒容,语气和态度都表现出闷闷不乐。我说我知道她很气恼,我知道她想跟朋友(在不远处的走廊上等她)在一起。我不会留她很久。我们冷静地进行了交谈,她的"观众"都走了。我简短地叙述了她的行为,她对全班和对我的影响以及我的感受如何。接着我问她对这件事的看法。她抱怨说她不喜欢社会研究课。我解释说她不必喜欢社会研究课;我所关注的问题是"离开座位,把书包扔在门口,在课程没结束前拒绝回座位"。我们也简短地讨论了她的语气和态度,她咧着嘴笑了;这是一个"会意的笑容",我也回复她一个笑容。

出于道德要求,我们开着门进行了简短的交谈。我们尽可能友好地分开,我注意到安妮在下一节课没那么"令人厌烦了"。我们都走在那条通往"良好的关系"的路上,尽管有时会走得缓慢。

- 延迟的后果通常与某个"选择"的表述或者提醒联系在一起:"如果现在不完成任务,你将需要……"当然这就假设学生有能力完成任务但是却在逃避任务。教师不应该强迫任何学生去做那些他们实际上力不能及的任务。
- 延迟的后果向学生传递出明确的信息:"如果……那么……","当……那么……",如果教师表达出一种威胁,或者带有威胁的语气,延迟的后果就失去了合理性和公平确定性的意味。这并不是关乎赢不赢的问题;延迟后果的过程就是通过合理的确定性营造出一种公平公正的管理环境。
- 延迟的后果允许在最初的分散注意力/扰乱事件与后果运用之间有一个冷静期,使得双方更有效地处理行为问题,得到适当的恢复或者赔偿。比如,强迫学生在气头上(向成年人或孩子)道歉是无济于事的。我看到过许多教师强迫学生"现在就道歉或者其他的……",从而使得本来就很棘手的情境变得愈加艰难。甚至成年人也会感觉到这是非常困难的。

那些不愿意课后留下的学生

这是第六节课,我和我的同事弗兰克合作教七年级的英语课。马特和克雷格在互相扔铅笔盒。在这件事发生的时候,我正好瞥见是马特先开始的。我迅速地让他们俩分开学习。马特捡起铅笔盒,走到另一个桌子那里并喃喃地"念着咒语"。他很生气,在课程剩下的15分钟什么功课也没有做。

就在课程快要结束的时候,我提醒班级"帮值日生一个忙"(椅子搬起来,把垃圾扔进垃圾筐等)。我从上衣口袋中拿出黄色笔记本,注视着马特和克雷格说:"下课后我需要和你们两个简单地聊一下。"

无论课上还是课下我总是随身带着笔记本,记录我需要跟进的学生姓名,和他们聊聊与学习相关的事情或者行为问题。对我来说,它就是个备忘录;对于那些需要我不时地解决其相关问题的学生来说,它就是一个"准法律的"、可见的提醒者。

当我命令克雷格和马特课后留校时(为了对扔铅笔盒的事件做一些跟进),马特变得非常不安。

"我不会留下来!我要去坐公交!"他几乎要喊叫出来。

我说:"仅仅几分钟而已,马特。"

克雷格的身体语言表明他已经准备(也许并不愿意,但是还是不情愿地做好了准备)好留下,但是马特很执拗。

"不!我要坐公交!"

他中途低声地抱怨了几句。我注意到我的同事弗兰克在马特准备骂我的时候紧张起来。我知道弗兰克(作为一名新手教师)先前已经与马特发生过多次口角。我策略性地忽视这种爆发,赶快地结束了这节课(我尽可能积极地这样做)。

铃声响了,随着班级学生一涌而出,克雷格站在教室的一边靠着墙。另一名同学马特立刻就像长腿野兔一样跑向门口。我快速地做出最后的努力……

197 "马特,回来,快点。"

"我要走啦,我要去乘车!"这是他跑远时最后留下的话。

我的同事开始在拥挤的过道上追赶他;我们周围到处都是正在离开教室的学生。我叫他回来:"弗兰克(……),弗兰克(……),别追了。"他回到教室,非常紧张,拳头紧握,都忘记克雷格还在里面,说道:"仅此一次,比尔,下次看我不把他抓回来!"我能看出来他非常紧张,所以我说我来跟克雷格聊聊,让他去喝杯咖啡,等会儿我去找他。

十分钟过后,我们在文科教研室喝咖啡。他看起来冷静多了。

我问他:"弗兰克,当马特跑到过道的时候,如果你真的抓到他,你会做什么?说什么?可能你不得不压制住他,仅仅喊着'站住'或者'不准跑'可能没什么效果。"

他疲倦又沮丧地笑着说:"我不知道我刚才做了什么!"

这就是真正的问题——他不知道做了什么。

"我们俩都追不上像马特这样的学生——我无意冒犯,弗兰克。如果你在七年级和八年级的混乱的过道上抓住他,把他制服住,你能想象在 24 小时之内他的妈妈就会在报纸和电视上公开:'教师把赶去坐公车的学生弄残废了!'弗兰克,这并不值得……代价巨大的胜利并不值得……你的事业……"在更长远的计划中,无论我们在今天下午的 3∶40 的那个时刻是否"赢"并不重要。在这种情况下,甚至"我必须赢"的想法都是不合适的。我们认为后果的确定性与后果的严重性之间存在差异(p. 179f)。

"我们明天会抓住他的……"我们确实做到了,在怒气消失殆尽的时候。马特第二天变得懂事了。我们利用午餐时间来解决他破坏课堂纪律的行为问题。班上的其他学生也确信我们在继续跟进马特的情况(班上的学生也传开了……)。

我记得曾看过一个简短的 BBC 电视连续剧。该片讲述了一位新教师在他的第一所学校(一所非常有挑战性的学校)的经历。有时画面让人感到极度绝望,向我们呈现了他从教第一年和在第一所学校所承受的压力。这部剧的主题是为班级管理所做的努力与为教学所做的努力之间的相互作用。在现代教育的严峻局面下,在一个非常有挑战性的学校里,大家看到一位年长的老师(50 岁出头)在拥挤的走道上追逐一名八年级的男孩。这个男孩拒绝在课后留下,并辱骂了老师。这位老师最后抓住男孩,把他拉进一个空房间里踢倒,痛打他一顿。这位新教师在半分钟后赶到,他费劲地拉起年长的同事,站在气喘吁吁的、愤怒的年长同事与地板上的学生中间,他试着让同事冷静下来。年长的同事(喘着气)说着话,大意是:"没有一位教师不想这样对他!"

我能理解这样的教师在现实生活中会有怎样的感受(演员的表现具有感染力),但是从来都不值得这么做。

课后留校

大多数学校都会运用某种形式的课后留校(detention),尽管它们并不会使用这个术语。实质上,课后留校的后果强调由于各种各样的破坏纪律的行为而扣留学生。理论上讲,留校的目的是在取消学生的时间特权(或者他们玩耍/午餐/家庭时间的权利)和试图帮助他们反省其行为之间建立联系。

留校是一种重要的行为后果。但其有效价值可能会被降低或甚至被滥用,当教师:

- 仅仅把留校作为独立的"惩罚"。
- 把留校用在较小的行为管理问题上,如家庭作业没有完成者没有遵守校服规定(很难相信,有些教师确实这样)。通过与学生的积极协商,教师可以更妥善地解决这些问题。当学生被留校时,教师要让学生相信这不是一种扣留,而是学会正确处理问题的学习机会。
- 为了午饭时间扣留学生而把整个班级的学生都留下来,教师有时会采用这样的策略,他们错误地认为他们可以利用更具责任感的学生给那些扰乱的学生施加同伴压力。当然那并不管用,反而会使那些更具责任感和更配合的学生心生怨恨。

  我曾与这样的教师一起工作过,他们利用整个班级的留校作为威胁和报复("我会让你尝到苦果")。当我向这些教师解释,他们正在失去班级中负责任的学生的善意和可能的合作时,我曾听过一些老师说:"我不在乎,他们已经吸取了教训。"好像这种坚持不懈的做法最终会扭转这些学生的扰乱行为一样;然而并没有。我们不得不在乎。如果某些学生破坏纪律,我们要让他们课后留校,而不是整个班级。如果是低水平的破坏纪律的行为,但是全班学生的情况不同(教师讲课时说话、喊叫、一般性地吵闹),那么组织班会来评估和纠正集体行为问题会更加有效(见 p. 274f)。

有些教师实施留校仅仅是为了惩罚学生,让学生在半小时或更长的时间里坐着,什么也不做。重要的是明确我们要通过留校达到什么目的。这仅仅是一种惩罚手段，还是评估发生了什么、寻求学生反思和进一步修复的方法？许多学校在留校阶段使用下面的基本方法。

当学生进入"留校室"（听起来有点像监狱）时，监督的老师会跟他们打招呼。然后给他们一张列有四五个问题的清单：

- 发生了什么？（也就是"造成你留校的原因"）
- 你怎么看这件事？（回答问题的权利）
- 你的行为影响了哪些规则或权利？
- 你能做什么来解决问题或者改善状况？

还要添加一个补充性问题：

- （将你带过来的）教师能做些什么以帮助你解决问题和改善现状？

完成的（问题已回答的）文本复印件一份交给班主任，一份由发起留校的教师（监督整个留校的过程）保存，还有一份可能送到学校相关机构保管。在一些学校里，学生也会保存复印件。如果是年级层面的留校（由一位资深同事监督），那么相关复印件需要返回给发起留校的教师，以便他们之后与学生恢复关系等。

仅仅让学生在留校期间"写检查"（"我一定不会……"、"我一定……"）或者抄写学校的规章制度是毫无意义的（我确实看到过有些学校仍然使用"写检讨书"的方法）。最近英国媒体关于"传统的惩罚措施"的讨论认为，我们应该回归为学生制定规则的传统。如果我们打算把书写作为一种后果，至少我们应该指导并关注学生写下与自己的行为相关的内容(p. 129f)。在一些学校，每次留校程序的开始，负责监督的教师都要简短介绍权利或责任的行为规范(p. 38f, 41f)以此作为铺垫，说明为什么学生的行为导致了留校。

实施任何后果时，我们都要试着将违规行为和留校的经历联系起来。如果留校的原因是频频在课堂上喊叫或对教师无礼，那么利用留校时间让学生打扫卫生这种做法是收效甚微的。在下面这个案例中，学生应该利用留校时间进行道歉。监督教师的职责就是确保这个过程顺利进行。在这种情况下，留校就是一个更为复杂的后果事件链的一部分。

但愿你的学校将会有一套成熟的留校制度来解决如下问题:

- 我们因为哪种行为或问题让学生留校?
- 通过留校(这段时间)我们主要是想教会学生什么?
- 我们应该如何指导这个过程?在此过程中我们试图做些(说些)什么?通常来说,在此期间学生应该如何被指导?优先选项有哪些?监督教师的角色是什么?
- 我们怎么使用事件报告表和之前提到的 4W 模式(p. 129f)?
- 作为"主要"后果的留校和可能从留校衍生出的"次要"后果(比如道歉、补偿或者一些为了未来而制定的行为协议)之间的联系是什么?

在一天的最后时间,我的一位同事正在监管校车(因为是在一所规模较大的小学,所以教师要进行值班)。在校车上的一个男孩在取笑路过的一个六年级学生。这名被取笑的学生恼羞成怒,用脚踢校车并向那个男孩大吼……值班教师叫那个学生过来,但是他却大声喊叫着并咒骂着跑走了。教师并没有追赶他(这是不明智的),而是在第二天跟进并在午餐时间把他留下。在此期间她谈论着所发生的事情,这个学生被嘲笑的感受,以及他忽视教师的指导而跑开的事实。她表达了自己的关心和理解,但也说出了"踢校车"事件。她问他校车司机可能有什么感受。她继续问道:"你能做什么来补救或解决问题?"通过教师的调解,这个学生认为尽管他很生气也不应该踢校车,并且他应该向司机道歉。

他写信向司机道歉说他曾踢过校车,但是他生气是因为校车上的男孩子嘲笑他,他向司机保证他以后再也不踢校车了。

教师把这个学生带到司机那里——在上第六节课之前,这个男孩紧张地把自己手写的道歉信交给司机并说:"真抱歉……"司机读完后说:"道歉并不容易,对不对?"照顾到学生可能的情绪,司机继续说:"尤其是对一个成年人,但是你做到了。我能看到校车上有一点擦伤的痕迹。下次你跟另一个同学生气的时候,告诉老师而不是告诉校车好吗?"他握了握这个学生的手。

司机的善良和教师的调解技巧使得留校产生了有用的效果。这种情况下,留校被用作主要后果,道歉/补偿被作为次要后果。

在一些学校,由其他同事推荐的资深教师组织留校。有些学校,每位教师都要自已组织(基于学科或班级的)留校。还有一些学校结合使用了这两种方法。如果一位教师发起留校，但具体过程由另一位同事实施，那么极为重要的一点是，发起教师要关注与相关学生的关系修复和重建，而不是把这个事件看作是同事处理过的，在某种程度上已经完成的事件。如果这位发起教师并没有积极参与核查，与学生进行关系修复，那么留校可能对正在建立的师生关系产生不良影响。课后留校也可被用于跟踪那些正在经历困难的学生、班级和教师。这是资深同事能够(而且应该)提供精神支持和实际帮助的一个"预警"。

欺凌

欺凌一直都是学校生活让人不安的因素之一；任何广泛的社会交往中都存在欺凌行为，因为那些不安定分子试图从中获得扭曲的社会权力感。学生时代的我也曾目睹过欺凌现象。作为一名年轻的士兵应召服兵役期间，我目睹过恶劣、肆虐的欺凌行为。年轻时在建筑工地工作的我也目睹了欺凌。那时我总会口头回击，有时会武力还击，这样做通常会制止欺凌，但是我也见过很多人选择了屈服，被这种懦弱的人类行为伤害和摧残。

近几十年来，制定反欺凌政策已经成为学校的一个普遍特征——如果重点不仅仅是强调反欺凌的话，那么的确会起作用。事实上，整个学校的政策都需要关注权利，本质上讲是在学校中学生的身心都感到安全的权利。我们应强调建立和营造一种学校文化，任何时候恶意的取笑、骚扰和欺凌都是"不正常"或者"不被允许"的。

支持性的学校文化的关键特征在于认可、保护权利和在每一个层面上都积极应对欺凌现象(Lee, 2004；Rogers, 2003a, 2006a)。

- 什么构成了欺凌(欺凌的构成和类型)？在每年的班级建立阶段教师要向学生解释清楚这个问题。有必要让学生清晰地了解到欺凌不仅仅指向身体行为。大多数欺凌是发生在心理上或社交中的，如取笑和辱骂，使用种族或性别歧视的语言，威胁，拉帮结伙或游戏排斥，在社交媒体上"发布"文字、照片、字幕或"视频链接"等信息——"脸书围攻"(Facebook Mobbing)。
- 许多学校举办教育性活动，利用小组讨论、戏剧和文学作品中的案例来达成共识：
    - 为什么会有人欺凌他人？当他们……的时候，他们想要寻求什么？(包括社

交媒体欺凌在内,举出典型的例子)
- 旁观者的角色或责任是什么?当我们看到有人欺凌他人时,我们应该怎么做?我们能做什么?我们能怎么做?就如同李(Lee,2004)提到的,在学校欺凌中,旁观者的角色对从源头解决欺凌问题和建立行为意识发挥着作用,旁观者既可以起建设性的作用也可以成为共犯。
- 当他人想要骚扰或欺负你的时候应该怎么做?
- 当欺凌经常发生时,你为什么需要报告?向谁报告?如何报告?
- 当你报告的时候你期望发生什么?我们应该向受欺凌者提供什么支持?如何支持?

- 学生需要知道所有相关人员都致力于对抗欺凌(以各种方式)。
- 有些学校会进行"预防欺凌"辅导:当遭遇取笑、骚扰或威胁时,如何"忽视"、"远离"或者果断地与其对话。然而,当欺凌极具挑衅性或频繁发生时,指望小学生"忽视"或者"走开"是不公平的。他们必须报告并知道行为人将面对他们欺凌行为的后果,这将永远不会被容忍。
- 许多学校在帮助学生理解旁观者角色方面也获得了成功;如果学生只是"看着"欺凌发生,或者通过"附和地笑"或煽动欺凌(甚至在社交媒体上)来参与其中的话,会发生什么?欺凌者很少能"秘密地"实施欺凌行为(当然,他们会远离成年人),他们需要获取"社会权力和威望"。如同彼得·福纳吉所说,欺凌往往是"表演艺术",虽然只有10%—20%的少数学生参与其中,然而却需要旁观者的"支持"(Labi,2001:45;又见 Lee,2004)。
- 许多学校通过调查来查明学生、教师、家长对欺凌的态度,学校中欺凌的种类和程度(甚至是欺凌者的姓名)——这是"内部调查"(Rogers,2003a;Lee,2004)。
- 任何学校处理欺凌行为时都必须明确:当学生受到欺凌时,告知成年人并不是错误的,也并不是搬弄是非。我们需要让成人知道,这样他们才能提供帮助并阻止这些行为……这是儿童需要知道的至关重要的信息。同时让学生对此打消疑虑也是非常重要的。我看过太多这样的例子,欺凌事件的结局是受害者而不是实施欺凌的那名学生离开了学校(也可参见附录 B)。

问责会议

对受害者予以支持的一个重要方面就是鼓励受害者在提前计划好的、充满支持性的会议中一对一地面对欺凌者。在这里"面对"听起来是一个很艰难的动词;我的意思是,为受害者提供与欺凌者坐下来明确地谈论欺凌事件的机会,包括他们(欺凌者)做了什么、说了什么、暗示了什么或写了什么(以任何形式或平台,如社交媒体)以及这种行为造成的影响;同时欺凌者需要明确地保证这种行为以后不再发生。任何此类会议都必须获得受害者的允许,在组织与欺凌者的一对一面谈时要提前讨论和计划。会议由一位受过培训且具备调解技巧的教师组织,并给受害者提供表达的机会(在资深教师在场的情况下)。欺凌通常在远离成年人的情况下"秘密地"进行,欺凌者通过欺凌行为在弱势同伴中谋取社会权力。这类会议就要曝光他们的"秘密"并要求欺凌者在受害者和资深教师面前作出解释。大多数受害者都要求(理应如此)欺凌者明确地保证欺凌行为不再发生。他们也想要我们(作为他们的教师)确保营造一个安全的校园环境。教师在一周或两周以内要召开审核会以调查欺凌事件的后续进展。组织针对那些欺凌者的共犯的会议(一次一个)也是有所帮助的。共犯通常是指那些在当时怂恿欺凌者并给予社会认同的学生。与他们交谈时明确表明他们也部分地参与了欺凌是极为重要的,尽管他们表示这只是一个"玩笑","闲得无聊"或者"实际上并没有做什么"。

针对学校中的欺凌行为也需要形成一个相应后果的框架,包括针对屡次欺凌的开除处分。如果学生不遵守安全校园的规定,并坚持拒绝任何的支持,那么开除就是一种公正、必要的结果(也可见附录 B)。

我读过多部关于应对学校骚扰和欺凌的著作,其中克里斯·李的《预防校园欺凌》(2004)是最优秀的著作之一。

恢复性措施

恢复性措施是在学校中被使用的越来越多的一种理念(和实践)。它试图强调并促使受害者和加害者参与到恢复性的调解过程中:师生之间、生生之间,有时甚至会延伸至家庭会议中。

许多学校都在接受这个领域的训练,培训调解者和提高全校的恢复意识和文化意识。从我们如何组织一场课后交谈到家庭会议,这些都是恢复性措施的涵盖范围。接受恢复性措施对传统的纪律观,如惩罚、控制和权力造成了挑战(p. 129f)。在构建恢复性文化时,学校应该将其纪律管理和行为领导集中在以下方面:

- 学校共同体内全体成员的核心权利和责任(p. 41f)。

- 把"教师权力"看作是为了……的权力,而不仅仅是凌驾于……之上的权力……(p. 129f)
- 在我们行为领导力中有意识地区分专制实践和权威实践(p. 144f)。
- 当影响其他人权利的时候,关注学生的行为目的和意图。
- 致力于将全校的行为领导实践建立在技能的基础上,而不是基于"气质和个性"或实用性进行纪律管理和行为领导。我们承认纪律管理的实践和技能需要与我们的价值观和目标相匹配,并且这些是可以习得的。尽最大的努力将"好的实践"真正具体化(并解释为什么我们认为这是"好"的实践)是首先要做的事情。(尤其见第三章和第四章)。
- 要将后果的管理,不仅仅看作是惩罚,而是修复、重建与和解的机会。

反思

- 你如何区分行为后果和惩罚?
- 在你们学校有没有使用行为后果的一套体系框架呢?(也就是说,不仅是针对严重行为的不可协商的后果)
- 是否有教师可用的典型的行为后果的建议或者指导方针?他们在哪种程度上符合 3Rs 框架(3R,即相关的(Related)、合理的(Reasonable)、尊重的(Respect))?
- 在你们学校的政策和实践中是否存在行为后果的分级模型?
- 你们学校如何根据"最低到最高"的干预原则来实施暂停—冷静呢?是否已经公示?在暂停—冷静中,资深教师在哪些方面可以为其他教师提供支持呢?
- 你们学校使用暂停—冷静的规则或实践活动是什么?
  - 是否已经公示出来?
  - 发起暂停后果的教师在当天或者第二天跟进学生时,他的道德责任和专业角色是什么?
- 教师在跟进那些被要求暂停—冷静的学生时,能够获得什么样的支持?对任何发起暂停—冷静指令的教师来说,追踪和跟进那名学生是极为重要的(在24—48 小时内)。

注释

1 "dunce"(傻瓜)一词是由托马斯·阿奎那(Thomas Aquinas)(十三世纪)的弟子引入英语,用来嘲笑那些追随邓斯·司各脱(John Duns Scotus,中世纪的哲学家和神学家)的人。之后逐渐用于形容一个人迟钝、呆笨,也就是说愚蠢。实际上,邓斯·司各脱一点也不愚钝,他曾是方济各会的修士,并曾在牛津大学就学和授课,但他的反对者并不喜欢他;他与那个时代的神学模式格格不入。

访问 https://study.sagepub.com/rogers4e 获取更多资源,您也可以听到比尔亲自讲述常见的行为管理情境以帮助您更好地管理课堂行为。

第六章
调皮捣乱的孩子及具有情绪和行为障碍的孩子

> 在一个人的孩提时代,总有那么一个短暂时刻:大门敞开,前途随之踏进了门槛。①
>
> ——格雷厄姆·格林 1940 年
>
> (《马格努松》,2004 年第 43 页)

---

① 该句原文引自小说《权力与荣耀》,参见:[英]格雷厄姆·格林. 权力与荣耀[M]. 傅惟慈,译. 上海:上海译文出版社,2012:11.——译者注

学生的强词夺理和调皮捣乱行为

如今,教室中发生的强词夺理和调皮捣乱的学生行为似乎愈加普遍。我曾在一些私立学校工作,那里的教师们也发现调皮捣乱的学生行为明显增加的情况。在整个领域获得一些可靠的、有意义的统计数据(或测量手段)是极其困难的。媒体经常报道学校"暴力行为增加"的情况,包括最近在澳大利亚学校中发生的几件持刀伤人事件。然而,对教师的调查却显示:极端的暴力行为极其罕见(谢天谢地),但学生的"态度问题"却显著地增多。教师所说的"态度问题"指的是:无礼、粗鲁、强词夺理及对教师合理要求的反抗[1]。早在1989年,《艾尔顿报告》(*The Elton Report*)就承认了这点,并且这似乎已然成为教师们共同经历的。然而,这种认知与教师的信心、技能及学校层面对行为政策和实践的重视程度之间存在着相关性,最关键的是,它会随着学校中同事支持的性质、类型和程度的变化而变化(Rogers,2002a)。

在我曾经担任顾问的一所学校,一位新手教师讲述了她与学生的一次遭遇,她询问一名十年级的学生:"为什么你在上课时间离开座位?"那个孩子转过身面对教师,用一种坚定的神情,说道:"为什么? 如果你一定要知道的话……那么我告诉你,我只是向我的朋友借一支笔而已(叹着气)。"她伸出一个手指说这是第一个原因。"第二,老师,我真不知道这关你什么事儿;第三,在这儿,是我们付你工资……并且我正打算回到座位上,可以吗?"这名学生质问教师时信心十足,颇有一种"街头律师"的风格。我问我的同事她如何回应学生,她回答说她发现自己无言以对。"我感觉自己深陷困境",她说。

当我把这件事分享给别的同事时,许多教师表示很想"教训"这类学生,在全班学生面前告诉他们不可以如此无礼,怎敢……我能理解这些教师丧失对学生的权威和控制,并努力想扳回一局的心情。

你会如何处理这种后果不严重的扰乱行为? 在这个过程中,比行为本身更令教师头疼的其实是学生的"次要行为",即他们回应教师问题时的态度、举止和语言(p. 12f)。

有必要再次申明:教师对学生行为的质问(如责问他们:"你为什么……"),尤其是当着他们同龄人的面,极有可能引发一场毫无意义的争论,或者相互谩骂的"口水战"。

我从未遇见过一名学生对我说:"……在这儿是我们付你工资。"如果有,我可能会惊叹、满意地回答:"找到啦!原来是你,你一直在付我工资,是吗?我已经找你好久了……"然而,通常情况下,教师以第一人称"我"进行表述并重新回到教学工作中就足以应付这种挑衅性行为。例如对学生说:"我没有粗鲁无礼地对你说话,你也不应该无礼地对我说话。"这样,教师就可以将焦点从学生诸如"我只是去借一支笔"之类的逃避行为中重新转回到教学工作上来。有时,直接进行提问,如:"你现在应该做什么?"就能够很好地处理学生的这类行为。当然,令人愉快的、平等的和尊重的语气也极为重要。

在回应教师"你该做什么"这个问题时,我曾遇见一名学生说:"我不知道我应该做什么。"(有时是真实的,但有时是讽刺的。)在这种情况下,应该简单、直接并坚定地指出他们应该做什么并给他们一些接受时间。重要的是,教师要稍后回来,检查学生课堂任务的完成情况并重新建立和学生的工作关系。在"跟进"环节(非课上时间)处理学生的无礼行为也会有所帮助。后续的跟进很重要,因为我们感知到的无礼行为(声调、肢体语言、叹气、眼神等)可能学生并不认同。当然,这不能作为无礼的借口;有时他们甚至很难意识到自己给人留下这样的印象。在一对一的谈话中,利用"镜像"(p.122—132)有助于教师澄清当他们感知到学生漫不经心和无礼时的所见所闻和感受。

班级中调皮捣乱的学生的"分布"有规律吗?

任何的班级中,捣乱的学生与具有合作精神和体贴的学生存有比例上的分布特征:

- 70%—80%的学生是通情达理的、体贴的,他们能自然地尊重他人,能与他人合作并能够践行基本的社会行为(只要给予机会,并且教师的领导是积极的、令人尊重的)。
- 10%—15%的学生存在注意力分散的问题,有些会强词夺理(偶尔),或者做出一些挑衅性行为。有时这些学生想要成为他人注意的对象,他们实际在说:"嘿,注意一下我。我很有趣、愚蠢、'酷'……""我大声喊叫,倚靠在凳子上,上课迟到与手舞足蹈……都是因为我想让你们(教师和我的同学……)注意我,关注我!"当然,如果一名5岁的男孩在桌子下面打滚并学狗叫,教师难免会注意到他并出于管理课堂秩序与保护其他学生的学习权和安全的目的,干预其行为。有时学生挑衅他人(尤其是教师)的方式多种多样,包括表达他们对教师权威的反抗,无视教师,漠视教师的训导,对教师大喊大叫,辱骂教师等。他们实际上想表达:"我可以根据自己的好恶做任何事或说任何话,你都无法阻止我……""这是我的地盘……"(p. 217f)

- 1%—5%的学生频繁表现出极端的扰乱行为,这一比例在个别学校甚至高达10%。这些学生也可能表现出社交、情绪和行为障碍(SEBD)以及行为失调,如注意力缺陷障碍/注意力缺陷多动障碍(ADD/ADHD)、自闭症谱系障碍(ASD)和对立违抗性障碍(ODD)。
- 此外,一些学生的行为受到家庭背景因素的极大影响。他们在学校里的行为受到诸如家庭暴力、滥用药物(父母或兄弟姐妹)、营养不良、家庭极端的价值观和态度等因素的影响。

警告

我们在使用诸如 SEBD、ADD/ADHD 或 ASD、ODD 这些专业术语时,非常重要的一个原则是不要轻易给儿童贴标签,如自闭症儿童,好像标签能"定义"他们。在教育界,标签的负面影响是众所周知的。儿童往往要遵从成人对他们的期望,并可能在这些标签和期望的作用下将自己定义为无能或无用之人、惹是生非的人。一般来说,SEBD 这个术语在此用于描述儿童在既定环境下典型的分心和扰乱行为[2]。

在英国、澳大利亚和美国,儿童被诊断出的行为障碍中最多的是注意力缺陷谱系障碍(ADSD)。有注意力缺陷的儿童,通常服用利他林或右旋安非他明,这些药物有助于提升他们的注意力和抑制冲动。然而,对于任何行为障碍的治疗,药物治疗总是需要行为矫正治疗的支持,通过提供行为指导来提升儿童的注意力集中程度并减少其冲动性。

科里(14 岁)被诊断为多动症,他每天都要服用大剂量的利他林。作为行为支持的一部分,我在早期和他的一对一谈话中问他药片有没有教他不要"哗众取宠"地走进教室。对着面带微笑的我,他回复了我一个会意的笑容。

然后我问药片有没有教他"安静地坐在座位上不向后摇摆",或者教他"不要大喊大叫也不要打响指,安安静静地举手"。我也询问他是否允许我向他简单地展现一下我眼中的这些行为(我观察他多次)。他又笑了,然后说了一个字——"不"。

"好吧。那么药片有没有教你待在座位上,专注于学习任务,让你专心听教师讲课,或者说让你安静地坐在座位上 10 分钟而不在教室里走来走去?"

"当然没有。"接着,我们讨论了其他方面的行为,比如在上课时间保持安静和当其他同学正在集中精力学习的时候不去打扰他们。

我问他谁对科里"负责"。"在学校的一天中,是什么驱使着科里的行为?"我知道科里在学习开车,所以我用了汽车和司机的类比来引起他的兴趣。汽车和司机就如同他的行为和他自己,这两者有某种联系。然后,我们讨论了司机怎么集中注意力,他必须检查后视镜、安全带、位置;必须选择排档、速度和方向指示灯;必须决定去哪、为什么去及如何去。接着,我们就科里如何更好地"驾驭自己的行为"展开了讨论。我们一起制定了一个行为计划,作为"地图"和"指南"/提醒。我和同事在工作中发现这个司机/汽车/行为的类比能够有效地帮助中学生制定出一套行为计划。

科里还会继续服用利他林,尽管用量会有所减少。但行为计划增加了他改变的信心并让他清楚了应该努力改变的行为。来自关键教师的关怀有效地帮助他建立了自尊心。行为的改变不是一帆风顺的("走三步退两步"),但是同事支持(来自科里的所有任课老师的支持),给予科里和教师无限的勇气和鼓励去继续改变。

教育或者帮助被诊断为注意力缺陷或多动症的孩子时,下面的一些方法可以借鉴:

- 让他坐在对他行为矫正具有正向、帮助意义的同学旁边。如果以小组为单位来安排座位,即使孩子们再三保证只要让他们跟同样活泼的孩子坐在一起一定会保持安静,也要坚持让这些孩子跟那些更安静的、注意力更集中的孩子坐在一起。在小学阶段教师们经常会让具有责任心的孩子充当"学习伙伴",让他们和有特殊需要的孩子坐在一起,以帮助他们的学习。
- 使用视觉提示帮助学生集中注意力。让学生坐在教室前面(接近教师授课和与全班对话的位置),有助于有效地管理学生的行为。在学生的桌子上放置任务提示的小卡片充当备忘录(见 p. 236)(见 Rogers, 2003a)。
- 为重要的学习任务制定详细的计划流程表。把总任务分解为较小的、层层递进的目标,制定一个目标任务完成日程表。任务完成日程表具有时间上的顺序性,能够帮助学生一步步完成计划。对于那些被诊断为多动症或自闭症的儿童来说,结构化任务非常重要,要尽量避免给他们过多选择。
- 布置学习任务时,教师可以让学生简单复述来确认学生是否真正理解(一致性训练)。这一过程可以在同学生进行一对一交流的任务学习阶段悄悄进行。教师务必要使学习的程序清楚,甚至包括怎么利用工作空间,怎么建立工作簿,怎么分析任务(让学生再次阅读,问自己:"我懂了吗?""我清楚这里是要求我做什么吗?""我怎么才能得到帮助?")。这时,积极的学习伙伴就可以发挥作用(甚至在中学阶段)。学生需要的是一个简单的铅笔盒,而不是一个巨大的装满了各种分心物件的铅笔盒。一张干净整洁的课桌也是有益的。具体地说,手把手地教一个孩子如何管理课桌空间和规划工作时间,这是基本的"学术生存技能"。在课堂上也要允许学生有适当合理活动的时间,一般只要让他们每隔五分钟安静地离开座位(小组)来和教师或助教讨论任务完成的情况就好。然后教师给他们简单积极的反馈。这对学生而言是"身体上的解放",毕竟他们已经坐在同一个位置相当长时间了。

- 避免让这些孩子在休息时间长时间留在室内,他们(尤其)需要在课间休息时间进行体育活动。

自闭症谱系障碍

三十年前,我开始执教的时候,教师们对自闭症几乎一无所知。我们意识到有些学生似乎"与众不同",他们"封闭自己"且"排斥他人",有时他们的举止也极为古怪。我们尽一切努力从语言、人际关系和社会同情方面去改变这些学生,尽管效果甚微,但我们还是坚持下来了。毫无疑问,那些孩子就是现在被诊断出来的自闭症患者。当时我们没有针对自闭症的专门培训,多动症也才刚刚被教育界认识到。那时候,教师似乎要面对各种各样行为问题的学生,无论是不是带有"诊断标签"。

现今,一些政策允许被诊断为自闭症的儿童进入常规学校学习,因此教师有必要认识自闭症儿童的行为表现特征。自闭症儿童的通常会表现出哪些显著特征?我听到许多自闭症儿童的父母说道:"如果你了解一名自闭的儿童……"他们既不把自己的孩子等同于自闭症这个疾病名词也不把他们等同于自闭症的行为表现,我们不能简单地根据诊断标准去定义儿童。自闭症涵盖的行为极为广泛,并存在由"高"至"低"的差异变化。

对自闭症的突出行为表现和典型特征的认识能够帮助我们更好地理解和帮助这些孩子。

自闭症常见的特征就是孩子们在进行人际交流和社会交往时的困窘。自闭症儿童有着更突出的社会交往困难,这严重影响着他们的社会想象力和他们同社会上他人的互动方式。自闭症儿童很难对他人产生同理心,因为他们无法理解为什么别人感到沮丧、伤心或愤怒。对于自闭症儿童来说,一切被我们视为"常规的"社会情境、社会线索和社会交往都充斥着困惑和不确定性。一名自闭症儿童常常表现出社会交往语言的缺乏,给人一种对外界麻木不仁的感觉,在行为上极具孤独主义者的风格:

- 他们对变化(尤其意料之外的变化)的应对能力不足,并可能产生焦虑(如幼儿般"发脾气"、逃避行为或无意识的痛苦,甚至"攻击性"的行为。被诊断为自闭症及其类似问题的儿童总是能够从常规的课堂教学和学习任务/学习活动中得到帮助。
- 他们很可能表现出强迫性的和僵化的言语、兴趣和行为模式。

像所有的诊断性障碍一样,以上所述的那些问题的"程度"也是从频率、强度、普遍性和持续时间等方面来定义的。如果没有正式诊断,教师不能仅仅根据学生表现出了上述的一些行为就假设或预测孩子患有自闭症。

如果教师频繁地察觉到学生有以上所说的这些行为,他们应该给予提醒并和资深同事讨论。进行正式诊断是至关重要的。

在指导被诊断为自闭症的儿童时(或虽然没有被诊断但明显表现为自闭症症状的儿童),以下原则极为重要:

- 营造并维持一种平静的学习和交往环境,尽量使用平和的声音(坚定的,音量不可过高,语速不要太快……)。自闭症儿童通常对响亮的声音和过快的语速非常敏感。
- 如果父母没有明确告知孩子是如何感知和理解他人的接触行为的话,尽量避免直接触碰孩子。
- 使用清楚的、适合于具体情境的语言来指导孩子。
- 对于如何进行指导,要有明确的章程;提前做些准备以应对日常的任何重大变化。
- 这些孩子可能不能完全像普通孩子一样理解教师的鼓励,因此我们需要努力去寻找可以被他们理解的支持方式,而不是简单地对他们说"很棒"、"做得好"、"你太不可思议了"(参见 p. 152f)。其次,要向父母了解孩子熟悉的语言表达方式和感知理解方式。以下的做法几乎毫无成效,如通过引起自闭症儿童的"内疚感"或者在他们出现不恰当的行为后表现出明显的沮丧来制造情绪线索,以引起他们对指导者的关注。

- 针对学生个人制定行为计划,以便他们在学校出现极端的不恰当社交行为时能够及时处理。个人计划能够极大地帮助教师教会学生一些关键的社交行为和学习行为(参见 p. 228f;Rogers 和 McPherson,2014)。

寻求关注的行为

克里斯是一名八年级学生,他反复在我的英语课上大喊,一节课 8 次、10 次甚至 15 次(偶尔)。有时,他假装提问来大喊大叫;有时他对别人的发言进行无厘头的评论;大部分时候是"吸引他人注意力"的行为。当我认为他的行为严重侵犯了我的教学权和其他学生的学习权与参与权时,我会直接提醒他我们的班级规则:"克里斯,我们提问和分享的时候是有规矩的,请按规矩来,谢谢。"

然后,他会以此次规则提醒为契机,寻求更多关注:"但是我只是要问问题啊!难道在班上提问是犯法的吗?"如果他的行为没有引起别人的关注,他就会变得闷闷不乐。

我很容易明白为什么其他教师觉得克里斯的行为如此令人沮丧。即使班主任与这些学生(明显博取他人注意力的同学)交谈也没有成效,交谈后班主任通常会对任课老师说:"他没有问题,我和他相处得很好。"当然!只有一名观众时,他表现良好。但是回到课堂情境中,他的行为便受到观念的影响,即他认为他在同伴社会群体中才有存在感。"只有吸引教师和同学们的大量关注……我才有存在感。"

- 在教学中,教师可以暂时策略性地忽视学生的一些吸引注意的行为。有时候,幼儿园的教师明白只要不给学生任何语言或非语言上的注意就可以避免对学生行为不必要的强化。我是说"有时候"。当学生行为表现良好时,教师也要简单积极地给予反馈。从这个意义上讲,策略性忽视与选择性关注都起着相同的强化作用(p. 97f)。任何教师在纪律维持和管理中都没有绝对适用的公式(第二章和第三章)。

如果教师在运用策略性忽视时创设一个前提条件,那么教师的忽视就是相当有效的。策略性忽视的前提条件是教师给学生一个有条件的选择,然后忽视学生后续的行为,例如告诉学生:"克里斯,当你举手时不大喊大叫(前提,条件性选择),我就会回答你的问题。"教师应适时地提醒学生"记住我们班的规则",然后把目光和注意力从学生身上移开,转而去关注那些举手的学生,有意地忽略学生后续的喊叫行为。教师要尽可能地让学生回到规则上来,而不是简单地回应或强化他们的注意力模式。

如前所述,教师的策略性忽视是一项依托于具体情境的技能(p. 97f)。我们不能忽视我们所见的任何伤害他人的行为(甚至是友好的碰撞行为……)或持续扰乱他人学习的行为(频繁地大声叫喊、经常乱动别人的作业、干扰他人)。策略性忽视是否有效主要是看学生在多大程度上减少或停止了扰乱行为。只有当班级里的其他学生也听从教师的指导并忽视那些扰乱的同学时,策略性忽视才能生效。

- 如果做出扰乱行为的学生赢得了班级其他学生的"赞赏",那么教师非常有必要简短、坚决地描述他们的行为(吸引注意的行为)并指导他们做出正确的行为:"克里斯(……),你在大喊大叫(……)。请铭记我们的班级规则(……),安静地举手。"如果这名学生继续挑战老师的底线,开始与教师争论或采用其他转移教师注意力的策略,教师此时就要继续聚焦他的主要行为问题(在这种情况下是必要的)。

教师要避免同学生展开辩论、争吵、对其进行讽刺或一较高下。从小学高年级及以上来看,教师的巧妙反驳甚至一个言之有理的警句就能够化解矛盾或者让学生重新聚焦到吸引注意力的行为,而讽刺只会让学生吸引注意力和挑战教师权威的欲望变本加厉。如果学生做出愚蠢而粗鲁的评判,教师需要加以澄清,但不要和他们进行讨论。如果教师过于偏离主题,那么只会极大地满足他们在同伴观众们面前吸引注意和谋求权力的目标。

"你知道的,克里斯,这不是一个有益的评论。"
"这个评论非常无礼、粗鲁、伤人(或其他),令人无法接受。"(p. 104f)
"我们有尊重他人的规则,希望你能遵守这个规则。"
"在我们班里不允许羞辱他人。"

在这种情况下,教师要用简短、坚定而自信的语气传达出这些意思。在某些情况下,在课堂上快速地做出回应也是恰当的。如果一名学生不停地同别人闲谈,惹人讨厌,干扰周围同学的学习,我们通常可以使用选择/后果告诫他:"如果你再继续这样,我就要请你到教室里其他的角落去学习。"如果他继续扰乱课堂,教师就可以让他到别的地方去学习(这就是"后果")。一些学生会搪塞或辩解:"但是我马上就会规矩的,老师,我一定会好好表现……"如果已经明确告知学生他们的行为会导致的后果,那么落实这种后果就极为重要(p. 179f)。

如果学生不听从教师的指令,拒绝移动到教室里别的位置,比起与学生展开输赢的较量,更加可行的办法是教师给出一个延迟的后果选择:"如果你现在不到那里去学习,那么我会在你课间休息的时间继续找你。"(p. 122f)另一种方法是使用同事支持暂停计划(p. 180f)。

- 当一名学生寻求关注的行为已经严重影响到教师教学和其他学生的学习,或者威胁到教师和学生的安全时,我们需要立即实施暂停—冷静。教师进行暂停—冷静时,引导学生安静地离开极为重要。"肖恩(……),我已经多次提醒过……(简短且具体),你知道我们要遵守公平的规则。现在你必须离开教室,到……(具体说明学生离开教室后进行冷静的地方)。"当一名学生多次在课堂上做出扰乱行为、危险性行为或攻击性行为时,教师有权要求学生离开课堂。尽管教师应该积极寻求资深教师的帮助,但班级教师(发起暂停—冷静的教师)仍有责任在接下来的 24 到 48 小时内跟进事情的进展。教师切忌在(学生离开位置)最后一刻大声斥责或威胁:"你马上就要受到留校惩罚!"。

- 如果学生反复出现试图吸引注意的行为,此时较之前文提到的常规的课后跟进,教师需要尽早采取一些更为周详的跟进措施(p. 122f)。在长时间的一对一谈话中,教师可以让学生明白他/她在课堂上的行为及其出现这种行为的原因,并获得学生的理解和配合(p. 221f)。这个过程应该被视为帮助学生理解自己的行为并学会为自己的行为负责,而不仅仅是教师利用跟进交谈的时间来实施新的惩罚。在同学生的一对一谈话过程中,教师要向学生明确主要的关注点是他们的行为,以及这种行为对其他学生的学习权,(当然)也包括教师教学权的影响。

如果教师对于这样一种"半参与式"的管理方式没有把握,感到问题重重,那么可以邀请同事参与进来。跟进过程中,教师应该注意的关键点在于:

  ○ 学生是否意识到他们自己这种典型的分心和扰乱行为?"当你在课堂上大喊大叫……时,你清楚你在做什么吗?"对教师而言,很重要的一点是详细阐述学生的典型行为。如前所述,有时使用"镜像"简单地呈现学生的行为以

- 帮助教师澄清自己的意思也是有效的（p. 128f）。面对教师的质问，学生们的回应经常是无所谓地耸耸肩，或出于紧张或觉得自己的行为有趣而敷衍地笑。
- 简单具体地描述学生的扰乱行为（镜像呈现也是有所帮助的，p. 120f）。教师可以询问学生他们需要怎么做才能改变目前的（典型的）行为方式。教师有必要向学生说明他们的行为已经影响到其他同学以及是如何影响他人的。
- 制定一个简单可行的协议或计划，这可以有效帮助学生聚焦于个人的行为管理。一份书面协议通常集中到学生需要停止的三件事情（三种行为）上，以使他人可以不受 X、Y、Z 三种行为的影响而继续学习；以及学生需要开始实施的，有助于改善自身学习的三件事（具体行为），以使他人不必受其扰乱行为的影响而专注学习。

这三件事不是抽象的，而是具体的、可实现的行为。对于幼儿园学生而言，我们所说的行为是指一个"整体的"行为，如"坐在毯子上"包括安静地坐着、不翻滚、不故意触摸他人并且面向前方仔细听讲、积极举手回答问题等（参见 p. 228f）。

在给八年级学生上课时，我发现（我怎能不注意到）利亚姆频繁地在教室的另一端向另一名学生做手势，有几名学生不禁咯咯地笑出了声。我提醒他们"坐端正，看黑板，认真听讲"，然后我转向利亚姆，叫他的名字"利亚姆（……），利亚姆（……）"。利亚姆转过来面向我，叹了口气。

我指出他的行为"你对着另一位同学做手势"，又看了看他打手势的那位同学，"但是你应该面向我的方向听我讲课，谢谢你的配合"。利亚姆双臂交叉，抬眼看着天花板，过了一会儿，他又重复了刚刚的行为。这一次我点了他的名"利亚姆（……）"，使用肢体语言暗示他转过身来听讲。

在这个过程中，他寻求注意力的行为得到了短暂的关注。短时间内，我正在尽最大努力把注意力保持在课堂教学上，尽量较少关注利亚姆的"次要行为"。

接下来学生完成课堂任务的时间里，我发现他没有学习，而是在和同学闲聊。当我提醒他应该完成课堂任务时，利亚姆表现出抵抗："不，我不想做课堂练习，我讨厌这样的任务。"他不停咕哝着。

我重新唤起他的注意，并给予他接受时间，但是他还是拒绝配合。我跟他讲话的

时候,他也会不听或者不看我,甚至是在我说话的时候直接走开。这时候,很明显他的行为已经不仅仅是引起他人注意这么简单了(见案例 p.184f)。

这时,我明显感受到来自利亚姆的威胁,我作为教师的权威岌岌可危,我甚至因为他的行为感到挫败。现在我可以理解为什么一些教师认为他们需要向学生展示权力,让学生知道"这是谁的地盘"。孩子们表达权力的方式通常是积极参加活动或积极发言,或者是消极地通过使用非言语的行为来抵抗他人。孩子内在的逻辑观念是,"我可以做任何我想做的事情,别人不能阻止我"、"我才是教室里的老大"或"我能够做任何想做的事情或发号施令;我说了算"。

归属感:"目标"和行为(德雷克斯等,1982)

当学生进入学校或班级时,他们基本的社会需要是"归属感"。当然,一个孩子会有许多需求,但他们首要的社会需求都是围绕着如何"融入"、"交往"、"被他人接受/认可"——尤其是被他的同龄人所接受。

幸运的是,许多孩子在与他人的合作中习得了社会归属感。他们习得了基本的社会规范和社会期望,他们也学会了"贡献"和"索取",并且在生活中遵循这些规则。

然而,有些孩子有时表现出高度分心和(有时)扰乱的社会行为,如频繁地吸引他人注意力的行为、对抗性行为和谋求权力的行为。鲁道夫·德雷克斯(1982)认为,孩子们并不是单纯地搞破坏，这些行为是他们"融入"同龄人的尝试。在这个意义上，学生的不恰当行为是一种"补偿"，学生的目的很简单——获得归属感，不恰当的行为只是他们寻求归属感的错误方式。阿尔弗雷德·阿德勒在他最早的著作里用"自卑情结"这个词来描述儿童和成人寻求过度补偿的社会自卑心理。

"私人逻辑"和错误的行为目标

阿德勒和德雷克斯认为人类对周围世界的认知是存在偏见的，他们试图找到自己的位置——社会归属感，他们根据自己的基本需要和在社会现实中发展起来的"私人逻辑"来评估所处的环境和人际关系。德雷克斯等人曾用"私人逻辑"这个术语来解释个人的认知偏见。

> 私人逻辑或私人理解力是一个人错误地处理私人问题的一个原因。一个人的私人逻辑由他所相信的信念和意图组成……这是一个从童年时期就开始的过程，指一个人根据不同程度的洞察力和视角来解释自己的经历，由此形成自己的行为方式(Dreikurs et al., 1982: 27—28)。

德雷克斯等人注意到孩子们并不总是能意识到自己的目标。"当我们透露给孩子目标，他们才清楚自己的行为目标。"(见后 p. 221f)

一个孩子的"错误目标"特质化地表现在他寻求注意和寻求权力的行为中，这来源于其错误的自我评价，即他们认为只有获得注意和权力(甚至以错误的方式)才能真正获得归属感。这样看来，学生不是单纯的行为不端，他们的行为是有目的的，尽管他们的行为有时是消极的、极端的、令人不安的和不正常的。

对那些与这些孩子相处的教师来说，错误的行为目标显然会造成严重的人际关系紧张和心理挫败感。然而，如果教师意识到这些行为目标并不断地反思在教室这一公共场合中(及同学生一对一的交流中)如何解决这些行为问题，这对缓解今后的常规管理压力具有指导性意义。

德雷克斯等人(1982)提出了孩子行为中的"错误目标"[①]，具体表现在他们试图：

[①] 四种错误目标的翻译参见：[美]鲁道夫·德雷克斯.父母：挑战[M].花莹莹，译.北京：生活书店出版有限公司，2017：280.——译者注

- 寻求过度关注(强调自我);
- 寻求权力(消极的和对抗的);
- 实现报复;
- 自暴自弃(无论是真实还是虚假的)。

这不仅是获得关注和寻求权力的问题,而且是经常、特质性地获得消极关注和寻求对抗性、破坏性权力的问题,在教室的社会情境中,对教师和学生造成了严重的干扰。

当然,学生追求他人关注和社会权力本身并没有错;德雷克斯等所指的是学生为了获得关注或权力表现出不恰当的行为。问题的症结在于,这些问题行为显著地干扰和破坏了合作性的社会行为模式,使学生们(学生本人和其他同学)失去了积极的学习环境。

例如,一个孩子经常在班级中炫耀、插科打诨,总是"找麻烦"或懒惰成性(我们知道他有能力完成作业),我们自然会感到懊恼不已,因为我们要花费时间进行管理。当一个孩子过于频繁地"取悦别人",或做出很容易吸引别人注意的行为,教师也会感到不满,因为教师必须花费时间来处理这些寻求关注的问题。当一个孩子固执不已,时常与他人争吵,想要成为班中的"老大",故意与教师对着干,经常撒谎等,那么很明显这些行为背后有一个共同的目标——权力。

我的一位同事曾经"强迫"一个七年级的孩子课后留下来完成作业。他认为这名学生应该接受这个后果,因为他在课上消磨了时间。

他"监督"着学生,说:"完成书写作业之前,你都不能进行午间休息。"(这份"作业"大概半页)学生在课后留了下来,在不断地抱怨嘟哝、生闷气的五分钟里潦草地完成了作业。当教师走过去打算检查他的作业时,他把作业本拿起来,撕成两半并扔在地上,然后走了出去。教师把他叫回来,并以留校为由威胁他。结果学生说:"我一点都不在乎!"然后径自离开了。

这是一个学生追求权力的典型案例。对于教师的一切要求,学生最有冲击力的回答就是:"你不能真的让我按照你说的去做。""我只做我想做的事情,我才是这的'老大'……"

目标导向行为

德雷克斯等人提出"目标导向"行为,如当孩子寻求消极关注和权力时,并不意味着他们总是清楚自己的"目标"是什么,年龄小的孩子尤为如此。"引起关注和寻求权力的行为是孩子们探索出的获得地位和重要性的方式和手段。"(Dreikurs et al.,1982)如前所述,这些行为都带有目的性。孩子是社会性的存在,他们渴望在家庭、学校甚至在世界中找到他们的位置,这些孩子们的归属需要从一开始就存在(如上)。理解孩子们对"社会地位"和"归属感"的追求为理解他们在教室里的行为动机提供了一个关键视角。

正是通过这种不懈探索以及归属感的不断发展,孩子们找到了自己的"归属方式"。在家庭和学校动态环境中,孩子们自然而然地寻求认可、关注、安全和尊重。然而,一些孩子高估或误解了获得父母"认可"的重要性。一些孩子学到的唯一获得"地位"和"归属"的方法是不停地做引起父母关注的行为,以此迫使父母不得不关注他们,如孩子们通过经常发脾气(甚至青少年时期也是如此)、生闷气、挑起争端等方式来吸引父母的关注。有时,孩子会通过玩弄他们的权力来控制他人,或者控制那些他们认为自己必须赢的情境,或者以固执己见的方式来满足自己的归属感。

作为教师,我们接触到各种各样的孩子,包括"追求事事正确的孩子"、"对失败或错误反应敏感的孩子"、"心灵敏感脆弱,希望别人(尤其教师)为他们做某些事情,甚至帮他们做决定的孩子"。学生的类似行为明显是一种对内心自卑感的过度补偿("只有当老师关注我时,我才真正获得归属感")。

教室里寻求关注的典型案例就是:学生在全班上课时间大喊大叫,或呼喊他人,不停地呼叫"老师,老师,过来……"20次甚至更多,直到得到他想要的才停止。或者某个学生频繁地拒绝配合老师,如果不能以自己喜欢的方式满足自己的权力目标,那么就用各种办法操控他人,迫使他人屈服。

当然,在这些寻求关注和权力的行为背后,人格因素、家庭教养、父母榜样和纪律等因素也在影响着孩子的社会认知。然而,在学校里,孩子们的行为也受到他们"归属"和"融入"他人的观念的影响。

对于我们在教室里常见的学生的注意力分散行为、扰乱行为与寻求权力的行为,德雷克斯等认为:"能够解释行为的是行为的目的而不是原因。只有理解了行为的目的,行为才具有意义。行为目的本身即是原因。"无论孩子是否意识到他们的"目的",孩子的行为都表明他们试图实现自身重要性的方式和手段(1982:10)。

强烈的自卑感(自卑情结——阿德勒)影响着一个孩子的归属感,还会引发补偿行为,这些行为是孩子们寻求归属感的错误方式。当一个孩子的行为问题已经影响到教室里的其他人时,我们必须解决这些行为问题,此时社会归属感的视角能使教师减少对学生吸引注意力行为的不必要关注,也减少了课堂中发生权力较量的可能。

在一对一的学生辅导工作中,这些见解颇有成效。

帮助学生明白他们的行为目标

德雷克斯等人(1982)提出了一个帮助学生理解他们为什么会做出某些行为的方法。这个方法也是一种心理咨询的方法,通过询问特定问题,提高学生对他们行为中可能存在的目的的意识。为了帮助学生澄清他们行为的目的,所有的问题都需以支持性的语气提出,切忌带有任何评判。这种方法需要在一种支持性的、一对一(远离同伴观众)的情境下使用。教师需要与学生建立起良好关系,在远离课堂的情境下使用这个方法。

首先,提出一个开放性的问题,来唤醒学生对某种特定行为的意识:"你知道你为什么……吗?"我们需要具体到学生真实的扰乱行为上:"你知道你为什么多次在课堂上大喊大叫吗?""你知道你为什么频繁在课堂上发出这样的评论(此处教师要列举典型的、滑稽的或愚蠢的评论)吗?"大多数学生会以非语言的方式来回应这些问题,耸耸肩膀、皱皱眉头或微笑,有时会低声嘟囔"不知道"。此时,给他们一段反省的时间,即使此时沉默会令人感到有点尴尬。这种方法能够帮助教师和学生在学生行为问题上达成共识,教师向学生简单地重现他们的分心或扰乱行为也能提高学生的行为意识。

然后教师可以针对学生为什么做出那样的行为提出自己的见解:"对于这个问题,我是这样认为的……"或"我可以说说我对你在课堂上喊叫这件事情的看法吗?"或"我可以认为你在课堂上喊叫是想要同学们注意到你吗?"当我对学生提这些问题的时候,没有哪个学生会说"不"、"你不可以"(他们天生具有好奇心)。这些问题可以作为我们探索学生行为背后深层原因的前提,德雷克斯称之为"目标披露"(goal-disclosure)。

德雷克斯等提醒教师:

> 注意不要当着孩子的面指控他们"你这样做就是为了吸引关注",因为孩子讨厌这种强加的看法并拒绝承认。请使用"是不是因为"这样的话语,这不是指控,只是一个可能正确也可能不正确的猜测。如果猜测不正确,那么教师需要再提出别的猜测。

教师猜测学生的意图并没有坏处,如果猜错了,也只是耸耸肩就能过去的事情,如果猜对了,那么学生自己也能够意识到了(1982:31f)。

当学生对教师提出的一些猜测进行否认的话,教师可以提出另一种猜测。德雷克斯等指出,如果对教师提出的某个猜测,学生的回答是模棱两可的,这意味着教师正在接近学生真正的意图了(1982:31)。有一些孩子在教师提出猜测后会肯定地回答"是"。然而,最普遍/典型的回答是孩子们在面对这些问题时的"认同反应"。德雷克斯等发现"学生的认同反应和教师对学生不良行为的反应是指导学生理解自身行为的最好线索"(1982:31)。

认同反应

认同反应指,孩子或年轻学生在面对教师或咨询师提出的引导他们认识自身行为目标的问题时的典型反应。这种认同反应往往是非言语的,如微笑,古怪的表情,眼睛上看,转移视线,努嘴角,玩弄手指,在座位上如坐针毡等。正如德雷克斯等人(1982)指出的,学生在听到问题和教师的猜测时表现出来的面部神情和身体动作就是我们要寻找的认同反应,通常表现为一个微笑,咧嘴,尴尬的笑声和眨眼……

我最近刚好和一名聪明活泼的三年级学生谈过话,谈话内容是关于他的一些过激行为,如踢桌椅或课上老师叫他到讲台上他拒绝配合。当我跟他进行一对一谈话的时候,针对他扔东西、踢教室的墙壁、推别人和踢桌椅等行为,我问他:"在你做这些的时候,你是不是觉得可以让你的老师和我发现我们不能阻止你做任何你想做的事情。"以此来确定他是否在寻求关注和权力。他嘲弄似地看了看我,然后偷偷笑了。他没有说"是"或"不是",但是他的身体语言已经告诉我猜对了。

我们发现,当他不能够按照自己的想法为所欲为的时候,他就会摔他的书、踢桌椅来挑衅老师,甚至一走了之。他的行为模式是从家庭和同他人交往的过程中习得的,并且这种行为模式反过来不断强化他个人逻辑中的"目标"。

在任何情况下,我和我的同事们从来不会因为一时的愤怒情绪就说一名学生是坏学生。愤怒本身没有好坏,它只是一种感受、一种情感,是我们从社会交往中学到的当我们感到沮丧挫败时的反应方式。作为成人,我们的经验让我们足够清楚这样的感情有多强烈,我们也知道孩子们很难以一种积极良好的方式来表达自己的情绪。

事实上，当我们有强烈的情绪反应时，我们的所思所作是我们所习得的一部分。作为教师，我们尽力帮助学生去认识自己的行为，尤其是当他们遭受挫败和沮丧时的身体反应和行为反应，我们要教会学生在个人情绪激烈的情形下用更好的、更有建设性的方法来处理和他人的关系。当学生情绪低落和愤怒时，他们的一些发泄情绪的办法，如扔书、捶打桌椅、辱骂老师或跑出教室等，都是不恰当的也是不可接受的。教师必须管理学生在公共的教室领域内发生的这些行为并且使用必要的后果，如暂停—冷静、赔偿等(p.180f)。

在一对一辅导中，我们经常和学生一起制定个人行为计划，以便更好地提升学生的自我意识并教给他们一些理解、表达和应对自己沮丧和愤怒情绪的方法，而不是通过攻击性的反应来发泄情绪。即使是年纪很小的孩子也能习得这些技能(Rogers，2003；McPherson 和 Rogers，2014；见后：p.228f)。

这种目标披露的方法是一个很好的开端，在此基础上我们就能教年纪小的孩子们一些积极的情绪应对方式，让他们更好地理解、表达和管理自己的挫败感。

目标披露

关于目标披露的建议如下：

- "你大喊大叫的时候，是不是想要整个班级里的人都看向你并注意你？"
- 或者，如果学生做出的是滑稽行为，"你这样说或这样做，是不是想要全班都看着你大笑？"

如果学生的行为更像是寻求权力（如拒绝服从老师的要求，经常在同学面前顶嘴，在老师讲话的时候一走了之，故意骚扰同学或老师等），在披露他们的目标时就需要关注到他们行为的这些方面③：

- "当你拒绝做我让你做的事情时，是不是想向我表示你可以做任何你想做的事情，而我不能阻止你？"这其实是基于这样一个假设，即学生能够完成老师的要求，但是他们拒绝完成，以此寻求权力。我们再进一步假设，如果教师非常了解学生并且和学生关系良好，那么教师就可以以这种方式与学生对话。
- "你是不是觉得任何时候你都可以做你想做的事情，你觉得没有谁可以阻止你？"

- "你是不是想要做教室里的'老大',你想要发号施令?"

大多数学生用非言语反应来回应教师对他们行为目标的披露,我在前面也提到过,他们会转动眼睛、微微一笑或者耸耸肩膀。这一系列德雷克斯等人提到的"认同反应"往往是学生对教师猜测的认可,他们承认了老师所猜测的行为目的是对的。当教师问"你是不是……"时,如果学生回答说"不",教师就得转而问:"如果不是这个原因,那你可以解释一下你为什么会大喊大叫那么多次吗?为什么我让你去做一些你可以做到的事情时你要拒绝呢?"

提醒学生他们在学校里必须学会这么做也有帮助。如果他们以前选择那样做的话,那么他们现在应该这样做。也有老师提出学生已经学会了什么样的行为可以获得关注或权力。教师不得不承认,事实上我们很难真正要求学生学习或做什么,只有他们自己才能决定做什么。但是,无论何时他们都不能为所欲为。他们也必须承担行为的后果。通过这个过程,教师试图获得学生的合作与理解,鼓励学生学会出于善良的、有价值的和为他人着想的原因而改变自己的行为。

教师可以把学生的注意力从获得关注和权力转移到同他人协作中来,这样学生就可以以有意义的方式获得社会归属感,如在担任班长、同伴监督和跨年级辅导的过程中承担责任——这些积极的角色通常需要投入激情。

在目标披露方法中,教师应当邀请学生参与到行为计划的制定中来。共同制定行为计划的关键在于教师要有意识地同学生展开合作,促进学生的自我改变(p. 228f)。

利用班级的特点,在更大的班级范围内讨论学生诸如频繁打断他人,分散他人注意力和插科打诨等行为,让旁观者发表他们对这些行为的看法能够帮助学生更好地认识自己的行为。

但是,教师在组织班级讨论时,不要在班级挑明是哪一名学生的行为(尽管毫无疑问大多数学生都能首先定位到某个人)。

我曾经在幼儿园中开过类似的讨论会。这种讨论会的基本原则是,"我们在这里讨论的是一个关乎我们所有人的问题";"我们不会批评任何人或任何人的观点";"每一个人都可以尽情发表自己的看法";"当我们从讨论中得出结论时,这个结论必须符合我们的班级准则"。

例如,小组讨论的决定可能是,让那个持续打扰他人学习的学生远离其他学生甚至在他不听从老师的提醒或指导时要求他暂停—冷静。学生也可以联合起来制定一个应对策略,策略性地忽视某个同学吸引注意力的行为。这个策略在年纪较小的学生中尤其有效,但教师必须在其他时候给这个学生提供一些尊重性支持(如个人行动计划)。

上面提到的那些后果要与班级行为守则保持一致,当然在具体的执行中也应当人性化地考虑学生的个人诉求。

学生行为目标披露的关键步骤

在一对一面谈中使用目标披露的基本步骤:

- 重现学生频繁的分心/扰乱行为以提升他们的行为意识。可以辅以行为镜像和图片提示。针对小学阶段的孩子可以使用简笔画加以说明,如一个孩子在课上大喊起来,老师和其他同学看起来都非常沮丧,在图画中需要解释"沮丧"的意思。这些简笔画对孩子而言是强烈的视觉提示,能够让孩子意识到他的破坏行为对老师和其他同学造成的不愉快。
- 使用以上方法初步启发学生的自我意识,然后教师进行提问:"你知道你为什么要那么做吗?"一定要针对学生的具体行为。这个"为什么"的问题旨在激发学生对先前行为的自我意识。提问后,给学生一点时间回应。如前所述,大多数学生只是耸耸肩或做出别的面部表情、身体动作表示自己不知道为什么。
- 然后,教师可以提出自己对学生为什么这么做的猜测。"有没有可能是因为……"、"我认为……"不要用质问的语气,要用尊重的语气表明教师自己猜测的一些原因。"当你争吵或拒绝做作业时,你是在……"教师的任何猜测都应该指明是对学生某一个具体行为的猜测。
- 使用"沉默战术",提出问题后不急于要求回答,给学生思考时间,让学生冷静下来思考自己的行为目的。
- 当学生说"不是那样的",教师可以继续猜测学生可能的目的。例如,教师开始提出的关于注意力的猜测没有得到学生清楚的回应,然后教师可以继续从"权力"角度提出自己的猜测,看看学生是否会有所回应。在这个过程中,教师要关注学生的认同反应,如转移视线、尴尬地笑或如坐针毡。

在一对一的面谈中,最重要的一点是教师的语气和举止要表达出对学生的尊重。我们并不强迫学生,也不是寻求在较量中"获胜"。在说出"我是这样认为的。""我觉得你那样做的原因是……"(简单提及正在讨论的学生行为)后,再次给学生一些思考时间。

再次强调，当教师说"我认为……"时，要尊重学生，允许学生自己来思考问题。

- 当教师已经明确了学生行为的目的，然后就可以和学生一起讨论在教室或学校生活中如何通过建设性、合作性的方式享有或获得社会的/关系性的关注与权力。显然，在与学生的对话中，使用这些术语是不合适的。我们和学生谈论的是一起制定一个合作性的行为计划，让学生能够在日常的行为中学会和他人合作以获取积极的注意和权力，而非通过分心或扰乱行为来满足诉求（如何谈论制定支持性的行为计划详见：Rogers：2003a，2006b，第七章；Rogers 和 McPherson，2014）。

当然，我不能保证学生会配合教师一起制定行为计划，尤其是学生已经形成了权力和报复的行为模式。关键在于，教师要以合作的态度面对学生，而不是重新进入另一场和学生的较量中。教师也要告知学生，他们如果继续自己的不良行为，校方可能采取的一些措施。但是，师生配合制定计划往往能使事情得到极大的改善——"门总是为你敞开着"。

面对调皮捣乱的孩子与患有情绪和行为障碍的孩子

一年级的课堂上，詹姆斯坐在教师（和我）跟前的地毯上。这天，我们照例开始每天早上的分享活动，詹姆斯突然伸手去触碰他旁边的孩子。当他这么做的时候，他大声地笑着。我的同事要求他停止这个动作并安静地坐在座位上，詹姆斯安静了一小会儿，然后，他又开始了。这次，同事警告他："詹姆斯，不要打扰别的小朋友，坐在自己的位置上。不然的话，我要把你调到角落里去了。"让我再次感到惊讶的是，小朋友们竟然能忍受詹姆斯不停的小动作和笑声，尽管他并无恶意（他只是想以"触碰"行为获得一些关注），但对于课堂而言这是破坏性的、不可接受的。

我悄悄地对同事表明我想要参与到课堂中来（因为我们是合作教学）。当我重新恢复课堂秩序时，詹姆斯又开始了。我点了他的名字，几次过后，他皱着眉头看着我。我不得不对整个班级说："不好意思，请给我几分钟时间，我想我需要和詹姆斯说说话。"

"詹姆斯（……），詹姆斯（……），我希望你能看这边（……），那样我就知道你在听我讲了。"然后我把我的椅子搬到教室的最前面，简要地向他示范："詹姆斯，我想让你把腿像我这样交叉，把手放在腿上，就像这样，眼睛和耳朵朝着这边。这就对了。"然后我再把座位移回原来的地方,并感谢全班同学的等候,重新回到课堂讨论中。接着,我又提醒了詹姆斯两次,每一次都伴有简单的行为指令(p. 97f)。

个人行为计划

后来我和同事一起为詹姆斯制定了明确的"安静坐在座位上"的行动计划。我们和詹姆斯在午餐时间一起制定了计划。我们计划每两周对他进行一次一对一辅导,用 10—15 分钟时间给他做"行为矫正",我和同事分别教他"地毯时间"和"小组学习时间"该做什么。我们画了一幅简笔画:詹姆斯像其他小朋友一样安静地坐在地毯上,小朋友的脸上和老师的脸上都带着愉悦的笑容。在教学时间里,我们则用一些图片作为"社会故事"来解释行为。

- 全班授课时,我们会任命一个"坐垫伙伴",在接下来的"地毯时间"里,被任命的小朋友会跟詹姆斯一起坐。
- 讨论坐姿,如怎么保持手脚姿势。
- 解释上课时眼耳并用,当你想要分享你的观点或提出问题时要安静地举手。
- 解释如何等待老师叫你(当你举起手想表达自己的观点时)。
- 向小朋友们解释当他们在课堂上发言时,应该用平和的声音而不是吵闹的声音。我们用图片展示了这些行为(p. 235f)。

然后我们模仿了我们所提到的每一个行为。最重要的是在一对一的行为矫正时间,我们鼓励詹姆斯逐一练习这些行为。

每两周我们就会组织一次会议来讨论关于詹姆斯的计划的进展情况。在上课时,我们也会使用图片线索作为小朋友的视觉备忘录。根据詹姆斯的具体表现情况,我们随时调整一对一辅导中的行为练习方案。在教导被诊断为自闭症谱系障碍的孩子,尤其是像詹姆斯这样年纪小的孩子时,仅仅告诉他们"坐好"是不够的——从某种意义上来说这对他们太抽象,甚至毫无意义。教师只有用清楚的、具体的、直接的话语指导他们具体的行为,他们才能从中找到安全感。在实施关于学生的整体行为计划时,教师在课堂上的口头说明给这些学生提供了安全的和支持性的行为框架。

不过,本计划的关键在于关注学生的差异性行为,制定出方案,给学生练习的空间,并在课堂上不断鼓励学生(p. 152f)。

当詹姆斯开始改变行为时,教师的责任心和课堂上的投入是有帮助的。后来,我们又在他的小组里制定了一个类似的任务时间行为计划。

这种方法适用于任何年龄段的学生,小学生甚至是中学生(Rogers 和 McPherson, 2014;Rogers,引自 Clough et al., 2005)。

什么是公平和安全的行为——对行为障碍孩子的合理期望

一些教师在面对被诊断为行为障碍的孩子时会异常容忍,那些在正常孩子身上绝对不能容忍的问题在这些孩子身上是可以容忍的。我觉得这是教师被误导了。即使是被诊断为行为障碍的孩子,我认为教师也不应忽视他们的极端行为,如推、戳、打、扰乱他人学习或任何攻击行为。

诚然,孤独症和多动症的孩子在认知活动和社会意识方面受限。但是,当我们因为某个学生的行为障碍而忽视、淡化或原谅他的扰乱行为或伤人行为时,我们相当于告诉别的学生,他的行为是"没有问题的"。教师的差别对待——行为规范和准则只针对正常的学生,而不适用于特殊学生,这向整个班级都传达了毫无益处和不健康的信息。有行为障碍的学生也可以习得合作学习和社会行为(比如詹姆斯)。当然,他们需要一对一的辅导,最重要的是,要教会他们学习技巧和人际交往技巧以帮助他们应对、处理甚至享受日常的学习生活(Rogers,2003;Rogers 和 McPherson,2014)。

我在本书前面已提到过,孩子们在学校里的行为表现受到多方面因素的影响,包括个人生活、性格、家庭背景和成长环境以及几乎无法人为控制的其他因素等。一些学生的家庭存在如功能失调、暴力、虐待、代际贫困、父母长期失业、缺少积极的指导等问题,"价值观"和"角色榜样"等都和学校所提倡的不同。即使是非常小的孩子,他们接触到的形形色色的电视节目,营养不良,父母或兄弟姐妹的药物滥用等都会对他们产生极大的影响并削弱学校的行为对他们的影响。显然,我们控制不了家庭环境方面对孩子产生影响的结构性因素。在我还是一位年轻教师时,经历了诸多挫折后我才接受了这个令人沮丧的事实。实际上,对这些因素总是抱怨不已,"要是……就好了",这样的心态对教育工作毫无帮助。

我们的工作重点和精力应放在学校,即当学生们在学校与我们相处时,我们怎样帮助他们。无论何时何地,当孩子们需要时,我们都要为学生提供支持,尤其当孩子们真正处于"危急"的情况下。这并不意味着我们会忽略上面提到的各种因素。的确,我们有时候无法想象学生的成长环境有多么糟糕,我们甚至都不敢相信在如此糟糕的环境下他们是如何保持精神正常的。这意味着我们要尽量避免：

- 把孩子在学校里的一切扰乱行为都归咎于家庭；
- 因为孩子来自"困难"家庭而轻易原谅他的扰乱行为；
- 因为我们所认为的那些诱发因素而把孩子定义为这些因素的"受害者"。也就是说，"可能是因为他来自一个困难的家庭，他有不尽职的父母和兄弟姐妹……所以他控制不住自己的行为，或者他不可能真正做出改变"。

对于教师而言，重要的是要认识到，虽然学生典型的扰乱行为或挑衅行为受到了上述因素的影响，但学生在学校中的扰乱行为也是在情境中习得的。当教师和父母都轻易原谅孩子的不良行为时，他们的这种消极行为就会被强化。在面对这些学生时，保持冷静或克制愤怒和呵斥都非常困难。根据社会控制理论，成人对孩子行为的反应能够轻易强化孩子吸引关注和追求权力的行为。

的确，可以理解教师有时候难以抑制地对学生呵斥甚至大吼，尤其是小朋友频繁地在地毯上打滚，在上课时间里发出动物般的叫声及其他噪音，在老师跟他们讲话的时候走开，总是吵闹不停，甚至躲在桌子下面，逃避一切课堂任务，对老师咒骂怒吼或推搡别的孩子来引起老师的关注。

实际上，对于一位管理25名学生的教师来说，在忙碌的工作中还要花费精力关注并反思自己能做什么来指导这些有问题行为的孩子，或者帮助这些孩子形成更加积极、得当、合作的行为是极为困难的。虽然，帮助学生是教师的工作，但是如果没有学校层面的支持，单凭教师个人承担不了如此繁重的工作量。

团队合作制定个人的行为支持计划

在团队合作中管理那些表现出社交、情绪和行为障碍的学生时，应注意的基本原则包括：

- 和学生一起制定出一个监督方案。监督者通常是某位对存在问题行为的学生进行一对一辅导的教师。监督者在制定出一份个人行为计划后，这个计划会被传达到所有在教这名学生的教师那里。其他的教师都会根据这份行为计划来实施相关的教学工作。

在初级阶段，通常由这个年级或班级的教师执行监督。在中级层面的监督中，监督者通常由资深教师出任，他们通常需要有足够的时间并且对处理有社交、情绪和行为障碍的学生的问题有相当的责任感。监督教师的选择标准是多方面的，包括能力、技能、亲和力、沟通能力及相关治疗的理论知识等。同时，他们还要是受到其他教师和学生敬重的教师(Rogers, 2006b)。

在一对一的辅导中，教师要和学生相处很长一段时间，因此伦理问题也是需要加以考虑的。如果学生是女生，那么安排一位女性教师作为监督者更加合适；如果学生是男生，那么男性教师更为合适。

- 一个完善的暂停—冷静计划是必要的(p. 180f)。有些学生能够轻易、快速地扰乱课堂(p. 184f)。当某个学生的行为明显影响到了课堂的正常运作，教师和全班同学就需要即时的暂停—冷静计划支持。我们通常认为捣乱的孩子需要暂停—冷静，但同时教师自己（以及其他学生）也需要从这种紧急的甚至危险的情况中冷静下来。在课堂突发状况中，暂停—冷静计划也包括让资深教师将捣乱的学生带出教室，安抚其余的学生(p. 277)。

- 对严重扰乱的学生，我们发现每周把这些学生暂时转移到别的班级一两次可以让教师获得喘息的时间。这项措施在小学低年级的班级里比较常见。扰乱的学生被转移到另一个新的班级中，在固定的时间段内给他们布置一些任务。这与隔离有所不同。

个体行为监督：为学生提供行为支持

在管理有情绪和行为障碍的学生时，教师们各自采取一套策略和方法对学生帮助不大，这在中学阶段也是不切实际的。如果某名学生频繁地做出某种扰乱行为，那么这个年级组中的每位教师都会有一套自认为最适合他的行为支持方案。这样的情况我已经见过很多次，在一个年级组中，各科教师和特教教师之间几乎不进行交流。更糟糕的是，在各科教师和特教教师之间甚至弥漫着"竞争"的氛围。在个体行为监督中，一位核心教师对学生进行一对一辅导并制定出相应的行为计划，其他的各科教师、特教教师、心理教师、教学助理和学生父母都从各方面进行配合，这样才能够保证辅导工作的一致性和有效性。

行为描述

进行个体行为监督时，我们要从对学生的行为描述开始，可以从学校里所有和这名学生有关系的成人那里获得信息。行为描述要考虑学生是否被诊断为某种行为障碍或者是否表现出相应的症状。然而,即使是被诊断为某种行为障碍,还是要结合学生在学校的具体表现,根据实际情况来分析学生的行为。

行为描述应当包括:学生扰乱和破坏课堂的频率,大喊大叫、插嘴、离开座位等行为的发生频率,喊叫、离开座位等行为的严重程度,以及在教师和同学们面前表现出这些行为的普遍程度。同时,还应关注学生的行为是否具有持续性(是在所有的课上吗?每天都发生吗?),或者只是"糟糕日"定律(在某些日子更频繁地发生某些行为)。

在对这些学生的指导中,早期干预相当关键。一旦学生无论在频率、持续性、普遍性和强度上表现出了明显的扰乱行为模式,资深教师就需要配合其他教师制定出一个行为计划来干预学生的行为。这个计划涉及教师团队的结构性支持和个体行为监督。结构性支持包括暂停—冷静计划和学生转移(p. 231),以及组织相关教师和监督教师召开例会讨论并制定方案。

个体行为监督需要一位教师对学生进行长期的一对一辅导。初级阶段通常是在课后进行一对一的面谈。在小学阶段,班级教师会在每个周与学生进行一至两次10—15分钟的交谈,通常在午餐时间。对于任何工作繁忙的班主任教师而言,个体行为监督都是一件劳动密集型的工作。然而,在大多数的小学中,教师通常没有专门的时间来处理高风险高需求学生的问题。因此,有时,个人的行为计划是由教学助理或特教教师来完成的,虽然应该是由班主任或教师根据学生的课堂表现情况来制定。

在第二阶段中,监督教师的任务主要是和学生一起制定出个人行为计划。同时,监督教师将这份计划告知团队中所有帮助这名学生的其他教师和教学助理。他们需要讨论计划的目的和构成要素、原则、对学生的鼓励和隔离计划的详细情况。监督教师还需要同学生家长沟通,解释这份计划如何帮助他们的孩子更好地在校学习,寻求家长的理解、支持和配合。个人计划强调那些有助于提高学生的社会互动能力(朋辈群体对他们的接受度)和学习能力的关键性行为。

在一对一辅导中,监督教师通过个人榜样、练习和鼓励让学生不断强化所习得的良好行为。例如,监督教师指导学生:

- 安静地走进教室(不喧哗吵闹,不哗众取宠);
- 不侵犯他人的空间,安静地坐在自己的位置上(年幼的孩子坐在地毯上);

- 自然地加入课堂讨论(避免大喊大叫和扰乱他人);
- 保持课桌整洁,合理安排作业时间;
- 认真听课,按时完成课堂任务;
- 管理自己的愤怒和沮丧情绪,宽容待人。

在学生的行为计划中,教师要做的就是向学生传达积极的、具体的行为信息。监督教师要和学生讨论他们表现出来的扰乱行为,并告诉他们正确的行为方式,提高学生的自我行为意识,让学生自我监督并自己控制自己的行为。

234 个人行为管理计划中的关键要素

个体行为监督是专门与学生进行一对一辅导的方法。关键点如图 6.1 所示。

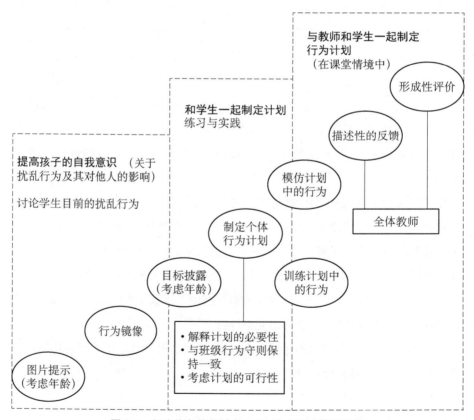

图 6.1 行为恢复的关键点:制定个人行为管理计划

- 图片提示通常适用于学龄前或小学中低年级,更高年级的学生则要视情况而定是否采用。监督教师把学生表现出来的扰乱行为和正确的行为用图片呈现出来,以此提升学生的自我行为意识,并加强和学生的对话交流。"尼克,看看这张画……你觉得画里面是谁?"学生们会意识到图画上的孩子(正大喊大叫,在毯子上翻滚……)正是自己。

然后,教师可以问学生图画里的孩子在做什么。教师要避免此时询问学生,图画里的孩子为什么大喊大叫或在毯子上不断翻滚等问题。在图画的背景处,教师事先画好其他孩子伤心、担忧的面庞,包括老师脸上都带着类似的伤心、忧虑的神情,以此表示反感和沮丧。如果学生避开去谈论插图里面的那些问题行为,教师可以用平和简短的语言描述图画里面孩子的扰乱行为。

如前所述,这些描述学生扰乱行为的图画可以使用简笔画,学生可以从图画中辨别出他就是图中那个捣乱的学生。教师指向背景中出现的老师和同学们的伤心、沮丧的表情,并跟学生讨论扰乱行为对其他同学和教师的不良影响。"你从老师的表情中看到了什么?从其他同学的神情中看到了什么?"

- 前文已经讨论过行为镜像(p. 128f)。教师向学生简单地展现他们典型的扰乱行为,让学生看到他们大声喧哗、推搡他人、倚靠在座位上的各种样子。我和同事之前就把行为镜像这个方法应用到各个年龄段的学生身上。但是,如前所述，使用这种方法最重要的是要征得学生的同意："你是否介意我……""我想要给你展示一下当你……时的样子。"或者对年长一些的学生说："我能演示一下吗？这样会更加清楚。"如果学生不希望教师展现他们的行为，那么教师也应当尊重学生的感受，转而使用图片提示。图片提示或者说行为镜像都是用来提高学生的自我行为意识的。前面已经提到，当我们呈现学生的行为镜像时，一定要简明扼要，然后从动作中抽离出来（展示学生在做出扰乱行为时是什么样子），再回到学生的行为问题上来，告诉他"当你那样做的时候，看上去就是这样的"。尤其是男生，在教师重现他们的行为时会发笑，这是正常的，也是自然的。

然而，使用行为镜像时也有一些限制。就我个人而言，我从来没有向学生重现他们敌对、攻击、咒骂或扔桌椅的行为。这种情况下，教师不必完全重现学生的行为，只要拿起椅子假装扔出然后放下就足够了。学生的咒骂言语教师也不需要完全重现，只需要模拟一个强烈的音节或词汇就足够了[3]。

- 对于小学高年级以上的学生，行为目标披露能够提升他们的自我行为意识。教师接下来会讨论他们各种扰乱行为背后隐含的寻求关注和权力的深层原因(p. 217f)。

- 第二幅图展示出那些老师期待的、正确的行为表现，而这些行为恰恰和第一张图中的行为相反。这是学生的个人行为管理计划（以下简称行为计划）的关键。

教师引导学生讨论两幅图片的不同之处。幼儿和小学低年级学生会把注意力放在图片内容上，教师要引导他们思考："这张图里你在做什么呢？"或"这张图上的你有什么不一样？另外一张图里你又在做什么呢？"教师要把学生的讨论引向适当的行为。

用图片重现行为的方式也可以用于年长一些的学生，不过要具体考虑到他们的年龄和具体的情境。

我之前制定了针对一个频繁在课上大声喊叫、分散他人注意力和在座位上不安分的8岁学生的行为计划。他有一个不停地按压指关节的习惯。一部分原因是吸引注意，另一部分原因可能是他在学习上遭遇了难题以此逃避课堂任务。

在我跟他进行面谈之前，我简单画了一张画（见上图），之后就跟他讨论他行为背后的吸引注意的目的。事实上，他相当喜欢我的图画，还问我他是否可以临摹一幅。行为计划在具体的操作中包含以下几点：

○ 双手"安分"，动手写作业而不是做其他无关的事。
○ 不断调整学习任务——如果学生对某门科目的学习存在困难，我们可以同该科目教师协商制定一些基于学习目标的任务。
○ 给学生配备小的笔盒，减少课桌的凌乱。避免使用大文具盒装各种零碎的东西，如小玩具、足球卡片等。我们只给配备一个较小的文具盒来放一支蓝色的笔、一支红色的笔、一支铅笔（禁用卷笔刀）、一块橡皮擦和一把小尺子。
○ 使用卡片大小的图画作为学生的行动备忘录并记录他的行为表现。同时，他自己在学校日志中也要记录自己的行为。每一位他的任课老师都要人手一份他的行为计划，教师们需要（私下）对他在课堂上的表现做出描述性的反馈评价。
- 监督教师每周和学生面谈两次，讨论他的进展。让学生参与到计划中来，强调这是学生的计划。

　　在一对一面谈中，监督教师需要向学生展示行为榜样。在无数次的一对一辅导中，我和我的同事坐在地毯上向低年级的学生示范如何让眼睛和耳朵集中到教室前方，示范怎样避免大喊大叫而安静地举手，示范坐在自己的位置上不去打扰他人，甚至示范怎么管理自己沮丧和愤怒的情绪（Rogers 和 McPherson，2014）。

　　然后，监督教师就要不断鼓励学生练习。在一对一指导时，监督教师要跟学生一起多次演练。这样一种行为练习的方式，我和同事称之为学生的"动觉记忆"。

　　在行为练习中，教师可以着力的方面有很多，例如"个人空间"、"手搭在膝盖上"、"规矩地坐在地毯上"、"同伴声音"、"排队"、"安静地走动避免打扰他人"、"专注学习"和"以安静的方式获得教师的帮助"等。

　　每一位该学生的任课教师都应熟知这个行为计划，并在上课过程中有意识地通过言语和非言语的提示来帮助学生形成自觉的行为意识。例如，对一个特别吵闹的学生，为了帮助学生学会使用同伴声音，监督教师需要采用各种非言语的提醒来阻止该学生的吵闹行为，如模拟调低音量的动作。这有助于缓解教师不得不大量使用口头提醒维持纪律的情况。

　　每一名任课教师都会人手一份该学生的行为计划的副本。当他再次在课堂上做出扰乱行为时，教师就要积极地提醒（尤其在任务学习阶段）："记住你的计划。"或"根据你的计划，你现在应该怎么做？"作为纪律管理和鼓励的焦点，它会起到一定的作用。

　　根据具体的行为计划，学生的行为表现需要被监督和记录。每一名该学生的任课教师都需要对该生在课堂上，尤其是课堂任务时间的行为表现作出描述性反馈，提出该生需要改进的几点建议。当学生按照行为计划管理自己的行为时，教师的反馈能够给予他们鼓励。

　　对学生的鼓励最好在私下进行。教师把学生叫到一边，在不被别人听到的地方告诉学生："你记住了你的计划，你保持了安静……""你认真地整理了课桌。""你在小组阅读中认真完成……"这些描述性的反馈关注到学生做了什么，尤其是根据他们的行为计划，他们需要做的良好的行为。有时一个简单的非言语提示就能鼓励学生专注于学习：当学生正在按照行为计划管理行为时，教师的一个微笑或竖起大拇指或一个"OK"的手势就是对学生最好的鼓励。监督教师在每周一次甚至两次的一对一指导中需要回顾整个计划的执行情况或制定新的计划，询问学生计划中最容易做到的是哪一部分，为什么，最难做到的是哪一部分，为什么。通过询问学生原因，学生能够学会自我反思并提高他们的自我行为监控能力。

在每次的面谈中，教师都可以根据具体的执行情况不断调整学生的行为计划。

任何这样的行为计划都是提升学生的自我行为意识的手段，让学生学会控制自己的行为。行为计划要让学生们认识到他们的行为时时刻刻都在影响着周围的人，他们有责任和义务管理好自己的行为。

在行为计划的评估中，监督教师和其他参与的教师要从频率和强度上来评估学生的扰乱行为是否得到了改善，学生是否还需要隔离，学生是否已经形成了预期的良好行为习惯。

助理教师

任何的行为计划都离不开助理教师的工作。助理教师需要花费大量的时间对学生进行一对一的行为辅导和学习辅导，他们通常都能和学生建立起信任、支持和友好的关系。他们学习分析学生的情绪和特质且当学生在学校遇到各种特殊困难时，对学生的行为进行干预和提供帮助。当某个学生表现出行为问题时，助理教师通常扮演着导师或监督教师的角色，跟学生一起制定行为计划。教师和助理教师的配合在学生工作中是非常重要的（我曾遇见一些教师对助理教师缺乏专业尊重）。

当一切似乎无可挽回时……

对有些学生来说，再多的一对一面谈和行为治疗似乎都无法改变他们在校的扰乱行为。这时，我们就不得不在学校主流的行为教导之外寻找别的解决方案。我们绝不允许学生在学校里持续干扰他人学习和危及他人人身安全。这些可供选择的解决方法对维护校内其他学生的利益和全体教职人员的基本利益都发挥着极为重要的作用。

不适当的语言、脏话和咒骂

新闻报道称，90%的英国人不会因他人的咒骂感到恼怒；每个英国人平均每天会有14次咒骂言语（他们怎么能获得如此准确的数字）。似乎毫无疑问，"……男性普遍承认自己是满嘴脏话的物种，比起女性更严重……"；然而这篇报道随后声称，83%的女性每天都有咒骂言论。记者表示，在公共场合中，如今的英国人已经不如他们过去那样风度翩翩了（Manchester，2009）。

有些成年人偶尔因受挫而咒骂。甚至有的教师在教师休息室或打印室以及在怀有敌意的家长离去后也会咒骂。无论我们喜欢与否，我们必须承认，相比于过去，如今的校园里的咒骂言行更加普遍。对于有些人而言，说脏话已经过时了。然而，在一些电影、书籍和电视节目中，说脏话却成为对话中的常态，成为显示幽默、表达愤怒情绪的工具。

我曾和一些"午餐秩序监管人员"讨论学生在操场上的行为问题，同时也谈及咒骂问题，因为这实在是常见的现象。

"学生们都是怎样骂人的？"我问她们。

她们起初对我的问题感到困惑："你是指什么？"

"学生们骂你们还是他们之间相互对骂？"

"一般是相互对骂，很少针对我们。"她们回道。

"那么，他们经常都怎么骂？"

事实证明，学生经常因在对话或游戏中受挫而爆粗口。我们是否应该区分咒骂（或脏话）的类型？如果应该的话，为什么以及怎么区分？细心的教师会把一名学生受挫时低声咒骂与一名学生当面咒骂同学和老师的行为区分开来。一些学生的脏话都是"悄悄"进行的，当他们从同学面前经过或远离老师时咒骂"傻瓜"、"混蛋"等。他们并不想让老师听见，可能只是想让同学听见。

任何对其他同学或教师怀有敌意的咒骂都应该被立即处理。教师在处理时要坚决但不能对学生进行攻击（这只会滋生潜在的愤怒、敌对或吸引注意的"炫耀"），必须制止学生："你的语言是不恰当的，等你平静下来我们来处理这个问题。""迈克尔（……），我们这里不允许骂人，请马上停止。"教师要阻止任何狡辩性的申诉，不要质问学生为什么咒骂他人（或者甚至他们为什么骂你）。教师制止学生时不要指指点点、打手势或使用其他怀有敌意的手势。敞开的、阻止的手势能帮助教师保持坚定的语气而不带有攻击性。必要的话，教师要指导学生进行冷静。质问学生"你为什么要咒骂他人（老师或同学）"是毫无意义的。在情绪爆发的时刻，教师需要冷静地沟通。

我知道有些教师会质问学生："你为什么要骂我？我惹你讨厌了吗？我做了伤害到你的事吗？"这种不坚定的立场以及毫无意义的"争论"只会起反作用，助长了学生寻求注意和权力的意图。毕竟总有观众在场。

当学生在情绪爆发时不怀好意地咒骂他人,教师要立场坚定、态度果断;关注问题和规则(关于语言和尊重他人的规则);引导学生冷静下来;必要时,寻求第三方(一位同事)支持。

对低龄的学生,教师要直接、即时地提醒他们"我们班上不准骂人"。这种行为发生后,教师可能需要对孩子实施隔离政策(在教室里或教室外)让他冷静下来,当孩子在身体行为上更加咄咄逼人或有伤害他人的迹象时应把他带出教室。

在学生情绪爆发时,教师也要避免向学生长篇大论地解释为什么他们的语言是不恰当的和不可被接受的,不要反问他们:"你难道在家里也这样说话吗?"我也确实听到一些教师这样质问,并且学生给出了肯定性的回答。

在学生被激怒时,强迫他们在全班同学面前道歉是毫无意义的。当一个学生低声咒骂,教师可以策略性地忽视,待学生冷静下来后再处理。这取决于教师是否真的听到了学生低声嘟囔"傻瓜"以及其他同学的反应。通常教师只要对学生这样说就足够了:"保罗(通常使用学生的名字,因为这样能引起注意,也使得纪律管理更具有针对性),我听到你刚刚说的话了。我知道你感到恼火,我没有那样对你讲话,希望你也不要那样对我讲话。"如果学生争辩说他没有骂你,你也要轻声提醒他在班级里不准说脏话。然后,引导学生重新回到他现在应该完成的学习任务上或必要时给他冷静时间。

教师把学生叫到一边进行简短交谈往往更有成效(使用与上述类似的语言)。如果其他学生听到该同学的咒骂,那么他们需要看到我们采取一些措施。把说脏话的学生带到一旁并不是要与他展开讨论,而是让学生承认和简单澄清其行为。

在一对一面谈时,教师可以说:"大卫,我听到你骂保罗了……"有时,学生会觉得困惑,因为他可能不觉得自己骂人了。这时我会把他们骂人的话说出来或者写下来给他们看。"我知道你之前跟保罗之间闹得不愉快(简单地感知他们可能的情绪),但我们班要求使用尊重他人的语言……"

当时,我在墨尔本西郊一所极具挑战性的高中教九年级。布置完课堂任务我开始在教室里走动,这时我无意间听到一个男生压低了声音骂他身边的女孩"婊子"。我知道他们是朋友,但是他的声音里充满了恶意。我走过去,告诉他:"亚当,我听到你骂贝琳达了……"然后我在纸上写下了他骂贝琳达的话。

亚当争辩道:"我没有那样说。"

我看着他,坚持说道:"我听到了,亚当。"

让我觉得恼火的是,我在课后把贝琳达和亚当叫到办公室来讨论这个问题,贝琳达一幅满不在乎的模样。她耸耸肩,说道:"……亚当说话就是这样。"随后亚当草草地道了歉。

处理学生说脏话(青少年尤其明显)的一个挑战是学生的无所谓心态(认为没什么大不了)。通过召开班会在全班学生面前广泛地讨论说脏话和粗言秽语现象是有效的(Rogers,2006b)。理想的情况是,班主任也要提及班级规范中所涵盖的人际交往问题;要互相尊重和避免漠不关心、无礼和侮辱性语言等问题(p. 39f)。班会中教师要再次强调文明用语的重要性,指导学生如何正确与他人沟通。

对于幼儿,他们对脏话可能有不同的理解。我的同事曾讲述了一个 5 岁的学生的事例,他走到老师面前,严肃地对老师说"老师,康(人名)骂人了"。

"他真的骂了吗,玛利亚?"

"他骂了。"

"你确定?"

"我确定,他骂人了。"

老师决定详细调查情况,他低声问:"他说了什么……玛利亚?"

玛利亚表情严肃,面带挣扎和尴尬,低声回答:"他说,他说,蠢货!"说完立即用手捂住嘴,似乎在说:"对不起我不得不告诉您他说了'蠢货'。"对她而言像"蠢货"这样的话都是骂人!

243 对话中的咒骂

即使是在小学,学生之间在对话时说脏话也并不少见。我有时会在教室里听见学生说:"你那天有看到那场真他妈精彩的比赛吗?狗屎,这次得分真是……其他队伍根本就是垃圾!"教师应该忽略这类发生在教室或操场上的脏话吗?还是说教师要说服自己"这就是社会现实,这都是如今的潮流词(街头语言)"?我曾经多次听见这种言论,大部分来自于非教育工作者。然而,学校不是"街头",教室也不是"街头"。

当学生在操场上或教室里说脏话时,教师如果忽略了他们,就很容易传达出这样一个信息——我不在乎你们说了什么,或这样的话是可接受的、正常的(作为一种对话交流)。

诚然,那样的语言属于"街头语言",但却可以作为正常的语言而被认可。问题在于教育者们应该如何指导学生们拒绝使用各种粗鲁的脏话。

教师发现几名学生正在悄悄讨论他们最近看的一部"坏电影"。这是一部惊悚片,其中充斥着暴力、血腥和无厘头的内容……即使还隔着一段距离你都能听见学生口中蹦出的各种描述语。教师斥责学生:"天哪!你们说的每一个词,我全部都听见了!难道你们在家里也说这些吗?"这样做是没有意义的。即使学生很可能在家里也这样说话,但把学生的一切言行归咎为家庭环境是不合适且不必要的,可能还会收到学生充满敌意的回应。

"学生对话中使用脏话"这个问题可以通过一种坚定而平静的确认,然后提醒学生在学校要使用文明用语的规定加以解决(假设学校已经就文明礼貌用语的使用做出规定)。

教师一个幽默的提问或者题外话都能促使学生进行自我检查。教师在路上遇见学生,自然地打招呼:"你们过得怎么样?"

学生的肢体语言似乎表明:"只要你不过来,我们就很好——真的。"学生实际的回答是"还好"。他们会想是因为他们说脏话被听见了,难道他们现在不得不忍受教师在耳旁唠叨班规教条。

教师的身体向学生探过去(似乎表明他不想让其他人听到),问了一个他们刚才在谈论的"该死的电影"的问题(没有使用刚才他们所说的那个词):"最近看过以'F'开头的有趣的电影?"

几名学生露出了厌烦的笑容并发出了叹息。教师友好地说了声"再见"就离开了。这是宽松警惕。

如果一些学生已经形成了大声说话和辱骂他人的用语习惯,教师就需要和这些学生进行一对一谈话,讨论他们的用语问题,引导学生对自己(在学校)的交流方式负责。

大多数情况下,学生在不经意的情况下养成了说脏话的习惯。当然,有些学生在同辈群体中故作姿态"你们要听我的"、"我很酷"、"我跟其他人一样酷……"。

在中小学(尤其小学高年级和中学阶段),如果学生频繁在交流中说脏话,那么教师应该以辅导小组(或年级组)为单位召开班会,明确规定什么样的语言是不恰当的或者是脏话,讨论我们说话的内容和方式如何影响他人的感觉,并且重申核心权利和责任。我们要强调语言的力量很强大,它可以鼓励他人也可以伤害他人。通过召开班会,学生能够形成共同的价值观念并意识到语言和人的感情之间的联结……(Rogers,2006b)。如果教师不确信自己是否可以召开一次成功的班会,或者认为自己缺乏经验,那么可以请一位有经验的同事来协助计划和召开班会。

最重要的是,教师要在真诚的语言、严谨的纪律和教育与榜样之间取得平衡。我们自身的行为榜样有助于向学生显现：一个人可以不必诉诸最低级、"普遍"的语言来传达自己的沮丧甚至愤怒的情绪。

反思

- 面对拖延或争辩的学生时，你有意识到你是怎样关注这些强词夺理的学生（尤其是他们还表现出"次要行为"）的吗？（p. 12f）
- 在问题行为发生时，你是怎么跟这些捣乱的学生沟通的呢？
- 你通常会跟进那些捣乱的学生吗（比如被要求暂停—冷静的孩子或者移交给资深同事的孩子）？
- 对学生行为目标（寻求关注还是权力感）的披露是怎么帮助你理解学生的扰乱行为的？又是如何指导你的实践的？
- 在指导捣乱的学生或有行为障碍的学生的支持计划中，个体行为监督包括哪些内容（比如本章中提到的）？
- 关于脏话类型的讨论对你的实践有影响吗？你在学校里会区分脏话的类型吗？你所在学校的校规是怎么规范说脏话的行为的？我们应该怎么"提出"和与学生"讨论"说脏话的问题？一对一面谈吗？
- 对于任何辱骂性的脏话（尤其是针对一个老师），学校有明确的处理方法吗？学校会针对一个说脏话的学生（比如对老师说）提供一些修复性的措施吗？

注释

1. 鲁道夫·谢弗的一项研究表明："长期以来，我们低估了儿童从早期成长的不利经验中恢复的潜能，儿童具备发展的潜能并且能够做出改变，至少儿童的心理是发展的。"（谢弗：2000：8）
2. 大量的文献表明，在捣乱行为和情绪行为障碍问题上，我们如今越来越术语化，大量地使用注意力缺陷谱系障碍和孤独症谱系障碍等术语。简言之，我们根据行为表现来诊断学生的行为障碍。

   《情绪和行为困难指导手册》一书很好地指导我们如何处理学生的反社会行为或捣乱行为。（Clough et al.，2005）

   《学校环境和程序对美国学校校园暴力的影响》（Fürlong et al.，2005，引自 Clough et al.，2005）一文指出要区分"暴力"和"扰乱"，"学校是一个攻击性的反社会青少年的聚集之地。"(p.123)"我们要确定学生的攻击行为在多大程度上是受到学校环境的影响。"(Clough et al.，2005：123)弗朗等人总结了校园暴力的发展趋势，表明"校园暴力中使用工具攻击和打架行为趋于减少。"(Clough et al.，2005：125)

美国、澳大利亚和英国等欧洲国家的学校使用多种策略处理校园欺凌、攻击行为和反社会行为。这些策略包括通过福利计划、早餐俱乐部和社会技能教育来指导具有危险性的少男少女。克劳夫等(2005)提出了一些策略。显然，没有任何一个简单的方法可以解决学生的挑战性行为，因为这些行为的形成原因是复杂多样的。通过研究，我们发现建立支持性的校园环境，提供一个理智安全的学习环境有利于行为问题突出的学生的成长(Rogers，2006a)。

西莉亚·莱斯利的《他会变好：从问题少年到好男人》(2005)一书对于那些从事青少年支持工作的工作者而言非常具有鼓励意义。

教师的工作文本运用了案例研究，通常非常实用和鼓舞人心，详见《如何管理行为问题突出的学生》(Rogers，2009)。它包括了来自英国和澳大利亚的许多同捣乱的学生和班级工作的教师的一系列文章(www.sagepublications.com)。

3 我和我的同事通常不会对被诊断为自闭症的学生使用镜像，镜像很可能使他们迷惑。我们更倾向于直接教他们学习正确的行为。

访问 https://study.sagepub.com/rogers4e 获取更多资源，您也可以听到比尔亲自讲述常见的行为管理情境以帮助您更好地管理课堂行为。

第七章
管理自己和他人的愤怒

> 愤怒在他的身上,就像燧石里的火星一样,受到重大的打击,也会发出闪烁的光芒。①
> ——威廉·莎士比亚《裘力斯·凯撒》
> (第四幕,第三场)

---

① 该句翻译参照朱生豪译本,详见:威廉·莎士比亚.莎士比亚全集Ⅸ[M].北京:人民文学出版社,2014:69.——译者注

管理愤怒

英国到处都是环状的交叉路口,似乎对我来说就是这样。几年前,我去英国,在希思罗机场租了一辆车并匆忙地驶向埃塞克斯镇的一家酒店。虽然手里有一张地图,但我还是迷路了。在一个较大的环形路口,我停了下来,空转着发动机,等待着进入环形的车流。这时,一辆旧汽车停在了我的右边。我瞥了一眼,看到两个年轻小伙子正喝着大罐啤酒,抽着烟卷。离我右手边窗口最近的男孩摇下他的车窗,说道:"喂,快点开,好吗?"显然,他可能认为从这个环形路口的前端挤入车流对我来说是件很容易的事情。其他汽车都迅速地超了过去,而我坐在这辆新车上,更加谨慎了。

我的谨慎似乎真的惹恼了他们。因为我比他们更加靠近环形路的入口,他们再一次喊道:"走啊,快点开啊!"

我想,因为我这20—30秒的谨慎他们就发火是不合适的。我看了他一眼,耸了耸肩(仿佛在说:"别着急,小伙子,我只是在等待一个进入的时机……")。

我从两个小伙子那听到的最后一句话是:"混蛋!"他们加大油门驶入环形路。然而,当他们驶过我的汽车时,撞到了我的右车镜,镜子旋转了360度,但没掉下来……

最后终于进入了环形路,我拐向了我认为通向巴塞尔顿(Basildon)的方向。行驶的途中,我看到那两个小伙子正站在硬路肩上检查他们汽车损坏的地方(车的那个部位撞过我的车镜)。我把车开了过去,在离他们20码远的前方停了下来,然后下了车(出于获得可能的保险赔偿的目的,我希望得到他们的车牌号……也许这是一个不明智的做法,但是……)

我假装正在"随意地"检查扭曲的后视镜,眼角的余光注意到其中一个小伙子拿着啤酒罐向我走来。他看起来很紧张,也许他认为我要大闹一场。我尽可能自然地转过身来(看起来仍然像是在检查我的后视镜),并问道:"你们还好吗?"

他吃惊地说:"还好!"

"那就好,"我回答道,"你的车还好吧?"

"还好。"听起来他仍然有些惊讶,甚至有些警惕。

"我的车镜被撞坏了。"我没有对他进行言语攻击、评价或者指责(尽管我确定他不是"故意"的,但他傲慢地撞了我的车镜却是事实)。

他看着车镜说:"车镜确实是被撞坏了!"

"当然,车镜被严重地撞坏了!"我真想这么说,但我没有。我觉得"部分同意"可能是合适的——"没错,它确实被撞坏了!"

我有意识地保持声音的平静与放松,避免太多直接的眼神交流。

他现在看起来似乎不那么紧张了。希望我的冷静能感染他,让他更加冷静。

他说道:"你能很轻松地修理好。"

"你能吗?"我不太确定。

这时另一个小伙子走过来想看看发生了什么事。我跟他打了声招呼,说了"你好"。他咕哝地说着些什么。我接着说:"我正在检查我的车镜……"他也注意到这个"非常明显"的事实。

"车镜确实是被撞坏了……"

另一个小伙子插进来说:"这是弹性装置,你只要把它拉出来,它就能恢复原位。如果你想的话,我可以修复它。"他们现在似乎变得友善一些了。我没有提他们在环路上所做的事,并且对他们进行言语攻击也没有任何意义(或必要)……。好像在这一点上我们都有一些基本的人类需求,我们开始不只是把对方看作道路上的一个障碍。

他拉着车镜,发出了吱吱声。我希望他不会把车镜从插槽中拉出来。他放开了手,镜子哐啷一声回到了原位。

"车镜修好了。"他看起来惊喜不已。

他们既没有认错也没有道歉。我也没有强迫他们做这些。我看着修好的车镜,塑料外壳上有一些刮痕。但是没什么问题。

"伙计们,你们太好了,谢谢!"他们一定是听出了我的澳洲腔。这两个小伙子的脸上第一次显露出笑容。

"你是澳大利亚人?"

"是的。"我想唱《邻居》的主题曲,但我没有这么做。"伙计们,能帮我个忙吗?"我感觉到气氛有点紧张(他们可能以为我会要他们的证件号码)。"我在寻找一家在巴塞尔顿的酒店。"我解释着我想去的地方。

"我知道在哪儿。"他把烟卷丢在了碎石上。"它在……"他开始解释起来。

"伙计,能帮我画张地图吗?"

"不用了,我们会带你去那儿。你跟着我们,我们会告诉你怎么走。"

我瞬间冒出一种想法,他们可能会把我引入歧途。但是,他们没有。他们特地来帮助我。

尽管我没有想到会是这样的情形,但我知道如果我当时摆出一副大男子主义姿态的话，情况可能会更糟糕。

我跟着他们到了酒店。当我们的车驶向不同的道路时，他们摁响了汽车喇叭。我认为这就是他们表达"歉意"的方式。

虽然不能保证，在上述那样的紧张情境中我们的行为能够对他人产生积极的影响，但我相信，如果我们在试图让他人冷静下来之前先有意识地做到自我冷静，并思考一下如何与紧张、沮丧或愤怒（或可能愤怒）的人沟通，这是会有作用的。

理解自己和他人的沮丧与愤怒

愤怒是一种极具威力的情绪。它会妨碍甚至破坏我们与同事以及学生之间积极的工作关系。有时它还会诱发破坏性和危险性行为。

我曾看到和听到一些教师沮丧进而愤怒到极点时，对个别学生或全班学生大喊大叫，甚至歇斯底里地吼叫。我曾见过教师被愤怒的情绪吞噬而用敌对和攻击性的方式对待同事和学生。当我感觉到教师在几秒钟后可能要陷入自我挫败的冲突中，甚至厉声责备时，我会在教师和学生之间进行干预。当然，愤怒也可以表明我们的感受和需求，特别是我们的正义感，同时也有助于我们传达这些感受和需求。

理解我们自身的沮丧和愤怒，了解那些情形、环境和降低我们挫折忍受力的人，了解我们在遇到这些情形下的特质性行为，了解我们如何应对和管理自身的愤怒以及如何试图帮助他人管理愤怒，这些都是很重要的。但是，在情绪爆发的时刻，我们很难做出这样的反应。尽管如此，作为教师（就我们的角色和关系来说），我们有必要对沮丧和愤怒情绪进行总体上的反思。

亚里士多德（在其《尼各马可伦理学》中）教导我们："我们不要忘记，在愤怒时感到痛苦，在报复时感到快乐是人类的本性。"（汤普森译本 1969：I, 100）他并不是说我们应该寻找报复的快乐，而是在谈论用熟悉的（和消极的）措辞——"不要生气，进行报复"来表达的人类的倾向。持有这种惩罚性正义观的教师就注定了其职业生涯的短暂。

亚里士多德（在《尼各马可伦理学》中）接着说道："我们不会因感情而受到赞赏和责备。一个人不会因愤怒情绪而受到赞赏或者责备，而是因其以某种方式发怒而……"（1969：II, 63）他讲明了我们在反省时所知道的：愤怒（或至少是沮丧）常常是我们无法控制的一种感受。它常常在我们疲惫、烦恼或者尝试一次做多件事情时

"恰好出现"。当我们感觉到一种情境或他人行为不公正(或不公平)时,愤怒也会"出现"。

亚里士多德也对我们无法忍受和控制的沮丧、愤怒情感(就像在 M25 高速公路①上发生交通堵塞,我们很着急,却忘了在高峰期交通系统多么没用,等等)和因愤怒引起的行为进行了区分。他补充说:"愤怒或恐惧都是我们无法控制的,但我们的德性是表达我们意愿的方式,至少在其构造之中有意愿的成分。"(1969:81—2)

我们已经了解的是当我们愤怒时应该做些什么。我们已经知道愤怒会以某些特定的方式发生,也许我们已经养成了一些愤怒行为的有害习惯,虽然并不是有意识地,但是随着时间的推移我们也习得了这些习惯。亚里士多德进一步指出,在我们的愤怒行为之中有"意愿"的成分。他也把意愿的运用与如何有益或无益地、建设性或毁坏性地表达我们的愤怒联系起来。沮丧和愤怒有一个从恼火到大怒,再到盛怒、攻击性愤怒的连续过程。这是一种无论出于什么样的原因都必须学会忍受的情感。当我们愤怒时,意愿及意愿的表达能激发我们行为中的美德[1]。

愤怒产生的原因可能有很多,但无论是什么,一个人只有在正确的时间、正确的场合,针对适当的对象适度表达愤怒才能赢得我们的赞赏(1969:127—8)。

对于亚里士多德来说,在我们管理和传达愤怒的过程中存在着"适度",甚至美德的问题。这是一个苛刻的要求吗?当然不是!亚里士多德从来没有否认我们愤怒的人性。他的意思是说,愤怒以及我们表达愤怒应该建立在"适度"的基础上。

精神病学家斯科特·派克(Scott-Peck)指出,为了在这个复杂的世界中"正常存活",我们"不仅需要拥有表达愤怒的能力,而且需要拥有控制表达它的能力"(1978:67)。

挫折忍受力(frustration-tolerance)是一种必要的生活"技能":交通拥堵,排队等候,电话的等候接听时间(……请按 1,……请按 2,……请按 10),医院急诊室等候。英国教育标准局(OFSTED)指出,学习如何调节、管理、传达我们的担忧、沮丧和愤怒是一种技能。我们都必须学习如何更好地管理自己的沮丧和愤怒。

例如,我们深知在某些场合,口角冲突是在错误的时间传递了"正确的"信息(事后之见),并且有可能会严重破坏我们与朋友、同事和学生之间的关系。虽然有些时候简单且富含激情地直接表达愤怒是正确的或合理的,但在其他时候,正如斯科特·

---

① M25 高速公路也称作伦敦外环高速公路,是一条环绕英国首都圈——大伦敦的环状高速公路。——译者注

派克所说，更明智、恰当的做法"是在深思熟虑和自我评估后去表达"(1978：67)，正如我们可以写封"表达愤怒的信"一样。

愤怒作为内驱力

愤怒似乎只是驱动我们，让我们做一些"释放自己的事情"：大喊大叫、歇斯底里地尖叫、挥动拳头、伤害身体、乱扔东西、踢桌椅或墙壁……

对于儿童与成人来说，他们常常会做出这些行为。然而，愤怒情绪的驱动却从没有告诉我们，当我们情绪紧张时应该做些什么。正是情感爆发的直接性使得愤怒行为具有极大的破坏性，但如果加以指导却有助于建设性地解决手边的问题。还有一些我们对愤怒的自我辩解，比如年龄、语言甚至习惯等都强化了我们的愤怒行为："他使我……""这不是我的错……""我控制不住！""他本不应该说（做）……""他让我……"他是怎么使我们愤怒的？这只是部分正确的，我们也有责任注意一下自己的回答："我无法控制！""我控制不住自己的情绪……"我们常常无法控制自己的情绪（尤其是当我们感到愤怒和沮丧时）。我们能做的是学着理解我们的情绪以及与这些情绪有关的场合、情境和那些降低我们挫折承受力的人（可能是学生，有时也可能是同事或父母）。

关于愤怒情绪的自我意识能够更好地帮助我们决定在愤怒激发的情景中该做些什么(Rogers，2012)。如果这种自我强化与自我辩解式的言论（如上所说）是特质性的，它将导致糟糕的、令人困扰的，甚至是破坏性的持续愤怒行为。

"……怒火已使我失去理智"[①]——维吉尔，《埃涅阿斯纪》，卷二

强烈的愤怒情绪可以让人不受理性的指导和意志的控制。如果一个人的特质性信念是苛刻要求型的，他就更有可能这么做……"这些孩子应该尊重我……他们不应该顶嘴，不应该这么无礼……""在这个班里，我的问题在于……""我无法控制对于……的感受，我控制不住他们……""我再也不能……""事情本不该这样……""我必须时时刻刻控制着整个班级……"

如果一位教师经常（和惯常地）以这种方式谈论那些调皮捣乱的学生和棘手的班级，那么在愤怒爆发时就会产生一种直接的、自辩的影响。严格要求的心理定势（"必

---

① 该句翻译参见：[古罗马]维吉尔·埃涅阿斯纪[M]. 田孟鑫, 李真, 译. 北京：北京理工大学出版社，2014：89. ——译者注

须……""禁止……""应该或不应该……""不能……""从不！"）本身会造成压力，对我们在日常教学中不得不面对的社会现实作出了不切实际的要求。

例如，仅仅要求学生给予尊重会适得其反。我们会因感到不被尊重而生气，不仅仅是因为学生的行为。教师的心态在这种情境下也将会影响情绪的反应程度。教师的信念（"应该/不应该"）在随后的"反思"中以一种消极的、充满压力的方式进行自我强化。如果我们的需求信念在"社会现实"中没有得到"满足"，（那么）这不是我们的错，这样的自我辩解被一种迫切的、不切实际的信念所影响，以至于我们直接面对压力时仍以自我挫败的方式来表达愤怒（"这都是我的错"、"这都是他们的错"）。更重要的是，这阻碍了我们更有效地处理必须解决的分心和扰乱行为。

我们应该优先基于社会现实形成信念，它不只是简单地要求"必须/禁止"，"应该/不应该"。"我讨厌学生无礼，但是……"（作为一种信念陈述）不仅在程度上不同，而且在性质上也是不一样的。"但是……"（转折的部分）是我们能做和能说的，而不是以反应式的"打架或逃跑"来表达愤怒。

当我们面对情绪压力时，学会认知重构（惯常地）是一种积极的自我强化。"是的，这是一个棘手的班级……但是……"承认社会现实可以被"但是……"之后的内容所平衡。当我们需要时，我们必须学会这种表达方式。

当然，这需要我们意识到自身惯常的自我对话，学会调整和处理错误的、自我挫败的要求，并进行现实的支持性的自我对话（p. 24f）。这不是否定充满压力的现实。在身处压力之下时和在稍后的反思中，认识到自身特质性的自我对话会对我们的情绪和行为产生直接、重要的影响。

当我们失败（如果会的话）时，我们不要陷于自责和责备他人，例如："我永远都做不好……""事情总是这样……""这都是我的错……""这都是他们的错……"我们应学会避免轻易地对充满压力的现实或不切实际的要求（"应该/不应该"、"必须/禁止"）进行"整体"的（"所有……""总是……""不能……""从不……"）描述，也要学会在面对压力时转变自己的思想。这是一种健康的认知习惯，能帮助我们建设性地应对沮丧和愤怒。

> 附注："我发脾气了！"（I lose my temper!）
>
> 成年人和年轻人都经常使用这样的表达——"我只是发脾气了，就是

> 这样!"我们这么说（后面的这句）是为了说明我们生气时情绪高涨，以及解释我们为什么要通过大喊大叫、令人厌恶和报复性的方式等表达愤怒。
>
> 这是个有趣的词语选择，我们并没有真正"失去"（lose）我们的脾气，而是"找到"了（find）它。事实上，问题在于我们怎样"有意识地找到"我们的脾气，以及当我们迅速地发现它时，我们该做些什么。
>
> 请注意，在他人愤怒时，对他说这些是没有用处的。这些话语在稍后他更为平静的状态下才适合表达。

- 愤怒是正常的，有时候不仅是正常的，而是正确的。在某些情形中，正义要求我们清楚明确地向别人传达我们的愤怒。当我们听到有人说"我有权利生气……"时，他们呼吁的正义是他们坚信的，但对他们来说是岌岌可危的。在这个意义上，愤怒推动了思想—情感—行为的序列……不过，在情绪爆发的一刻，愤怒唤起的"思考"是微乎其微的。在工作中，我们不能让愤怒的情绪"控制"反应，消极地、不加克制地应对日常领导力中固有的挑战。就像我们的领导力，特别是在有压力、挑战和苛刻要求的情形下，很容易让人感到沮丧与愤怒。简言之，我们既要表达愤怒以主持正义，又要有效地调控自己的愤怒情绪。

愤怒的意识

很多情况下，我们的愤怒主要来自于日常生活中的挫折、烦恼，正如拉撒路（Lazarus，1981）所说的"日常烦恼"，或者莎士比亚在《哈姆雷特》中所说的"血肉之躯必须承受无数次的自然打击"。莎士比亚写到自然打击，面对学生固执懒散又粗鲁傲慢的行为，谁会不感到沮丧（甚至生气）呢？对于一份来自英国教育标准局督导员的报告表现出的麻木不仁、冷漠和考虑不周，我们能不生气吗？

注意到那些降低我们挫折承受力的情形、环境和人物是很重要的。第一章中提及的"次要行为"问题会令大多数教师都感到恼怒甚至压力重重，例如学生以一种生气的、闷闷不乐的、漫不经心的语气说话，或者学生使用一些肢体语言（耸肩、翻白眼、持续地叹息）来暗示他们的漠不关心。意识到这些问题是有效的，同时也需要技能。我们可以运用一些更有效的方式来管理和传达自己的愤怒，同时在他人愤怒时给予帮助。

我曾经和那些表明自己"当……我忍不住要(强烈地)发怒"的年轻人交谈过。他们的意思是,在生气时忍不住要大喊大叫、恐吓……变得不成熟、小气或者充满攻击性,好像人类在社会生物学的意义上只能通过喊叫或攻击等生理方式来表达愤怒。愤怒的行为是习得的。社会、情感和生物学领域内的发展(尤其是我们语言的进化),使得我们将语言不只用于争吵。无益的、不适的甚至是破坏性的行为是习得的;但它可能是不学而知的,而其他的(有益的、合适的、建设性的)愤怒行为能够被习得。

- 重要的是要区分愤怒的情绪和由愤怒情绪引发的行为,特别是冲动行为。愤怒本身并不糟糕,为什么呢?愤怒是我们生物进化中的一种固有情绪。我们不应该向孩子们传递出拥有愤怒的情感、情绪或"变得愤怒"就是"坏"孩子的观念。正如康拉德·巴尔斯(Conrad Baars)所指出的那样,"认识到一种强烈的情感本身并不坏是很有必要的,尽管这种情感造成的结果可能对自己或周围的人不利"(1979:68)。亚里士多德也说过"我们忍不住生气……"(强调自我)。愤怒的情绪也可以有条件地、潜在地为一个建设性的目的服务。尽管人们在进化过程中获得了愤怒的情感,但通常情况下,这在社会领导行为背景中是缺乏建设性的。

  从正面来看,学会运用思想和技能去理解和指导我们的情绪,将有助于我们对因愤怒而引发的行为而采取建设性的措施。如果我们认为这是一项挑战,那么这对孩子们来说将是多么困难(见 Rogers 和 McPherson,2014)。

- 区分烦恼(annoyance)、恼怒(irritation)、失望(being "cheesed off")和沮丧(frustration),区分沮丧、高度沮丧与愤怒,以及区分愤怒与攻击(aggression),这种做法是有益的。愤怒是情绪表达的极高的限度。例如,试想一下,我们对一个学生说:"你没有完成家庭作业,我很生气!"或"你迟到了,我很生气!"这些(学生的)行为可能是令人烦恼(annoyance)的,甚至是让教师担忧的,但是这值得生气吗?如果我们轻易地、迅速地对一些小事生气,那么当我们真正需要表达愤怒时,就失去了情绪的重量(甚至是道德重量),而这是我们所需要的。过度使用愤怒这个词将降低它的社会、关系意义和行为价值。

- 与先前观点相一致的是,对那些值得生气的问题"生气"。通过这种方式,学生就可以看到或听到我们表达出的情感和行为是相对合理的。

例如，一位代课教师在你的班上遭到了不友好对待，并且你感冒康复回校后，从校长那里听到了一些指责"你的班级"或"你的学生"的言论。在这种情况下，当我们回校后对全班学生讲话时，清晰明确地传达我们的愤怒情绪是恰当的。

"今天我从校长那里听说了我们班的某些学生对待代课老师（说出老师的名字）的行为表现，我感到非常失望与生气。我不敢相信我们班或学校的任何一名学生会说出这样的话和做出这样的事……事实上，从别人那得我们班的某些同学的行为让我十分反感！"

在表达愤怒时，我们需要明确具体地指出我们对什么感到愤怒。

"我知道不是你们所有人都这样（这是一个很重要的限定，那些配合的学生会抓住这点并记在心上……），说过那些话的人要尽快来见我和校长（一次一名学生）。同时，让我感到震惊的是，你们中的许多人竟然允许我们班里的其他同学做出那样的行为。我一直都认为你们是负责任的、有能力的人。"

每当我不得不在班里说这样的话时（幸运的是很少），我总是富有激情并用一种坚定、公平且严肃的语气。学生则面带懊恼，静静地坐着，他们能够听到和看到我们的愤怒和促使我们愤怒的"正义感"。在类似这种情况下，教师要明确地指出学生的行为是完全不可接受的，并且我们作为教师"随后将要召开班会，讨论一下能否弥补学生昨天的行为所造成的损失"。这是很重要的。

当我们像这样对一群学生讲话时，重要的是：

- 做到尽可能地具体、简洁。
- 指出你不是对"我们班"的所有同学都感到愤怒。
- 不要用"你们是一群禽兽，你们禽兽不如！"之类的话语攻击他们。像这样的言语攻击很"过瘾"（我甚至听过更坏的），但很难赢得他们的理解与合作，也很难解决他们的行为问题。他们需要听到和看到我们的愤怒，而不是对他们简单地诋毁。
- 全班要做出一些补救并达成理解，当代课老师下一次到来时，我希望"我们所有人能够……"。然后与全班学生制定一份与代课教师相处的规范"协议"。
- 跟进可疑的或已知的"罪魁祸首"。
- 要求班级中的学生（以及关键的个别学生）至少要向相关教师写封道歉信。
- 如果代课教师不得不管理一些公认的难以管理的班级，那么要给予他们支持。可以邀请一些资深教师短暂地待在班里，离开一会后再回来，甚至在下课前的

5—10分钟来教室。如果资深教师愿意给予帮助(特别是当课堂出现严重的、持续的扰乱时),这将会增加代课教师管理一个极具挑战性的班级的自信(参见 Rogers,2003b)。

关于表达我们的愤怒的一些基本认识

当我们愤怒时,尤其是在盛怒的一刻,决定我们应该做什么和说什么是十分困难的。事先的一些反思和对愤怒管理的一般性认识能够有所帮助。

- 在我们试图向他人表达对什么愤怒及为什么愤怒之前,我们要尽快使自己冷静下来。这听起来似乎很简单,其实不然。做几次深呼吸,不要太用力,以免其他人会认为你是换气过度!在头脑中默数几秒钟,然后表达你认为是必要的内容。先冷静下来,随后再解决引起愤怒的问题,可能是有益的。在一个人极度愤怒的时刻,尝试去解决引起愤怒的问题是徒劳的。简单地表达我们的情感就足够了……

仅仅宣泄愤怒的情感会导致愤怒或攻击性行为习惯的产生(Rogers,2012)。

- 简要地集中在令我们生气的问题、情境和行为上:"我生气是因为……""当……时我会生气。"如果我们只是恼火,尝试使用其他词而不是愤怒来表达。
- 关注问题而不是攻击他人。在应对愤怒的孩子或家长时,这一点尤为重要。("你以为你是谁!""不要用那样的方式跟我说话……")[3] 如果我们需要使用果断的语言,我们就应该集中于我们愤怒的行为与问题上。我们应该做到简单明确,例如:"我不曾对你的体形和穿着进行评论,我希望你也这样。现在就停止!"我们应对一个作出性别歧视、种族歧视评论的学生这么说。任何学生第一次使用带有性别歧视或种族歧视的语言时,我们都不能忽略;我们应该及时、简单、明确、果断地处理这个问题。当我们要表现出果断时,我们要看着对方的眼睛(不要站得太近),避免晃动和指指点点。张开手做出"制止"的动作,用一种清晰、坚定、强有力的声音说道:"我没有骂你,那样的言语在这是完全不能被接受的。如果你对我感到不满,你可以用另一种方式说明。"我们可以对一个无缘无故咒骂老师的学生这么说。

当一个人说"你认为你是谁啊"、"你愚蠢的抱怨真让我生气……"这样的话时,坚定果断的语言与敌对或攻击性语言是有区别的。通过使用第一人称"我"进行沟通就能让他人了解我们对他们行为的感受(或者我们是如何被他们的行为所影响的)。我们的非言语行为应该是果断的,而不应该带有敌意或攻击性。我们也不要询问学生为什么使用这样的语言……我们不需要原因和讨论;我们也不想上演太多的"戏剧",记住,同伴观众总是在场。在维护我们自身的基本权利,同时处理他人不可接受的行为时,我们要在控制自我方面做出示范。

- 快速降低声音并缓解紧张。我们可能需要提高声音(不是喊叫)来引起注意并强调某个观点。重要的是,稍后要把声音降到一种冷静、平和、可控的状态。在极度紧张的情况下,孩子们很少能控制住激动的情绪。我们作为成年人,必须做出表率。
- 在发泄我们的愤怒时,我们需要一些时间让双方冷静下来,可能甚至是进行思考和反省。这样可能更有助于解决问题。
- 无论是在专业还是道德层面,教师(作为成年人)都有责任在愤怒事件发生之后主动采取一些修复和重建措施。很少会有孩子找到老师并说:"老师,对不起!这件事一直在我的脑海里挥之不去,您知道我骂了您并说了……嗯……我想修复和重建我们之间的关系。"
- 作为成年人,尽管我们的愤怒在情绪化的时刻是合理的,但我们之后仍然需要"伸出橄榄枝",在修复和重建行为上做出榜样,希望(或许有朝一日)学生也能效仿。

我们需要"修复和重建"师生关系,因为这是正确的事情。未解决的、残余的仇恨会损害师生关系(或同事关系)。当修复和重建与学生之间的关系时,我们要给学生机会来分享他们对引起愤怒的事件的感受。总要有人先迈出第一步。

冷静下来后,我们可以和学生一起坐下来:

- 简单地解释一下当时我们是因何生气及为何生气。
- 给予学生回应的权利。
- 考虑学生的观点与感受,但要重新提及那些被学生行为所影响的基本权利。

第七章 管理自己和他人的愤怒

- 避免强制学生分享他们的感受。如果学生拒绝分享他们当时的感受或现在的感觉,那么简单的建议可能是有用的,例如:"也许那天发生的事情真的惹怒了你,因为……"有时候只要不带恶意地进行简单的沟通就足够了,"我们就从这出发吧"。
- 讨论一下"下次"遇到类似事情时"我们"应该怎么处理。
- 尽可能友善地分开(p. 132)。

当一位男教师与女学生进行一对一的交谈时,出于伦理要求考虑,有一位女同事在场是很重要的。

沮丧和愤怒的家长

如果曾经有一位愤怒的家长冲进你的办公室(或者你的教室),或试图在操场上"强留"住你时,你就会知道这种遭遇会带来多么大的压力。有些家长满怀敌意,拒绝承认自家孩子有时顽劣的行为,认为都是学校的过错。每年我都会读到来自许多国家的类似文章。幸运的是,尽管感觉到这个问题愈加普遍,但总体来说充满敌意和攻击性的家长只是少数(Rogers, 2009)。即便如此,我们也必须以专业和支持性的态度来对待这样的家长。

庆幸的是,当家长因自己孩子的问题来到学校时,他们大多数都是通情达理的。尽管他们认为自己的孩子遭受了不公平、不合适的或不可接受的对待,但是他们仍然会控制和调节自己的沮丧情绪,他们并没有立刻"发起攻击"。

在与沮丧和愤怒的家长进行沟通时,关键是要接受并肯定他们的感受以及他们所认为的"问题"。他们的看法可能和我们不同,甚至(在事实上)可能是错误的,但这就是他们此刻所感受到或认为是"理所应当的事情"。

- 给家长一些时间来解释他们的感受,避免急于插话和为学校辩护。允许家长倾诉意味着让他们最初的情绪得以释放。
- 邀请家长坐下来(从生理学意义上来看,当家长坐下来时,他就很难大发脾气)。
- 首先要倾听,然后再回应("我知道您对……感到不高兴和愤怒。""您似乎在说……""如您所见……")。例如,如果一位家长认为他的孩子受到了骚扰或欺凌,我们首先应该承认和理解家长的愤怒,把精力重新聚焦到真实细节的澄清,以及做出适当的调解和合理的交代上。

- (简短地)向家长保证你知道他们(和学校)都很关心这件事。"我知道您很关心贾斯汀,如果您不在乎,现在就不会在这里了。我们也很关心他,我们会帮助您的儿子……"
- 学校要保留相关学生及其行为事实的证据,并邀请家长依据学校政策和相应程序来考虑这个问题。我们需要在权利与责任(规则)的框架下来讨论和解决他们关心的问题。
- 诚实是至关重要的,关于事情是怎样的,发生了什么,然后需要将做出的最明智、公平、可行的选择向所有的当事人公开。在学校没有作出承诺或不能遵守承诺时,合理的妥协可能是必要的,但不能在学校有关行为政策的权利、责任、规则和后果上作出让步。
- 尽早给予家长帮助通常可以消除披露于公众的混乱与错误的信息(流言蜚语、媒体)。

这些年我跟许多同事交谈过,他们被那些浮夸、傲慢、愤怒的家长弄得泪流满面。那些家长失去了自我控制,使用恶言秽语对他们进行恶意的、放肆的指责,甚至威胁。

我的一个同事(在澳大利亚)是校长。他曾勒令一个八年级的女孩停课,原因是这个女孩打了另一个女孩的脸。受伤的女孩脸上和下巴有严重的瘀伤,一颗牙齿也受到了损伤。校长强制殴打同学的女孩停课三天,等待着关于调解和赔偿事宜的问责会议。

女孩被停课的第一天,她的母亲就绕过秘书,直接冲进了他的办公室。

"你为什么让我女儿停课?嗯?我告诉我的女儿,谁要是喊她贱人,就打他、揍他……"这位母亲暴跳如雷,晃动着手指,在清晨的阳光中唾沫四射。

这时几位资深同事围在办公室的门口,准备给校长提供道德支持。这位母亲咆哮道:"你们都给我滚开!"

我问他是怎样处理这个纠纷的。"我知道我本来想说什么。"他疲倦地笑了笑,"我本想说:'有其母必有其女!你以为你是谁啊,竟然冲进我的办公室大喊大叫,恶语伤人,你就是个傻瓜!你赶快离开学校,回家吧!吃个安定三明治。如果你冷静下来了,你再来。没有预约,你就不要来我的办公室!你明白了吗?'但是我不能说这些,不是吗?虽然很容易就这么做。但如果我这样做了,我可能就会出现在那晚的电视新闻里。这位母亲站在那里,现在平静下来了,看起来好像被这所冷酷无情的学校严重打击了一样。她面对着镜头说:'我来到学校是因为关心女儿。我知道她受到了欺凌,我不能复述别人是怎么说她的,因为从校长那除了得到辱骂,没有任何帮助!'"。

"所以你接下来是怎么做的?"我问道,虽然我已经猜到了答案。他说:"我让她发泄出了所有怒气,她跳起来,朝我大喊,破口大骂。最终,她平静了下来。我没有进行任何抵抗,也没有在当时试图为自己的行为进行辩护。她站在那里,有点上气不接下气。我问她是否要坐下。她坐在那里,双臂交叉。我说'我能看出对于尚泰尔的事情你很生气。我知道你很关心尚泰尔,我们同样也关心她。如果我们能谈谈而不是相互攻击,那么我们才能帮助你的女儿。毕竟这是你来到这里的原因。xx 女士,我不会冲你大喊大叫,我希望你也不要这样。谢谢,那么现在……'。"

接下来他谈到了这次事件,直截了当、清楚地陈述了事实。"不,我没有说您的女儿撒谎,女士。"这么说是为了对目击者说她的女儿是个骗子做出回应。

最终他获得了理解,并保证适当的调解程序将会起作用(三天之后——给所有人一些时间冷静)。他没有用暴力"维护"学校的政策,只是解释和重申学校的政策是不容置疑的,并对各方都有利。

在这种情况下,保持冷静和专业性是很困难的。的确,有些时候当讨论的问题挑战到他们粗糙的正义观时,家长可能会再次勃然大怒。在这种情况下,如果满怀敌意和愤怒的家长不停地喊叫与咒骂,最好的处理方式是冷静地宣布:"会议到此结束。这是不可行的,女士。"他做出暂停的手势。"这是不可行的。我一直在要求你冷静地谈论这个问题,但你总是喊叫、咒骂和威胁。我不准备继续谈下去了。请你现在就离开!当你冷静下来时,你可以约个时间,我随时愿意和你交谈。"然后校长走向门口(给出接受时间),示意家长离开。如果家长拒绝离开(确实发生过),那么更好的方法是选择自己离开。他们可能会尾随到走廊一路大骂:"你个混蛋!你从来不关心尚泰尔,你们就是一群懦夫……"

与此同时,我们的一位同事会带家长离开或者警告家长警察可能会来。这种情况极为少见,但的确发生过。在大多数情况下,教师能以非常专业的方式处理这类事件。

在遇到这些情形时:

- 在有意识地帮助他人冷静下来之前先让自己冷静下来。包括有意识地松开拳头和呈现开放的肢体语言(说起来容易做起来难)。
- 通过让他们"发泄情绪"而帮助他们自我平静或许是有效的。
- 邀请他们坐下。
- 尝试理解他们在这一刻的感受。
- 事先确保你有书面的证据,这些证据要有准确、可靠的记录。这是现在我们所关注的……
- 给予适当的回应权。倾听并简单地做出反馈。
- 强调我们在这儿是为了解决问题,不要相互攻击。
- (如果可能的话)制定一个解决方案或者参照需要遵循的正当程序。聚焦在对双方都可行的解决方案上。要把焦点始终放在学校政策中的核心权利与责任上,因为这涉及到家长的抱怨和我们所了解的问题。
- 在送家长离开时尽可能地友好,并确保家长在必要时可以电话联系或预约见面。

如果同事们遇到了案例中的家长行为,那么对他们来说在那天事后向其他同事汇报情况是很关键的。我曾看到一些教师因为那些"闹事的"家长所制造的愤怒事件而陷入不必要的自责。情况汇报可以让教师分享其压抑的沮丧与焦虑,给他们提供机会来确认自己的感受并继续前行——希望教师们能学到一些东西。

在处理抱怨和愤怒的家长问题上,现在许多学校已经制定了内部应对政策。这些政策需要不断地反思和审查。

当他人愤怒时

有些时候我们不得不管理一个非常沮丧或者愤怒的学生。几年前,我教过一个八年级的班级。对于我"从其他老师手里接管这个班级"这件事,班里有一名学生怒气冲冲。我刚进入教室,丽莎就站了起来(在前排),身体前倾,冲我喊道:"你来我们班做什么?我们不需要你!在你来之前,我们这个班一直都很好!"那可能是真的。我作为一名指导教师进入这个班级就是为了改变他们吵闹的、注意力不集中的行为模式。现在丽莎的权力地位受到了潜在的威胁。

在这种情况下,试图也冲她大喊大叫是毫无意义的(尽管很容易就这样做)。在情绪激动的时刻,我选择让她尽情"发泄自己的情绪"。这在某种意义上可以让她"泄气"。庆幸的是,意想不到的事情发生了。坐在丽莎旁边的学生拉了一下她的衣服并说道:"至少,他一直在听你说话。"

当丽莎在发泄怒气时,我用目光扫视着班里的其他同学,对他们进行非言语暗示:"你们也是'其中的'一员,作为一名观众你们也扮演了一个角色。"我试图用非言语的方式向其他学生传达一种"冷静"和自信,在让丽莎"发泄情绪"的过程中我仍然在(尽最大的努力)"掌控"着"局面"。我无法控制愤怒的学生,但我可以控制自己对她及其同伴观众的反应。幸运的是,班里的其他同学都"站在我这边"。丽莎坐了下来,双臂交叉,皱着眉头,噘着嘴,喃喃地咒骂着。现在教室里已经基本安静下来了,也有一些令人不安的笑声。我感谢了她旁边的同学:"谢谢你,卡梅尔。"我转向丽莎说:"丽莎,我刚才在听你说话,但是并没有朝你大喊大叫。我也希望你不要对我喊叫!"我没有表现出恶意,只是清晰、简洁和坚定地表达出自己的观点。

当别人生气时,我们负有引导(甚至"控制")的管理责任。我们需要帮助他人恢复一些自我控制的能力。有时这可能会涉及到严肃的"暂停—冷静"措施。在这个案例中,学生尽管闷闷不乐但还是回到了座位上。

"好了,同学们",我对全班同学说道,"让我们回到我们该做的事情吧!"我们继续进行课堂讨论与上课。在当天的稍后,针对课堂上发生的事情,我找丽莎进行了谈话(有一位资深的女同事在场)。经过几个阶段(自从第一节课开始),我和我的同事与全班学生共同合作,帮助他们重新认识班级是如何运转的以及我们需要做出哪些改变。后来我发现丽莎有一个酗酒的父亲,她的父亲曾来过学校几次,并当众让她很难堪。丽莎和其他男性教师也有过冲突。我向丽莎解释了我为什么会成为他们班的"新老师",并且表明我也能理解她对新教师的一些感受,后来我们也讨论了如何以积极的方式让他人了解我们的感受和关注的问题。我们取得了一些进展。

后来,我和丽莎相处得比较融洽。她学会了调节自己"反叛式的"交往方式。当我完成在他们班的工作后,我和她友好地分别,并致以美好的祝福。

愤怒和攻击

在某些情况下,果断的命令是必要的,尤其在两名学生进行激烈的斗殴时。我们要发出简短严厉的命令:"喂!(……)"或者"喊出学生的名字(在知道的情况下),住手！都走开！"让学生清楚地明白要停止这些行为。随后,严厉的语气要变得坚定、果断、克制和冷静:"马上松开(……)！"我们往往需要重复要求:"松开(……)马上！"语气的缓和传达出冷静、克制和希望学生听从要求的意思。如果我们的语调一直是严厉和高亢的,这将会激起更多的冲动情绪。如果斗殴的学生彼此都不松手,我们就需要决定是否进行肢体干预(一种冒险的行动)。在学生打架斗殴时,无论做什么,我们通常都需要叫来一位资深同事(提供实际的帮助并作为证人),并要求围观的学生离开。

针对像打架这样的危机情况,大多数学校都制订了管理策略(参见 Rogers,2006a,《行为管理:学校层面的策略》(*Behaviour Management*：*A Whole-School Approach*))。

在极少数情况下,学生的肢体动作会威胁到老师(使用武器、椅子或拳头)。这时,果断地给出命令可能是不合适的,让他们发泄怒气也是不合适的。在这种情形下,明确地做出冷静的要求是至关重要的。及时邀请一位资深同事帮助自己也很重要。

在我同事的高中课堂上曾有一名学生带着一把刀走进教室。显然,他很愤怒,呼吸沉重,急促。他环视了一下教室,正在找人。我的同事十分了解这个男孩,这是很有利的。她用眼睛注视着他,用平静的语气,非常克制地说:"艾哈迈德(……)艾哈迈德(……)我能看出你真的生气……我知道你不想伤害我和其他人。我能看出你很愤怒。"在这种情况,她很快调整、平复他的情绪,作为她自己情绪的参照。"我知道你不想伤害我和其他人……"她说她的眼睛自始至终都在看着他,好像她可以通过冷静、持续的眼神交流和平静(令人安心)的声音也把冷静的情绪传达给他。"把刀放下,艾哈迈德,来吧！我们出去好好谈一谈,来吧！"她慢慢走着,轻轻地向他招手,但不触碰他的身体……他放下了刀,跟着她出去了。

全班同学都在惊吓中鸦雀无声地坐着。许多同学明显感到震惊和焦虑,一些甚至感到恐惧……校长一听到消息就急忙过来提供帮助。他看见老师和艾哈迈德正一起走向办公区。明智的是,校长也保持着平静,随着学生和教师一起走向办公区。沿着走廊走了一半,我的同事就晕倒了。她后来说她"用尽了所有的能量"后,就倒下了。之后,全班学生和教师都说明了情况并接受了辅导。在正式停课两周后,艾哈迈德也接受了心理辅导。显然,刀是为了吓唬那个被指控抢走他女朋友的男孩。后期警方也参与到事件之中。

第七章　管理自己和他人的愤怒

尽管从来没有证据表明同事采取的方式会产生安全的结果,但她证明了自己的行为在危机(像这样)中可能会促进好的结果,而不是加剧其他人的愤怒。

你可能过去不曾有过,将来也不会有这种经历(我希望你不要有)。如果你在一个学生患有情绪行为障碍的学校或监狱中的学生收容处工作,希望你能获得一些适当的、专业的危机管理培训(包括"肢体管制程序")。幸运的是,这样的情况极少出现在学校。有些老师经常不得不应对紧张的、充满敌意的和带有攻击性的学生(和家长),就像在文中提到的我的同事(尽管没有武器),我们要替他们着想。

总而言之,我分享了一些有关愤怒和管理愤怒的内容,作为一名教师,我也曾为此而苦恼挣扎。这些评论和有关愤怒的理解试图让教师进行反思,希望教师可以在专业角色上作出更加深思熟虑的行为。

反思

- 你最近一次生气是什么时候?只要反思作为成人的我们是怎样面对情绪挣扎的,就能知道孩子管理自己的愤怒有多么困难。我们需要对愤怒情绪和我们愤怒时所做出的行为进行区分。
- 你对自己惯常的愤怒行为有怎样的认识?当你异常愤怒和沮丧时,你常常做什么和说什么?
- 有时候表达我们的情感是不容易的;我们的情感是自然的。我们习惯以一种特定的方式感受我们的情感,仅仅否定和压制它们是无益的。如何让表达愤怒的建议有助于你的经验和反思?
- 关于应对充满敌意的和愤怒的家长,你们学校内部相应的措施吗?在本章节中提到的那些建议是否体现了那些政策和措施?(在情绪激动的巅峰时刻,思考说什么和做什么始终是非常困难的事情。)
- 在你们学校中有哪些恢复性的实践(措施)能够修复和重建关系?

注释

1. 在这种意义上,美德是指一个人道德意志的特征方向。亚里士多德在《尼各马可伦理学》中指出,美德是一种思维习惯。很多哲学家(如柏拉图和亚里士多德)在其早期著作中提出了基本美德,例如:

审慎：细心、关心，在合适的情形、时间和竞争性要求中作出判断。

正义：我们如何寻求正确与公平的事情……

节制：这个老式的词语有效地指出克制情绪在管理愤怒时是很重要的。

勇敢：在逆境中我们的勇气，我们如何在日常生活和极端情境中始终保持振作。

美德是我们的思维习惯和意志，正如亚里士多德在《尼各马可伦理学》中所写的。

2 《如何管理孩子们的捣乱行为（第二版）》(*How to Manage Children's Challenging Behaviour*)(Rogers, 2009)，在其中一章中，我和我的同事致力于探索我们应该如何与充满敌意和愤怒的家长相处。

访问 https://study.sagepub.com/rogers4e 获取更多资源，您也可以听到比尔亲自讲述常见的行为管理情境以帮助您更好地管理课堂行为。

第八章
陷入困境：艰难的课堂　艰难的时光

当你不能强制别人做某事时，就不要下命令。

——索福克勒斯

（公元前 496 年—公元前 406 年）

挣扎中的教师——艰难的课堂

> 几年前,一个颇为棘手的班级让我挣扎不已。我曾试图保持友善,也曾采用过"权力较量"(power-struggle)(原文如此)的方法……我曾经要求那些孩子,甚至全班学生都留校……然而那时的我太年轻气盛,没有跟那些有经验的同事讨论过这些问题。(中学教师,引自 Rogers,2002a)

我们有时会遇到像上文这样棘手的班级,它似乎消耗着我们的能量,侵蚀着我们的善意,使得课上的时间或者每一天都成为一种煎熬。上文所述的案例就出自一个反叛的七年级班级。

通常我们会竭尽全力地管理这样一个班级,但是仍然会有同事过了半个学期还是难以应对这样的状况:大声"闲谈"的学生制造着噪音,学生频繁地心不在焉、大喊大叫,在教师讲课时说话,逃避任务,还有一些"多嘴"的孩子……这样的班级无疑会动摇一个经验丰富的教师的信心。今年,我曾与那些因无法管理这样的班级而充满挫败感的老师共事。比起将自己的失败归结于捣乱的孩子和恼人的课堂动态,有些教师(这样的班级让他们深感困扰)更会倾向于责备自己。

"挣扎中的教师"(struggling teacher)这一术语不应被简单地贴上贬义词的标签。当教师遇到一个棘手的班级或者几个难于管教的学生时,他们有时会觉得承认自己在挣扎或面临着问题,表明他们缺乏应对能力。当教师感觉到自己的角色所发挥的作用收效甚微时,他们也可能会认为承认自己的挣扎和困境意味着他们在某些方面将会被评价或判定。希望这种态度不会出现在你的学校中。如果一位教师将寻求(或得到)同事的支持看作隐性的评判或"附加条件"(strings attached),这可能会限制他们及早地寻求有价值的必要支持。

当面对一个超出平常班级管理难度的班级时,同事支持是至关重要的。首先,提供或者表达这种支持的方式不应仅仅是责备和指出过错。

提供支持

如果一个人正处于困境中,我们却持着袖手旁观的心态以防自己做错事和说错话,这是极其荒唐的,尤其当我们知道他需要帮助时,这样尤为愚蠢(资深教师，引自 Rogers，2002a）。

《艾尔顿报告》(*Elton Report*，1989)曾对涉及行为管理和纪律问题时直接提供同事支持的矛盾心理进行概述。一方面，提供支持可能意味着提供支持者暗示该同事并没有在处理问题；另一方面，挣扎着的同事寻求帮助的要求也暗含着或传达出他们自身缺乏处理问题的能力。所以，面对棘手的班级而苦苦挣扎的教师可能会孤立无援。

教师们倾向于远离彼此的教室，不去互相讨论自己的管理问题。他们往往不会寻求帮助，因为这让他们感觉到是在承认自己的无能，而他们不主动提供帮助是因为他们感到这是在谴责同事的无能。所以一些学校依然固守着课堂隔离的传统（*Elton Report*，1989：69）。

然而，这种矛盾心理取决于学校整体上对于同事帮助的支持度以及确保同事支持的措施（Rogers，2002a，2011）。同事支持包括精神上的支持和结构化的支持以满足需要。"结构化的支持"（structual support）包括特定的计划和程序，比如清晰的"暂停—冷静"计划和持续的辅导支持（见后文）。

"我没有……方面的问题"

我曾与同事召开过多次会议以讨论行为管理和纪律方面的问题，有的老师说道："但我对……（一个特定的学生或班级）没有问题。"尽管他们所说的是真实的，但几乎对于挣扎中的教师没有任何帮助。这种言论会使挣扎中的同事陷入消极的自我评价。挣扎中的教师将自己与能力更强或更优秀的教师进行对比是不切实际的，也是无益的。

糟糕的是，可能（真正）没有这种问题的"能力更强"的同事或许更能提供理解、支持和有价值的帮助。然而，困顿中的教师当听到其他教师谈及"自己没有……方面的问题"时，就不可能再继续听下去了。

蒂姆·奥布莱恩描述了一个典型的场景：一名教师刚与一个难对付的学生度过了艰难的时间，走进教职工休息室喝咖啡，勇敢地（专业地）分享了他/她的困惑并希望获得同情和建议。然而得到的回应让他/她感到为之一震："他和我相处得很好……"蒂姆接着建议（挖苦？）我们应该"取消学校中破坏士气的时段"（O'Brien 1998：90）。

一些教师会说"我并没有……方面的问题"，这是因为他们担心如果说出关于管理和纪律方面的问题,就会被认为(评价)是"低效的"或"差劲的",或许甚至是无能的老师。这种虚假的确信("我没有……方面的问题")也表明,教师认为向经验丰富的资深教师寻求支持的请求总是带有"附加条件",并且这种请求还会记入教师持续的服务评论中。这种非专业的文化易于滋生一种可耻的生存论而不是促进专业成长(参见 Rogers,2002a,2012)。

同事支持:压力和应对方法

学校中同事支持的类型和程度会以多种方式影响教师感受到的压力水平,影响他们处理问题:

- 罗素(Russell)等人 1987 年所做的与工作相关的压力研究表明:社会支持会以积极的、"缓冲"的方式对压力,甚至是"精疲力竭",产生极大的影响(也见于 Rogers,2012)。

  随着支持性监督的增强,与工作相关的压力、压力感以及自我否定感会降低。能够获得同事支持的个体能够借助他人的帮助来处理压力情境。

  有些学校已经意识到同事支持的重要性,压力和精疲力竭不仅是由个人心理因素导致的而且也是由社会关系因素导致的。我们如何与他人相处、如何有意识地为他人提供帮助确保了支持的社会维度,造就了社会感和专业归属感。仅仅将一个人的压力归因于个体心理因素且需要个体自行处理,是不公平的。工作中的压力存在一个社会的维度,这会极大地影响个人如何感受、体验和应对压力(Rogers,2002a,也参见 Hobfoll,1998)。

- 督导者的积极支持总是被作为预测教师身心健康的指标(参见 Rogers,2002a,2012)。教师们表示如果学校中的其他教师(尤其是资深同事)对他们的技能和能力予以认可,那么其个人和团体成就感会增强并且自我否定感也会减弱(Rogers,2012;也参见 Bernard,1990)。

- 学校应该加强"支持生态"建设并强调同事之间的相互支持和相互依赖,在此基础上,积极的同事关系有助于教师应对日常教学中的压力。学校需要提供正式的(和非正式)机会让教师表达自己的问题并能够提供具体可行的措施来解决这些问题。对于那些经常处于压力状态下的同事,我们要提供"结构化"的支持,尤其是当他们面对棘手的课堂情境时。关于此,显而易见的例子就是学校的暂停——冷静政策。教师完全没必要担心如果寻求支持会被视为"软弱"以及没有能力处理严重的扰乱行为。当学校将同事支持作为校园文化和常规工作中不可缺少的一部分时,当学校领导对教师的需要极为关注时,同事间的支持才会更为持久、可靠。

- 如果以一种非责难、非评价的方式给予同事支持,那么支持的"缓冲"效果和"应对"效果都会增强。在特定的学校,"支持生态"有意识地满足同事的基本人性需要和专业需要(Rogers,2012)。

在倡导同事支持的学校,"信任关系"通过正式和非正式,共享和团队活动的方式培养起来。这种信任关系可以是非正式的、过渡性的,也可以是正规化、体系化的,如建立团队、辅导和制定政策。

同事支持能够:

- 减轻孤独感("在这我并不是一个人……"、"并不都是我的错……"、"对于发生的事情,我并不承担全部责任……")。
- 提供基本的精神支持,甚至只是发生在学校中的简短的同事交往(一起喝咖啡,消除一份担忧,确认一个课堂活动或者应对一个难以管理的学生……)。
- 通过团队合作培养教师的责任感,促使教师间形成友爱的关系。随着教师的专业成长,团队合作也能够增强教师的个人自信和承担风险的能力。
- 确保教师用正确的方式来选择教学资源、教学策略和教学方法。
- 搭建一个同事合作的平台,在此教师可以讨论问题、分析问题、解决问题和共享资源。相应地,这也减少了教师感到自己能力不足的消极情绪(因为一个人可以接触到更广泛的资源)。
- 缓解教师因管理棘手的、扰乱性的学生行为而产生的压力。

高效的管理能够缓解教师的工作压力,它会对产生压力的组织结构和角色等因素进行真实的需求分析,甚至是那些"微小的"可能会给教师带来压力的因素,如:不太亮的日光灯,简陋的复印设备,不足的办公室设备,尤其是洗手间/休息室的配置,教室里损坏的桌椅等。毕竟,这是我们日常的"工作场所"。

每年开展压力检查是一种积极、实用的手段。通过将真实的忧虑和职工的抱怨合法化,确保了行动计划的实施,降低了与忧虑相关的压力(Rogers,2002a)。当教师们相信他们不仅可以表达需要并且他们的问题会得到现实、合理的解决时,他们便会产生认可感并会以轻松的心态投入到工作中(Rogers,2002a)。

精神支持、结构化支持和专业支持

从日常的抱怨到积极地、建设性地解决问题都可以是同事支持涵盖的范围。教师需要减负,需要抱怨,需要发泄对困难学生和困难班级的不满情绪。然而,如果教师只是止于抱怨,别无所为,这对于管理棘手的班级和捣乱的学生没有任何长期的作用。在这种情境下,应该持续不断地给教师提供专业性、结构化的同事支持,也要给予鼓励和安慰——精神上的支持。

从这个层面来看,"结构化支持"(structural support)指的是在面对压力的处境下,同事们可以依赖的那些可靠的"形式"、"程序"、"步骤"、"行动计划"和"政策"。

专业支持(professional support)指的是我们使同事们能够根据他们在学校的目的和目标,反思和评估自身的专业责任和需要。

同事支持的任何一种表现方式都不是孤立存在的,其自身也是不充分的。所有的表现形式都力求满足同事的需要。当处理困难班级的管理问题时,一项共同的行动计划会试图通过共享的计划为教师提供情感支持和实际支持以满足同事的需要。

制定一项共同行动计划以实现困难班级的重建

对于一个挣扎于管理困难的班级(和班内几名调皮的学生)的同事来说,一项共同的行动计划为其搭建了平台并提供了一套程序以满足其精神需求、实际需求和专业需求。这也有益于班上那些总是被忽视的学生。倘若问题一出现时就通过这项计划进行干预,通常会重新激起师生所必要的希望、善意和活力。

- 在难以处理的班级问题演变为一种常态化的问题并转移至第二学期之前,该项计划应该尽早地以召开年级团队会议的方式展开。早期的干预显得尤为关键。一旦清晰地勾画出群体和个体的行为样貌,就要召集所有相关教师举行一次会议。

以下是需要关注的问题:

- 存在多少捣乱的学生并且其具体表现是什么？
- 这些扰乱行为的发生频率和程度是怎样的？
- 挑头的学生是谁？最想吸引大家关注的是谁？"权力破坏者"是谁？
- 所有的任课教师都认为这个班级（和带头捣乱的学生）难以管理吗？还是只是特定的某个或某些老师这么认为？哪怕只有一位老师对于管理这个特定的班级感到困难，我们也需要提供早期的同事支持。如前所述，阻碍这些处于困境中的教师获得帮助的主要因素来自于一种普遍认知：承认自己在管理和领导特定班级或学生个体时存在极大问题就是曝露自己的弱点。以一种非评价式的和建设性的方式提供同事支持有助于减少消极情绪和自我挫败感。当然，最终我们希望信任的付出终有信任的回报。

毫无疑问，在这样一种会议中必然充斥着各种抱怨。从某种程度上来说，这是一种情绪的宣泄。承认我们所共同面对的困难和对学生的情绪是健康的，但同事们要避免简单地回应"我与那个班级和学生相处并没有任何问题"或相反地，斥责所有的学生并将他们归为"无法相处"的学生。教师不能只是抱怨和宣泄自己的情绪而是要回到问题分析和共同的行动计划上。

还有一种真实的情况，正是某些老师对待学生个体和班级群体的惯常方式导致了班级难以管理，这是不容否认的事实。例如，我曾与这些老师共事过，他们会因为几个"带头"捣乱的学生而将全班同学留校。对于大多数学生来说，这是不公平的，因为只要有机会，他们总是会对尊重、自信的领导行为做出积极的反应。在第一次会议上要共同关注现实问题，这是极为重要的。教师需要承认并重视自身的和学生的个体行为、态度。

- 基于年度的需要分析，针对如上所述的问题制定一份年度计划。在这项计划中，一些需要再次评估的问题包括：
  - 第一次会议中重新评估同事们建立班集体的方式，包括一些基本的层面：如座位安排等常规的确立（或未确立）；安静地出入教室；提问和获取老师帮助的规则；学习的行为准则和组织原则等。随着学期的进行，班级最初的组织方式会对班级行为准则造成极大影响。我曾作为导师在一个学生行为问题突出的四年级班级工作过。在与全班学生初次见面时，整个班级很嘈杂，学生心不在焉，几名"挑头"的学生博取关注、寻求权力的行为造成了教学的困难。班级重建需要关注的一个重要因素就是不合理的座位安排。有些时候，小组式座位排列容易造成小范围的学生注意力分散，其物理布局也存在问题，中间距离狭窄，不便于个人活动。我们决不可低估组织层面的问题。因此我们调整了座位安排，比如谁挨着谁坐（座位调整带来的变化稍后讨论），这对在班级中重建学习共同体产生了重要影响。

- 讨论即时地提供同事支持的问题，例如，针对持续扰乱的学生，采用"暂停—冷静"，甚至是针对教师的"暂停—冷静"（见 p. 277f 同事协助的暂停—冷静）。

- 确立明晰的程序以跟进那些调皮捣乱的和"危险"的学生，具体内容包括同事们如何在教室情境之外跟进这些学生(p. 122f)。

- 谈论对教师的骚扰问题(p. 280f)。

• 制定计划的过程中确定一些可能的方法。例如我们常用的方法，召开一次班会，与全班学生一起讨论共同关心的问题。之后将教师与学生的反馈应用到重建班级的共同计划中。从这个意义上来说，学生在重建或"重新开始"的过程中就享有了一定的"自主权"（见下文）。

制定行为计划时，获得资深教师的理解和支持是极为必要的。

班会：重建困难班级

任何这样的会议都应该强调：当前引起教师关注的学生的普遍行为，或者可能引起班内那些配合的学生关注的行为，扰乱行为侵犯的权利（基本的尊重权，正常教学不被干扰的权利，"感到安全"的权利），被某些学生忽视的义务和作为一个班集体为了解决这些问题应该采取的措施。

在更为开放的班级会议中，教师可以引导全班学生关注以下问题：

1. 目前在班级发展的过程中，我们哪些方面做得好？比如，活动，教室的空间布局……为什么你认为我们在这些方面做得好？

2. 我们哪些方面做得不好？原因是什么？如果涉及到极为私人的问题，或者该问题可能会使回答的学生感到尴尬，那么可以要求学生匿名写下来，教师可以之后再看（保护学生的隐私）。

3. 我们能够做些什么来解决班级内的问题？如何做？这个问题强调个人和集

体行为要实现这样的目标：每个人都享有权利（也是被保护的），同时也要认真履行个人和共同的义务。

当我们组织此类开放式班会时，某些自私的学生可能会利用公开讨论的机会来"攻击"老师。因此，组织这种会议时，最好能获得一位组织过该类会议的有经验的同事的支持。如果担心班会上会出现过于消极的行为，那么教师可以（也应该）通过问卷的方式提出问题。学生通过填写问卷回答这些问题（如前所述）。

在这些问题背后，我们关注的是如何有意识地促进一个学习共同体的积极成长：我们所有人都共享着时间、空间、需求和资源，所以我们需要合作解决这些问题；我们也有着基本的情感与需要。问卷让所有的学生都能表达自己的观点，并确保了学生的回复权。

教师在会后要对学生的回答做出反馈，并和全班学生共同制定出一份行为和学习计划，这是班级重建和"重新开始"的基础，也是极为必要的。

我们在重建计划中通常要使班级学生重新关注：

- 他们的核心权利和义务(p. 41f)。
- 影响和保护这些核心权利与义务的班级行为守则，如我们的相处方式、学习方式和如何创设一个班级/学校共同体（见附录 A）。一个"安全的"的教室通常不仅意味着心理上的安全，而且也意味着身体上的安全（避免嘲笑、贬低、骚扰和欺凌）。此外，有些规则需要特别关注（如，公共设施和物品的使用，教室内的活动范围）。
- 班级正常运转的规则，尤其是程序性的规则（第二章）。
- 侵犯他人权利的后果。这些后果包括，明确的规则提醒、暂停—冷静，甚至留校。学生需要预先知道后果；同时他们也要知晓这些后果是公平的，是为了保护我们的共同权利（第五章）。
- 学生也要明白在计划实行中配合教师和与同学互相支持将会产生积极的影响。对于任何一个实行重建计划的班级来说，这也是一个必要特征。如果班会演变为对学生的另一种形式的斥责或抱怨，这将会疏远班内大多数的学生，而这些学生可能会非常配合，并且当有机会参与重建时，他们会支持教师积极的、令人尊重的领导。

将计划的基本要素公示出来是有益的，即张贴几张海报并在标题中着重标示出"重新开始"的核心特征。将海报张贴在教室和任何必要的场所。海报的内容要尽可能使用积极语言，这也是至关重要的。该计划也可以用 A4 纸打印出来，所有学生人手一份（见附录 A）。

如前所述，最好由教师团队中那些经验丰富的同事组织召开这类会议，以帮助那些在困境中挣扎的老师。

一个班级的任何重建计划都要包括持续不断的同事反馈，也包括观摩其他课，其目的在于观察我们的学生在其他课程/场景中与其他教师相处时的行为表现和学习情况。班级重建计划甚至也可以包括选择性的团队教学、观察性的反馈和监督（p. 288f）。

几周后教师要组织一次关于重建计划的总结会，与团队内的同事共同讨论哪些方面进展良好，哪些方面存在问题，并着力解决那些需要做些必要的调整和改变的问题。留心以下的问题也是有益的：暂停—冷静是如何进行的？（针对捣乱的学生）个案监督如何影响班级的动态？教师对噪音、课程任务时间、学生动机、热情与合作的看法是如何转变的？这类总结会也需要包含一些可能性的调整：如小组的结构和学生安排，甚至教师轮换。例如，如果一两个学生扰乱了整个班级，通常有必要将这几个学生重新编排到其他班级（甚至定期将这些学生安插到高年级的班级中）。考虑到其他学生和教师的利益来说，这都是必要的。当然，这也是一个存在些许困难的选择，教师需要审慎思考。在可能的情况下，在做出重新编排的决定前，教师要给学生一个明确的、指导性的后果选择，向学生表明如果他们仍然扰乱课堂（具体说明），那么就要……这并不是一种威胁，而是一种指导性的后果选择。

高效的管理已经成为这个过程中具有支持性的一部分，并将会极大地影响对选择的思考和认识。

教师的暂停—冷静（同事安全阀）

一天，我在走廊上经过一个班级时，透过窗户，恰好看见一些严重的"扰乱行为"（catalytic conversion）正在发生：大声叫喊，兴奋的声音和刺耳的笑声。透过窗户，我看到一名学生站在桌上，把胳膊放在头顶转动的风扇上。他嬉笑着，他的"同伙们"在一旁挑唆着。这位教师看起来极度紧张。我应该介入吗？作为学校的资深教师，如果进行干涉，我该怎么做才能提供及时的支持而又最大程度地减少同事的尴尬情绪呢？

在此情境下，对于一个恰好"路过的同事"或一个在附近上课的同事来说，短期的支持策略就是敲敲门，支开一两个学生（"挑头的学生"）或者（必要时）让这个教师有尊严地"抽身"。资深教师在进行干预时要遵守尊重同事的基本原则，这是尤为重要的。

- 如果一名资深教师路过一个班级，恰巧班内的同事正明显地遭遇困境时，与其带着一种隐含的判断的眼光盯着看，或者只是简单地绕过，或者（更糟糕）直接进入教室，大声叫喊来压制班级，不如敲敲门，进入教室，走近教师，轻声说道："打扰一下，史密斯先生（……），我能否向您借一两名学生？"这是一种"信号"，暗含着"在接下来的课堂时间，我会接手这一两名最让人头疼的'捣乱分子'或'作乱者'"。这时，教师可能会想说："一两名很好，但八名可能会更好！"

    提供支持的同事将捣乱的学生带到冷静区，并和他们谈论其不恰当的和不可接受的行为。在当天的稍后时间内要继续跟进这些学生。资深教师在提供支持时甚至可能将这些学生带到另一个班级进行冷静。但是这个在学校范围内可行的选择，需要与同事进行讨论。

    这种方法尤其适合于这类教师：他径直走进教室，朝着全班学生叫喊："你们以为自己是谁？我在办公室都能听到你们的声音！你们愚蠢的行为让我感到厌烦！闭嘴，好吗？你们让我无法忍受！"当然学生可能会安静下来，尤其是一名资深教师发出这样的训斥。当这位资深教师走出教室时，他的非言语行为事实上表达着"这就是你应该采取的处理方式"。然而，班级里的教师可能并不能感受到支持，甚至会感觉到伤害。当然，如果一名资深教师只是通过大声呼喊使班级安静下来五分钟，学生们可能会保持安静，甚至一动不动，但是接下来的五分钟他们又会吵闹起来……长远来看，五分钟的"喊叫"对任课教师来说并没有任何效用。

- 教师冷静。在有些情景下，教师对整个班级失去了控制，这种情况非常严重，而我们在短时间内能提供的最有效的支持就是让教师暂停、冷静。针对那个把胳膊放在风扇上的男孩，我就是这么做的。我需要补充的是，他的手臂打着石膏，他把这当成风扇的开关，从中取乐……当然，这吸引了同伴的注意。提供支持的教师（指导教师）敲敲教室的门（敲门声要足够响，这样所有的人都能听到）。"抱歉打扰您！史密斯先生。"对全班学生说一声"打扰一下"（简单扫视学生……)。"办公室有您的电话。"这对任课教师来说是一种暗号,意味着:离开教室……接下来我会接管,稍后我会过去找你……办公室的"信息"只是简单地暗示"谁会接管你的课堂"。在这个过程要保持冷静,关键是要尊重教师。

指导教师之后会与班级学生单独相处(正如我在案例中所做的那样),在剩余的课堂时间内重新集中学生的注意力。我花了5—10分钟让全班学生安静下来,同时我也告诉他们稍后会召开班会讨论他们的行为。我指出经过他们班时所看到和听到的一切,当然并不是所有人都做出了扰乱的行为。我也告诉他们我会单独跟进个别学生。离开的同事会暂时休息,恢复平静,或许也会对所发生的一切进行评估。提供支持的教师的行为并不只是"拯救者"的例行公事,而是要体现对危机中的同事的尊重。

提供支持的教师之后(当日的稍后时间)会跟同事见面,听他们讲讲事件的过程并给他们提供长期的支持。尽管在当时的情境中,我们首先考虑的是教师的心理感受,但随后当然也要考虑学生的安全与感受。当我们在这种情况下接管时,重要的是不能向学生传递出任课教师无能的信息,如"现在真正的老师出场了,这个老师能解决所有的问题(不像刚才离开的那个老师……)"。

幸运的是,在大多数学校,这种情况很少发生。提供同事支持时,支持者要对被支持同事和所在的班级进行长远的需求分析和策略规划(p. 228f)。

在一个失控的、充满恐慌的班级中,教师难以维持秩序和重新吸引学生的注意力。这是教师在教学中最不愉快、最紧张的感觉之一。

如果你曾有过这样的经历,那么需要及早认识到存在问题并不是缺点的标志(或症状);这是一种职业上的认知——你需要同事支持。我曾经和这些老师共事过,他们艰难地挣扎了几周想解决这些班级的情况但最终却崩溃不已:

○ 我不想让别人认为我没有能力处理……
好吧,你不能这样。这并不是罪恶;而是认识到出现了问题并且你需要帮助来重新评估"问题出在哪"、"为什么"和"怎样做"等。
"别人会怎么看我?这会成为我职业生涯中的一个污点吗……"
○ 学校并不提供支持……

我能够理解为什么有些教师不愿意坦露自己的焦虑和挣扎,但愿如上所述的问题不会阻碍支持过程的开展。

在某些情况下,提供长期支持的唯一方法就是将教师重新分配到别的班级。这并不是最体面的解决办法,但也是一种必要的方法。

如果同事支持(包括持续的指导)并不能使教师管理班级的能力得到提升,就有必要和一位新教师一起重建班级。我们不仅要考虑学生的利益,而且也要考虑任课教师的利益。

把班级的领导权交接给另一位教师时,重要的一点是,"新"教师不能传递出前一位教师是"失败者"或者能力不足的信息。简单地认识到现在我们要继续前行就足够了。

工作场所中的骚扰

一份报纸上赫然写着煽动性的标题"工作场所就是战场……"(Perore,2000)。进一步阅读会发现,该项研究来自于澳大利亚犯罪学研究所(Australian Institute of Criminology),主要在警察、医生、护士、出租车司机及教师中开展,其结果表明上述职业最容易受到言语攻击甚至是身体攻击;至少教师出现在名单的末尾。这篇文章使用"工作场所暴力"(workplace violence)这一宽泛的术语包括"所有因雇主失职、虐待和语言暴力,种族歧视,欺凌,性骚扰,甚至恶言恶语造成的伤害"(Perore,2000:8)。文章进而呼吁,"我们不应该承认这种行为是一种可被允许的、与工作相关的风险"(Perore,2000:8)。任何形式的骚扰都关乎工作场所的健康和安全问题,绝不应该将其忽视或减至最低,或者怯弱地"眨眨眼/推一推"认为这是"受害者的过错"。在这种氛围下,教师往往因为害怕而不敢表达(甚至担心因为"管理不好这些孩子"而丢掉工作)。骚扰、缺乏认知及支持(确实)会对健康、幸福和自信造成影响。教师甚至会说他们感到不值得,甚至会"被责怪"。

当对教师的骚扰作为一个问题提出来时,尤其是在学生行为问题更突出的学校,我们有时会将某些恶意的表达和言语挑衅行为描述为"男孩就是男孩","孩子们就是这个样子"或者"有些班级就是很难管理"。诸如此类的描述可能弱化,甚至事实上默认了学生群体造成的精神骚扰。更糟糕的是,如果我们只是把骚扰行为归为教师无法把控的"扰乱行为",那么我们可能会轻易地将学生的骚扰行为归罪于教师。

骚扰不仅是不可接受的，而且本身就是错误的。它侵犯了教师的基本权利：感到安全的权利和获得基本尊重的权利；同时也会极大地影响教学权和学习权。

将学生的骚扰行为归咎于受害者的情况并不少见，"耶，真棒！他（教师）罪有应得，他是个无能的老师"。这种宽泛地、快速地贴标签相当于认可，甚至为这些叫嚣着"不要听他的"、"他是个废物"、"这真是无聊——特别无聊"的学生开脱。骚扰行为也包括学生使用非言语暗示教师的性取向、身材、衣着或者他们能够挑出来的"任何"证明和满足他们的社会权力的事情。最近也发生了一连串的"脸书"（Facebook）事件，正如澳大利亚电视台和媒体所报道的那样，学生在"网络空间"（web-space）诽谤和骚扰教师。

在此，我并不是指"学生的反击行为"（reactive student behaviour）和某些学生偶尔的自私、愚蠢和不加思考的轻率行为，甚至是捣乱的学生的突发行为（第六章）。这类行为需要根据实际情况处理，这并不是骚扰。有些情景下，教师的行为反而证明了学生的行为是可理解的。一位教师从学生身边经过，无意间发现椅子边敞开的包里放着一包香烟。教师取出来，说着："这不允许吸烟，我没收了。"学生当下的反应是："喂！这是我的……你绝对不能带走！"此处学生的行为并不是骚扰，这是针对教师欠考虑、没有必要的行为所做出的一种可理解的反应。这位教师在想什么？她真的认为学生会默默地服从吗？她在意吗？

处理骚扰和欺凌问题

这个问题并不容易解决。之所以这么说是因为我发现许多学校都存在这方面的问题，并且我也参与到帮助同事处理这类问题的工作中。

- 骚扰并不是偶发的"糟糕日综合征"行为。有些学生偶尔会"捉弄"老师（尤其是新教师或代课教师）。大多数教师能辨别这种行为，他们会迅速地指出学生已经"过界"了并会加以约束。针对这种行为教师也有必要进行跟进（p. 122f）以使学生明白"玩笑"的界限。欺凌涉及到个人或群体有意的、选择性的重复性行为，旨在伤害或虐待受害者。欺凌者会"挑选"那些他们认为比自己弱（身体上或心理上）的对象，并且使用欺凌行为来获得和进一步确认其社会权力（Rogers，2012）。

- 欺凌者在其欺凌行为中依赖其他同学的接受和默认。共谋性的欺凌可能并不是直接对教师进行骚扰,但是他们确实默许了或对欺凌行为达成了非言语的一致性("拍手鼓掌",吹口哨,无声的喝彩……)。无意识的同谋也常发生在学生因畏惧欺凌者而保持沉默或在课上(或课下)不敢作声时。欺凌者认为合谋就是对他们社会权力的证明。

欺凌也会秘密进行,但不是远离同伴(因为他们需要同谋),而是远离成年人。他们不愿意被察觉。因此,及早地破解这类"密码"是非常重要的。

- 如前所述,工作场所中的骚扰存在的一个固有问题就是有些教师认为承认自己"在某个班级中遇见麻烦"会让人不安;他们认为承认有些学生"让他们的日子如同地狱般难熬"就显示出自己无法处理问题的弱点,而他们"本应该"具备处理的能力。

"我不想让大家认为我处理不好……";我已经听过太多次,但有时太迟了。关键在于有时一位教师无法独立应对这类骚扰行为,事实上他们也没有必要这么做。

如果教师感觉到,倘若他们"说出"困扰,也并没有什么有效的帮助,那么就会产生一个更加让人困扰的问题——诸如此类的学生行为可能并不会被看作骚扰。

重要的是尽早地处理骚扰和欺凌问题,破解其密码,找出主要作恶者和活跃的共犯(必要的话),为受害者(教师)和可能存在的目睹骚扰和欺凌行为的其他学生提供支持。

如果你曾处于这样的情境中,你就会知道自己所面临的不仅仅是一个偶尔会出现扰乱的班级,还有回家后心情受到极大干扰,焦虑不安甚至对屡屡出现的扰乱行为或个人侮辱行为愤懑不已。当你不得不去教课但事实上却厌恶去学校时,那么你需要及早告知资深同事来帮助你解决和面对这个问题(见后文)。

如果你是一位资深教师,当你意识到某位教师的班级明显出现了问题并且猜测骚扰问题是一个诱发因素时,那么对你的同事说出自己的担忧和提供即时的支持是非常重要的。

在与同事的会面中,关键的是要缓解他们因被评价而产生的焦虑,避免暗示他们是能力不足的和差劲的教师。你应该与他们分享你猜测到的有关班级的问题(以及某些学生的行为)并邀请他们一同讨论,这能为早期支持提供保障并有助于制定相应的计划。

理想的状况是,学生骚扰行为的第一次事件或细微迹象能通过教师果断的言论和课外的及时跟进而被扼杀在摇篮里(p. 122f)。然而,有些不够坚定的教师会忽视这些早期行为并认为这些行为迟早会自动消失。这是不可能的——这是需要果断面对的问题。

问责会议

　　问责会议(accountability conferencing)的概念可用于老师关心的、学生针对老师的行为(无论是在课上还是在课外)问题,特别是在这里,与骚扰和欺凌有关的讨论。

　　早期的干预应该包括教师直接面对学生的骚扰行为。这种干预需要资深教师提供支持,也需要提前制定详细的计划。"直面"(confronting)的方式意味着教师要与学生(作恶者)一对一见面,资深教师(以及被骚扰的教师)要向学生表明他们现在特定的言行构成了骚扰或欺凌行为。这种面对面交流需要在尊重、真诚和轻松的氛围下开展。教师也需要给学生机会解释自己的行为,之后期望学生能明确地承诺将停止这种行为。

　　关键的是协助者(资深教师)要与相关教师预先制定会议计划。必不可少的是理清事件(并记录下来),要记下欺凌行为的特殊性质、频率、场合和情境,欺凌者所用的特殊语言,非言语姿势以及同谋欺凌者的行为也要一并记录。资深同事也要确保同事能够仔细思考会议的流程以及如何把控会议的不同阶段,使之朝向预期的结果发展。

　　任何一名实施欺凌的学生都需要同谋的支持,需要同谋为其行为欢呼,以在同伴观众中"确认"和"巩固"其行为。协助者也有必要对同谋欺凌者和相关教师(分别而不是一起)进行面谈。我们也需要和每一名"嫌疑共犯"进行交谈(一次一名),了解他对正在发生的事情——主犯的行为和遭受欺凌的受害教师知道多少。然而,共犯欺凌者并不认为其行为构成欺凌,需要明确告知他们"附和着……笑"、"煽动"、"欢呼"和"敲桌子"都属于骚扰行为且他们应该为之负责。他们同样需要明确保证今后会停止此类行为。

针对骚扰者(学生)开展问责会议

　　会议会重新唤起教师的担忧和情绪问题,因此重要的是对他们要说什么与如何回应学生的漠视和逃避行为加以讨论。如果骚扰者是女学生且"受害者"是一位男老师,那么邀请一位女性同事来协助整个过程是极为明智的(伦理要求)。

- 协调者（资深教师）针对教师和学生（骚扰者）召开会议，而参加会议是后者的一种义务。
- 会议开始时，协调教师要解释会议召开的原因。整个会议要在一种严肃正式但相互尊重的氛围中进行。如果会议的目的是报复学生且只是寻求机会攻击学生，那么将达不到预期的效果。当然，这种会议也不可传达出"只是简单聊聊班级内的一些小问题"的暗示。

    "我召集你——特洛伊（学生）和史密斯先生来此开会是因为我们都非常关心……"协调者要简单陈述该名学生的行为事实，但这并不是对其进行人身攻击（虽然很容易就这么做）。此外，协调者要明确说明会议的规则，我们应该倾听他人，不打断他人说话，确保学生拥有回应权。会议的目的是查明当时发生了什么（在教室或其他地方）与维护个人的权利和责任，即营造一种安全和相互尊重的教室氛围，这些都是预期的结果。

- 教师（作为骚扰行为的受害者）也借此机会直接面对学生，提出他对学生行为问题的关切。教师要简要和有重点地概述学生表现出的行为。在会议期间附有典型事件记录（学生也手持一份复印件）作为参考是极为有益的。此外，如果协调者能"模仿"一些非言语的骚扰行为使其更为清晰易懂，也是有所帮助的。这需要事前与相关教师进行商讨。学生也需要理解重复性的手势和姿势暗示都属于骚扰的形式。
- 教师扼要解释这些行为如何影响课堂中的讲授与学习以及如何影响"教师的受尊重权和获得公平待遇的权利……"。同时要避免过多地谈论自己的个人感受，这是无益的，只会满足骚扰者谋求权力的意图。
- 教师（骚扰行为的受害者）要详细指明这些行为均属于骚扰，必须停止："这种行为必须停止，我才可以继续教学，我们班的学生才可以继续学习……我才能获得安全感和基本的尊重，这也是我想给予你的……"
- 协调者接下来要求学生回答和说明下一步将采取什么行动（要将其记录下来）。有些学生（做出回应时）会否认、减弱或最小化其骚扰行为的影响："我只是打发时间……""我只是在开玩笑……""只是为了找点乐子……""其他孩子也说话了！""不止我一个人……""算了吧，没什么大不了的，不是吗？"

协调者（或教师）需要重新界定这些低估和逃避行为："特洛伊，这或许对你来说只是玩笑,但是显然对史密斯先生来说并非如此,因为……""那种类型的玩笑和胡闹在我们学校是无法接受的,尽管班里半数学生都附和着笑了……"(事实上他们并没有这样)"或许你并不是唯一有这种行为的学生,我也会与班级其他学生谈话……但是现在我在谈论你的所作所为……以及你的责任……"我们应该让学生明白,必要的话,班级内部的"密码"会逐一破解。有时学生会宣称有权保持沉默,拒绝回答。如果他们这么做,协调者可以说出他们内心可能想说的话:"特洛伊,或许你在思考(因为你并没有和我们交谈)……或许你想说,我只是在打发时间,这没什么大不了。但这很重要……确实非常严重,因为……"在此,协调者要重申这类行为为什么不能被忽视、"一笑置之"或找借口开脱。教师的语调及举止(如前所述)也极为重要,要保持冷静并尊重学生。

"特洛伊,从现在开始你需要做些什么来改变自己的行为?"此时,教师希望学生能道歉并做出改变自己行为的承诺。同时,教师要简要提醒学生他们所享有的权利和期望他们承担的责任。

制定一份暂行计划,内容包括:学生需要停止的特定行为(及明确的理由),需要培养的行为(及明确的、支持性的理由),唯此,我们才能感到安全,才能不受干扰地学习,才能共享尊重公平……学生将会从中获益。暂行计划是与学生谈论行为改变的基础。

协调者(资深教师)需要着重强调的是:

- 你要对自己的行为负责;没人能强迫你做什么。
- "每次走进教室,你都可以选择是否支持公平的权利和责任。"
- "一切都关乎你选择做什么……"协调者要强调班主任/年级教师想要与学生一起解决问题,现阶段并不需要将家长牵涉进来,但是现在及未来都一直需要学生的理解、配合与责任感。

然而,如果会议根本得不到学生的适当回应,或者学生反抗性地不愿承担责任,那么就要使用更为正式的处理程序——学校层面应对骚扰行为的规定。学生需要了解这种程序——包括联系家长。如有必要,需要向学生指出拒绝承认和改变当前行为模式的后果。

- 如果学生勉强地(或甚至配合地)承认他们的骚扰行为,道歉并同意做出改变,那么要向他们说明之后会开展一次审核会（一周后）"审查教室中（或骚扰行为发生的场所）的秩序在何种程度上恢复正常"。这是对学生的"警告"，但也要传达出对学生的信任："你可以做出改变……你会支持这里的权利和责任。"学生也要区分"抱歉的话语"与"抱歉的行为"：哪些行为表明你确实感到抱歉？准确地记录学生一周内的行为是极为关键的。

- 友好地结束会议。避免流露出敌意、"报复"或威胁。这种问责会议的顺利开展依赖于早期干预、资深同事支持、考虑周全的计划以及教师的良好意愿——在理解和合作的态度下，他们愿意与"骚扰者"共同努力面对这种行为，并希望学生做出行为改变。

审核会上，如果学生的行为没有发生改变（一周内），就需要迅速采取正式的正当程序。我们不能给出将会继续容忍此种行为的任何暗示。如有必要，正式的程序可能包括暂令停学及（在某些情况下）甚至开除。

同事支持所关注的特殊领域

在某些学校，同事支持可能往往是偶然的，基于同事间宽松的联系（一对一）和更加正式的形式（如会议和持续性的团队活动）。然而，在某些关键领域，同事支持不能仅依赖于良好意愿、偶然的联系或正式团队。

新教师在学校的入职

每所学校都有自己独一无二的、特有的文化与习惯。初到学校的新教师可以在教学伙伴（teaching buddy）的协助下入职并适应新环境，即使是初到一所新学校的经验丰富的教师也是如此。这种帮助并不会贬低有经验的教师。对于刚进入新学校的老师，教学伙伴帮助他们了解必要的信息以及如何开始新生活。在全校或新班级集会的场合正式介绍和欢迎新教师也是极为重要的。我也曾见过一些学校会忽视这个常规的、热情的传统。

新入职的教师（第一年任教的教师）

我曾听过太多新入职的教师谈到他们不得不忙于第一年的教学，努力融入新学校的文化而忽视了同事支持。

- 学校做出规定,提供一名经验丰富的同事作为导师,在新教师的第一学期给予支持,包括定期或随时与新教师见面讨论相关问题。课程计划、班级管理和对学生的跟进都是典型的新教师需要学习解决的问题。指导形式可以是课堂合作,提供机会使"被指导者"可以观摩资深同事的教学实践,相反地,导师观摩"被指导者"的课堂教学和管理也要给予支持性的反馈(见后文)。
- 成立学校同伴支持小组进行"情绪宣泄"(假如没有这样的小组,老师只会一味地相互抱怨)。这样的小组可以形成一个沟通平台用于明确需求、启发思考、解决问题、促进教师专业发展和提出行动规划(Rogers,2011)。
- 通过网络论坛的形式与其他新手教师一起探讨一些共同关心的问题、需求、经验和策略也是一种极为有效的同伴支持方案。提供一些基本的必需品给新手教师也是极为重要的,比如一张详细的学校地图,已发布的纪律和行为规范,暂停—冷静的策略,课后留校规定等。这些"必需品"扎根于一所学校的组织文化中,以至于经验丰富的同事可能会忘记对于一名刚取得教师资格或新入职本校的教师来说,融入一种全新的学校文化会是何等的困难和陌生。

再次强调,面对上述基本问题,教学伙伴能够提供一些有价值的帮助。

代课教师

按照惯例,代课教师通常需要接管更加棘手的班级,一天或几天。有些班级的学生会把代课教师当作"理所当然的抨击对象"(fair game)。他们(代课教师)也和新教师一样需要得到同样的支持,尽管这种支持仅备一天的教学之需(地图、休息时间等)。如果一名经验丰富的教师能将代课教师介绍给其他教师和班级的学生认识,这能加强学校管理部门和这名"新教师"之间的联系;如果在休息时间能够安排一名合作伙伴与他们见面,这都是有益的。

选择性的指导

选择性的指导能够为教师提供机会使其与一位值得信任的、能够提供帮助的同事工作一段时间,同时能够为教师持续的专业反思、审视惯常的教学和行为领导以及技能提升奠定基础。

如果被指导者认为他对所提供的指导拥有专业选择权,那么指导者应该给予这种选择权。但显然,学校应该提供合乎规范的指导,使其成为专业发展的一种选择。

重点在于要说明此类指导是以支持专业发展为前提而不是以"挣扎中的教师"为背景。从这种意义上来看,指导并不暗示任何上下等级关系或代表一位教师教学和管理实践的失败。

任何一种指导,即便指导者是一位值得信赖的同事,也自然存在着一些附带"风险"。邀请一位同事和你一起工作,尤其面对一个棘手的班级,久而久之,这就意味着将自身的个人自尊和专业自尊暴露在另一位同事眼前。如果指导者和被指导者都能关注作为支持基础的共同目的和共同需要,那么同事间的共同意愿和专业信任就能将能力不足感减至最低。

例如,被指导者可能没有意识到课堂动态中的某些因素正在影响着他们的课堂管理或甚至常规的教学实践,指导者角色的一个关键方面就是确保被指导者能敏锐地意识到课堂上真实发生的和具有典型特征的一切。必要的情况下,这种意识会涉及到针对教师行为的支持性反馈。同时,支持性反馈使得专业的自我意识成为改变发生的先导。指导者给出的任何反馈都要有意识地考虑到该同事的专业自尊。

> 附注:在此使用"指导者"(mentor)和"被指导者"(mentee)两个术语并不暗含经验丰富的指导教师就具有优越感,只是为了区分关系中的角色,仅此而已。在我作为指导老师所工作的一些学校,我们审慎地选择那些可信赖的、充满善意的和尊重他人的同事作为指导者。被指导者可通过学校领导自行选择想共事的指导者。对于那些明显在班级管理中存在困难且不愿寻求指导支持的同事,那么学校的领导要积极接洽(以一种尊重的、私下的和专业的方式)并"邀请"他们认真考虑接受课堂指导。

然而,给出具体的反馈之前,指导者需要思考反馈的目的,可能的做出反馈的方式(提供支持而非评价的方式)以及如何将反馈应用于持续的行动计划,尤其教学和管理实践的发展中。指导者与被指导者的专业发展需要经历几个阶段,详见图8.1。任何指导都始于被指导者的需求以及愿意与指导者以一种专业的支持性的方式相处的意愿。

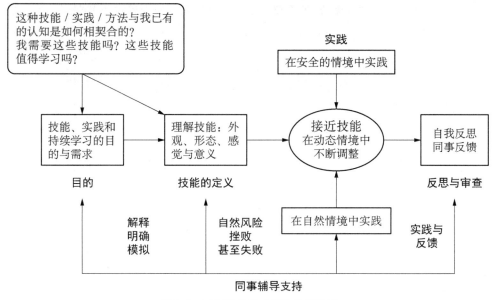

图 8.1 同事辅导模式下的技能发展

常规的抱怨:"倾听"教师的沮丧与担忧

"抱怨"的范围包括从偶尔的烦躁、哀叹到持续性的状态。最为典型的是,在日常的教学与管理中出于好心但遭到抱怨,或者因为时间限制没达到理想的效果而遭到抱怨。当然,这也能成为与他人建立紧密联系的方式("我们在同一条船上……虽经漏水、腐蚀之灾,但总是朝向同一方向")。同时能够通过分享笑话或"短暂的精神振奋"等方式将积聚的紧张情绪化解。它也是对一个人的挣扎状态的认可:"不是只有你这样。"

尽管有些抱怨可能是持续的、耗费心力的,甚至对问题的解决是有帮助的,但是它也可能破坏同事的善意,或者成为抱怨者的一种"逃避策略"(Rogers,2002a)。如果一位同事频繁地哀叹或持续抱怨,那么与其交流时,重要的是:

- 在给出可能的建议之前,首先要倾听和认可他们的情绪——不请自来的建议并不总是能被别人轻易接受。倾听实际上就是对他们的情绪和需求的认同,没有必要深究他们对于一个特定事件的叙述。
- 有时意识到抱怨是一种"减压"就足够了。

- 如果抱怨陷入循环模式，那么要提出一种更加具有针对性的支持形式，包括需求分析、问题解决、冲突化解（必要的话）或制定一种可行的计划。

如果抱怨恶化为一种消极的哀怨、不作为、责备或反对行为，进而妨碍了有效的情绪转变和问题的解决，那么就要向同事阐明他们在抱怨中的所作所为和让他们明白如果勇敢面对问题，那么有效的支持总会发挥作用。有些同事似乎会对某件事抱怨不停但却不会针对此事（X、Y、Z）而采取任何行动。这种持续的抱怨行为会消耗其他同事提供支持的善意。

这些专业的讨论对于一位资历丰富的同事来说也不是轻松的。有些同事的实践缺乏专业性，且他们拒绝接受支持和改变，这种情况就需要依靠审查和专业的责任方案加以解决。

支持、专家和指导

特定的方法（见图8.1）

此处所讨论的是我和我的同事用以促使教师反思其课堂情景中的行为领导力的指导模型。这主要是基于短暂的合作教学的指导方法。通过与同事们相处，与他们进行团队教学，我们耳闻目睹和感受到常规的课堂动态及教师行为领导和教学实践的典型特征。有些人在多年的教师生涯中可能都没有机会直接接触那些在充满挑战性的课堂中教学的同事。指导者与被指导者在后者指定的班级每周进行一次合作教学，之后两者都要反思和评议彼此典型的行为领导实践。所有的反馈和评议都要以本书第二章至第四章所提及的相关实践和技能为基础。

指导者走进被指导者的课堂进行指导时要有详细规划，尤其涉及到：如何将指导者（简要）介绍给全班学生；指导者在合作教学中的角色定位；在课堂上指导者如何解决行为管理问题；指导者和被指导者可使用的暗示和信号，如在课堂上当指导者需要发挥带头作用时。当同事在班级管理中遇见困难时，我会选择（在许多场合）先让吵闹的班级安静下来和重新集中学生的注意力。在对课堂进行直接控制前，同事间的暗示（口头和非言语）需要指导者提前规划。提供支持的同事最不适宜做的事情就是在学生面前公开传递出被指导的同事能力不足或管理无效的信息。我通常使用的方法就是，在适当的时间给出一个简短的言语暗示："打扰一下，史密斯先生，你介意我……"之后在合作教学的框架之下处理问题。

这种指导形式自然是一种极其耗费心力的促进教师专业发展的方法，但却能获得同事们的高度评价，因为这是建立在选择性的同事信任的基础之上的。与此同时，被指导的教师也能切身感受到指导教师自然也会遭遇到学生的扰乱行为，并和他们一样也会陷入困境。

"不是只有我这样，对吗？"

在学校担任指导工作的过程中，我曾遇过一些极度寻求关注和谋求权力的学生，他们试图通过做出扰乱行为彰显其"社会地位"。被指导教师能够切身感受到这些学生与指导教师相处时是如何扰乱课堂的，但是我的处理方式却和这些同事们不同。我曾多次面对这些吵闹的学生，试图唤起和维持学生的注意力，处理讲课时他们的喊叫、插嘴和闲聊行为，然而有些不安分的学生就会说道："你为什么站在这？你又不是我们的正式老师。"（我也曾忍不住回道："根本就没有正式教师。"）迟到的学生看见"新"老师出现，便会用一种令人不舒服的语气打探道："你是谁？"我的同事站在一米之外也有机会看到另一位老师（他们的合作指导者）是如何领导他们的课堂的。同事间的信任就在这种共存状态中获得。

在这些学生心中我没有"地位"；确实，我是一位有资历的年长教师，但在这所学校我并不像班主任那样担当长期的角色。正如任何一位新教师那样，我也不得不通过对班级的领导、支持、指引和鼓励来"赢得"自己的地位。学生们并不会因为年长教师参与到班级的管理中就改变他们的行为。我所分享的从第二章到第四章的所有内容都是我力图去做的，仿佛"我的"班级正处于组建阶段。

正是因为我的同事目睹了我在他的班级指导和管理学生行为时自然而然的挣扎，因而在休息时间我最常听见他们说的就是："不是只有我这样，对吗？"

"这就是你所说的……吗？"

我和我的同事在一个特别棘手的班级完成合作教学后，会回顾和讨论那些带头捣乱的学生的行为，我们是如何解决行为问题和聚焦到学习上的。正是在这种有明确目标的共同合作中，我的同事能敏锐地关注到行为领导的特征，如策略性的忽视，选择性的关注，积极的矫正语言，接受时间以及教师如何在教室内走动，单独辅导某个学生，给予描述性的反馈与鼓励等。我的同事们常常说"这就是你所说的接受时间（take-up time）……策略性的忽略，针对性的鼓励……"，因为在课堂上他们已经切身体会到了这些。再次强调，那种共存状态能生发信任与专注。

第八章　陷入困境：艰难的课堂　艰难的时光

在日常教学中自然而然存在的紧张与压力下领悟这些核心的技能与实践，是一种有效的在情境中确认和教授行为领导技能的方式。

"指导者"(mentor)这个词出自荷马史诗《奥德赛》(*Odyssey*)。在这部希腊神话史诗中，门托耳(Mentor，他是奥德修斯长期忠诚的朋友)被委托帮助奥德修斯和泊涅罗珀的儿子忒勒玛科斯，他出色地承担起重任，以至于"mentor"一词就流传下来，指代"贤明的指导者——给予支持与鼓励的人"。奥德修斯(罗马名为尤利西斯)是伊萨卡岛的国王，也是特洛伊战争中的英雄之一。

设定目标

指导者与被指导者共同讨论和制定被指导者的工作目标。这些目标可能包括(比如)一种特定的管理方法，能够更加周全有效地集中全班学生的注意力，或维持纪律时所用语言的特定技巧，甚至是课堂教学的特定方式。

指导并不只是意味着坐在教室的后面观察同事，而是与同事一起实现合作教学。这种指导方式使得被指导者能直接目睹指导者是如何处理课堂上的分心、扰乱行为以及参与课堂教学的动态过程的。这也为持续不断的指导奠定了基础。

重要的是要记住：对于指导者来说，那些看起来似乎是简单易懂的内容(例如一种技能)，可能对于被指导者来说是困难的，甚至是疑惑的。澄清和讨论特定的方法和技能，甚至在"安全的"非课堂情境中加以练习也是极为重要的。还有非常重要的一点是打消被指导者的疑虑，让他们明白技能的培养不是一蹴而就的，需要有意识地定向努力，甚至经历失败，但失败也没什么大不了。有关教学与管理的实践目标需要共同努力才能制定。同时这些目标也要真实、聚焦、循序渐进，并辅以指导者持续不断的反馈。

反馈

有效的、具有支持性的反馈需要聚焦在目标区域、目的和特定技能上。反馈的过程中，指导者与被指导者应该专注于那些在真实的课堂情境下所观察到的当前的行为和问题。大体上指出某个极其吵闹、难以处理的班级也是有效的。此外，如果指导者能特别说明导致那个班级喧闹不安的因素也是大有裨益的，尽管被指导者(作为班主任)的行为可能是一个重要的"诱因"。在做出反馈之前，关键的一点是指导者和被指导者要共同讨论同事反馈(指导者对被指导者的反馈，反之亦然)的目的和性质。

指导者要给予描述性的反馈并确保将反馈聚焦到教师行为的特质上(包括管理

纪律的语言）。

教师可能意识不到他们在课堂上管理纪律时惯常使用的语言；他们可能意识不到自身的非言语行为——他们在学生面前是如何表现的；也可能意识不到自己是如何处理扰乱行为的……给予描述性反馈时，指导者要描述他们所看到的、听到的和感知到的内容，这是进行共同反思和制订行动计划的基础。在学习和掌握一项新技能之前，这个同事需要对自己目前惯常的"行为领导"有清晰的意识。

描述性反馈为教师提升专业自我意识提供了条件。在反馈阶段，可提出以下这些典型问题，如："你有没有意识到（给出特定的例子）……""你有没有听到自己说了……""你有没有意识到……""当……时，你有何感受？"

- 我们也要避免给出太多过于宽泛的反馈，这容易使同事灰心丧气。过多地对同事在教学和管理行为中的问题进行反馈，可能会使教师更难做出改变。一个人只能在他人的支持下循序渐进地做出改变。
- 避免任何评价式的反馈。反馈应该避免对"个人"（personality）因素进行批评。
- 反馈过程中要对同事的技能提升予以鼓励和肯定。任何形式的专业反馈只有在与共同的需求、目的和目标关联起来时才是最有价值和有效的。
- 有些转变是相对容易的，如教室的物理组织结构（座位等，p.52f）。其他方面，如噪声的管理，学生的任务时间，与全班同学和个别学生交流时需要的管理技能，涉及纪律管理的语言，甚至描述性鼓励等的行为领导技能的提升对于教师来说更加具有挑战性。

脱离

尽管指导者偶尔观摩被指导同事的课堂是常见的实践活动，也是值得大力提倡的，但是总有一天指导者需要告别这段持续不断提供支持的旅程。但这并不意味着后续支持的缺失，而是指专业指导转向关注被指导者如何总结他们的技能，使其适应自己的教师领导实践。每所学校都应该提供常规的机会进行专业分享、专业发展与评估。理想的情况是，这些机会应该用于确保和鼓励个体（共同）本着友善和互相信任的专业精神反思其教学与管理实践。

同事支持

并非所有同事都愿意或感觉自己需要同事支持，甚至在倡导同事互助的学校也是如此。有些老师提供支持是因为学校的文化提倡支持。因此，提供帮助也更容易。某些老师基于相互尊重、共同的立场或共有的基本人性将提供支持看作一种个人或专业责任。在一所学校的文化中，个体、组织和个人的职责要求之间暗含着错综复杂的关系。那些慷慨地付出时间和精力给予同事支持的人表示，提供支持会给自身带来压力，同时接受帮助的同事也会面临着压力（Rogers，2002a）。[1] 重要的是学校领导要承认这些自然存在、生成的张力。

同事支持不能简单地强制推行。就像学校文化和实践活动一样，真正重要的事都不能强制推行。（McLaughlin，1990；Fullan，1993；Rogers，2002a，2012）一般情况下，教师会坦言自己希望、需要同事支持并且能从中受益，然而学校的领导却不能强制同事们给予或接受支持并强制实施。这并不是说否定外部指导、政策措施以及确立一些支持的"形式"和表达方式，而是说同事们所重视和需要的东西不能简单地通过政策的强制性来获得。然而，缜密周详的程序、计划和政策尽管会受到不可靠因素的制约，但仍然是促进人们支持和行动的手段。它们能表达共同的目的、可信赖的组织结构、"支持"和相互依存性。当然，很明显，这些"机构"或"形式"需要获得广泛的信任。时间和实践将会检验它的价值。[2]

当学校的领导层试图解决同事支持这一问题时，就需要重点关注学校作为一个共同体是如何满足同事的需要的；他们需要被当作专业人员来看待；需要获得尊重和被公平地对待（选择性的支持/小圈子/喜好……）。从这种意义上来说，形式总是与功能相伴而行的。我们总是需要回答这个问题："我们所提供的（或规划的）同事支持是否能满足他们的需要呢？"

同事支持的结构、形式、程序、指导机会、团队结构等都能通过定期的同事评议而得以强化。这种类型的评议会源自于学校重视相互尊重和支持同事间形成支持性共同体。

附注：需求分析与同事支持

- 在你的学校，同事们的个体和集体需要是如何得以确认的？以何种方式被确认下来的？为满足这些需求所采用的形式（如组织机构、程序和政策）有哪些？
- 目前你认为你的学校在哪些方面体现出一种普遍的"同事支持的意识"？

> 这个问题在某种程度上与你目前的角色相关。当然,作为一位经验丰富的老师,给予支持的责任范围涵盖偶然的日常精神上的支持到更加深入参与的复杂支持,比如在纪律管理的情境下提供支持(如暂停—冷静);跟进(与老师一起)捣乱的孩子;需要投入大量精力的方案(如同事指导)。
>
> - 同事们是否被要求确认与同事支持相关的需求?他们是否真正有机会进行需求分析?
> - 需要做些什么改变来了解和试图满足同事们的需求,尤其是行为领导力方面?
> - 针对当前的形式、结构、计划、政策和流程,我们还需要做出怎样的改变以满足他们的需求?(Rogers,2002a)评议的关键点在于已公开的行为政策与日常实践之间的现实联结。

能否形成"支持生态"(良性的支持循环),取决于专业团队如何行动和合作。如果学校有意识地认可和鼓励同事支持,尤其是存在一个支持性的领导团队,那么才有可能增强和确保同事支持。当然,只有教师具有相互尊重、相互监督和乐于奉献的意识时,同事支持才能成立。

反思

- 如果你还在一个难以管理的班级中苦苦挣扎,你有多大的把握能获得同事支持?现实情况下你希望获得哪方面的支持?你会向谁寻求支持?或者你希望谁给予你支持?如果你正陷入行为管理问题的困境中,你会如何向一位资深同事寻求帮助?
- 如果你是一位资深教师并且清楚地意识到某位老师存在严重的管理问题,你会如何向他提供支持?
- 在你所在的学校里,陷入困境的教师是如何被"确认"和被帮助的?
- 如果这些老师没有"主动站出来"寻求支持,那我们如何表达出愿意提供支持的意愿或提供支持呢?
- 如果一个班级的教师"失控了",你会如何在短时间内提供即时的支持?

(p. 277)

- 如何(从形式和程序上)帮助一位教师在一个难以管理的班级中重新开始(重建班级)？(p. 272f)
- 是否召开班会用于帮助那些难以管理的班级？如何做的？(p. 274f)
- 你是如何看待骚扰问题(针对教师)的？你是否意识到有些同事可能遭受过学生(任何形式)的骚扰？这种问题在你的学校是如何解决的？
- 第三章和第四章所提出的行为领导的技能能够为专业评议和专业发展奠定基础。在你的学校，你所在的教研组或年级组，教师的专业发展是以何种方式展开的？
- 你所在的学校提供何种指导？
- 你所在的学校提供何种专业反馈？

注释

1 在其自传《抓住残骸》(*Clinging to the Wreckage*，1989)中，约翰·蒙特梅尔(John Mortimer)将世界上的人大体上分为"护士"和"病人"两类。

2 哈格里维斯(Hargreaves 1994)认为我们可以将信任寄托在人或程序之中。我们可以对个体的品质和行为抱以信任，也可以对抽象的、系统的能力和表现抱有信任。信任可能是有意义的人与人之间关系的结果，或者是这一关系存在的条件。从这个意义上来说，行为管理的政策规定与教师日常的课堂管理实践之间存在着"现实差距"，而这种差距需要被弥合。

 访问 https://study.sagepub.com/rogers4e 获取更多资源，您也可以听到比尔亲自讲述常见的行为管理情境以帮助您更好地管理课堂行为。

后记

三股合成的绳子不容易折断。

——《传道书》4：12

毫无疑问,像我一样,你之所以选择教学是因为,你相信你可以在学生的教育生涯中对他们的人生产生影响。这是一个在课上和课后都会占用我们许多时间的职业。在课堂教学之外,我们还要花费时间支持和帮助学生,参与到特殊事件中,并始终关注着无处不在的评价和反馈。我们的职业不仅仅是一份工作,它神圣而又充满挑战性。

除了班级管理、纪律和有效教学,还有一个并行不悖的层面——同事支持。没有同事合理的、基本的支持,我们的职业将会产生更多的困难与压力。

同事的支持可以满足我们基本的归属感和认同需要,以及满足我们的职业需求,例如职业肯定、职业认同和支持性的反馈(Rogers,2002a,2002)。

从抱怨到简短地确保我们在正确道路上,以及从认同感到共享的协作与评价,同事的支持可以肯定和增强我们的日常应对能力、我们的士气和我们的专业性。

如果你读到了这里,对你每天面对的管理、纪律和教学问题来说,这已经足够了,而对于另一些人则是不够的。描述、拓展和澄清这些问题,总是有很多话可以说。我希望,我分享的内容能够有助于您在日常教学和管理中的个人反思。

愿您在日常的教学中保持优雅与明智!

亲切的问候,比尔·罗杰斯

我的女儿莎拉(Sarah)11岁时画了这幅画。我一直和她讨论交流我所写的有关同事支持的内容。她曾问我:"什么是同事?"我(包括我的妻子以及作为一名教师的大女儿)尽最大的努力进行解释。我们讨论交流了同事和支持的意义,然后她就画了这幅画。眼睛下面的黑眼圈是她根据观察所画的,这些都是老师。她试图解释说明同事的支持:长长的互搭的臂膀,共同的人类必须伸手并拥抱那些我们试图在学校建立的任何正式的支持。

附录 A——海报格式

我和我的许多同事将海报作为班级规则的一种视觉提醒。我们在几年前制定出这些并进行了微调。

这三条规则来源于不可协商的核心权利：

- 安全权
- 学习权
- 得到尊重与公平对待的权利

在食品科技、材料设计（科学）、艺术、体育教育等学科领域，出于保险考虑，我们有具体的海报规则，细化与学科和学习空间相关的具体方面。

我们建议在制作规则性海报时，应用整洁的粗体字进行书写，以便学生在教室后面也能看清楚海报。标题需要更加醒目，这样有助于制作。一些学校则通过专业印刷制作标题。

这些规则在每一学年的建立期就要在班级组/导师组/教牧组中进行讨论。

当班里的每一个成员都能努力与其他成员合作时，一个班级才会有好的学习效果。

为了合作，我们必须学会与其他人友好相处。这是我们的地盘！

我们都拥有这样的权利——感到安全，学习不被他人干扰，获得尊重和公平对待。

我们需要承担义务，所以我们才能享有权利。

我们可以在课堂上轮流发言讨论。

我们愿意他人质疑我们的观点和意见。

我们可以有礼貌地表达不同意,并给出我们不同意的理由。

我们愿意在学习上互相帮助、支持与鼓励。

我们都有学习的权利

为了更好地在这里学习,我们应做到:

(1) 准时到校;　　　(2) 保持安静与轻松,做好准备;

(3) 准备合适的材料;　(4) 举手……　一律平等

(5) 相互交流与合作;　(6) 如果你需要助教,记得:

首先核对检查 → 同学 → 教师帮助布告板 →

继续其他工作直到教师来

罗杰斯:英语老师

我们都有权得到尊重

为了获得彼此尊重,我们需要记住:

- 我们因为相同的原因共享同一个地方和空间。
- 我们拥有共同的情感基础,这是我们对待彼此的方式。

- 安全不仅仅指的是身体安全,也包括个人情感、个人空间和财产的安全等。
- 言语尊重,不要羞辱或恶语中伤他人。
- 在我们学校欺凌他人是不可接受的。
- 懂礼貌、关心他人、知礼仪!谢谢!

罗杰斯:英语老师　　　　　　　　　　礼貌是有魅力的!

附录 B——对抗与欺凌行为

学生作出有关对抗与欺凌行为的典型借口

无论何时当一个教师指责学生的对抗与欺凌行为时,欺凌者总会作出一个共同的回应,以此来减轻或减少他们的行为的影响。这一切都是为了避免对自己的行为负责,他们学会了逃避行为。对于欺凌者使用的借口和回避性言语,我们应该予以反击,把它们构成问责、调解和正当程序的一部分。

- **"这只是一个玩笑!"** 这样的话,我已经从那些推挤、绊倒或殴打其他同学的学生身上听到了许多次。**"我的拳头失控了!"** 一个学生竟然这么对我说!
  "那么谁在笑呢?是受伤者在笑?即使你和你的同伴在笑,这也不是一个笑话。这一点也不好笑!这不应该发生在我们学校!绊倒他人、推挤同学、把他人的书包丢在灌木丛中,这只是你们伤害他人的借口!"
- **"我只是在和他玩而已!"** 这与上面的话很相似。
  "但你总是让那些(这里总是使用被欺负者的名字)人鼻青脸肿,让他们受到伤害,感到害怕并哭泣……"
  "这与你昨天闯入别人的足球比赛是一样的,这不是玩,而是在没有受到邀请的情况下干扰别人的游戏和活动。"
- **"那只是一个意外!"**
  "所以迈克尔在走廊里受到伤害,是被你绊倒在地……他的书包被扔在地上,里面的东西都散在地上。那你停下来帮助迈克尔了吗?那才是意外发生时人们所应该做的。人们停下来帮助他人,或者他们报告给老师,他们道歉……你却没有这么做。这是错误的,是故意的,是赤裸裸的欺凌!"
- **"我不是故意的!"**

"你就在那里,人们都看见你了,你还试图取笑、戏弄和侮辱别人……""你自己选择的!"虽然有时候一些孩子可能没有意识到他们最终的行为会产生如此严重的后果,但是他们需要知道,他们行为后果的严重性。

- **"无论如何,这是我找到的!"** 这种说法已经不知道被提到过多少次了,钱、玩具、昂贵的钢笔、手表、手机、珠宝等。

  "这是别人的,它不属于你!如果你发现了类似……(物品的名称),你至少应该把它交到办公室或者交给老师,你保管它……"

- **"但我只是借用一下而已!"** 我发现有的学生拥有很多物品和钱,很明显这不是他们的。有一些学生会传出小道信息,尤其让他们感到害怕的学生是那些顽抗和欺凌的学生。

  当欺凌者被挑战时经常会说:"但我只是借用一下!"这与钱、手表、钢笔、玩具、手机……是借来的说法很相似。我们需要询问欺凌者:"你借谁的啊?什么时候?他们的名字?他们是哪个班?迈克尔(受害者)受到了伤害,正在哭泣,在没有取得他人允许时,我们不能拿别人的钱或者手机。这是抢劫和偷窃!"我们鼓励受害者在成人的调解下面对欺凌者,并说出事情的真相,这总是有帮助的!(见 p. 201f)。

我们以一种冷静的方式来处理问题,并对他们的逃避行为作出回应是很重要的。我们要允许暂停(我们不要急着进行对话),这毕竟不是警察在询问犯人!

我们作为教师,是为了帮助学生意识到责任并能为自己的对抗和扰乱行为负责。理想情况下,如果受害者能在一个富有调解经验和技能的教师的陪伴下面对欺凌者将是非常有帮助的。教师在着手这样的会议之前需要先弄清楚实情,并且在面对欺凌者之前教师与受害者要对会议做好安排。经常会有人看到一些欺凌行为,这些行为对成年人来说是隐秘的,但对于他们的同辈则相反。他们寻求关注和权力,迫使他们的同辈臣服于他们的权力(p. 217f)。

会议的目的是为了让欺凌者明白他们的所作所为是源于他们作出的选择!没有人让他们这么做!从受害者的视角去记录整个事件(有关欺凌者行为的清晰解释)也是很重要的。在任何这样的会议中,我们都鼓励受害者面对欺凌者,并澄清:

- 关于对抗与欺凌行为,发生了什么,时间以及结果。
- 他们如何看待发生的事情。

- 在现在和未来他们希望事情如何处理。

大多数的受害者希望确保这样的事情将不会再次发生，并要求对方道歉。我们需要澄清道歉的语言和道歉的行为是不同的。对于受害者和其他人，你会如何表达你的歉意。我们要求欺凌者对自己的行为作出解释。此时，他们经常会使用前面提到的各种借口。我们需要冷静清晰地对待这些逃避性语言，并且让欺凌者重新聚焦他们的选择以及在学校中他们对同学的所作所为。

我们需要询问他们，他们需要做什么进行赔偿，解决问题。有时，这会涉及到赔偿问题。

让欺凌者知道"这周我们将举行一个会议，看看在操场上或其他任何地方（大多数的骚扰行为发生在非课堂环境）事情是怎样进行的……"是很有用的。这个评审会议要告知欺凌者，可以说是，让他们监督自己的行为。然而，欺凌行为最难解决的问题就是欺凌者专注于权力的态度和立场。教育、文化和经验会影响一个人的态度，学校可以引导这一切转向积极的善。与此同时，我们要求欺凌者承担责任，不再接受他们的任何借口。

非常感谢英格兰北沃尔沙姆高中（North Walsham High School）的同事们，感谢他们从学校中整理出一些有关处理欺凌行为的措施。

参见

Rogers, B. (2006) *Behaviour Management: A Whole-School Approach* (2nd edn). London: Sage.

术语表

坚定的行为：交流过程中使用坚决、果断、谦逊的语调并配合使用自信但不具有攻击性的肢体语言。

行为守则：与学生协商讨论而形成的关于学习与行为问题的一套规则和常规。

行为后果：特定行为之后产生的后果；可能包括教师试图引导学生承担责任，比如教师将后果与学生的破坏性行为之间建立联系。

(个体)案例监督：涉及一位关键教师与学生进行长期的一对一相处。个体监督者的角色可能包括与学生共同制定一份个人行为计划，并将该计划的内容告知所有其他（与该名学生接触的）教师和该名学生的家长。

共同行动计划：对于一位挣扎于管理困难的班级（和班内几名管理困难的学生）的同事来说，一项共同的行动计划为其搭建了平台并提供了一套程序以满足其精神需求、实际需要和专业需要。

延迟的后果：如果学生不服从你的指导性选择，你会解释相应的后果，但不会停留在此（而是继续上课）。

建立阶段：你与全班学生建立关系的开端，在此期间你需要确立起权利、规则、责任和期望学生做到的行为。

部分同意：你可能会同意学生的言论，但并非学生回应的方式。

首要行为：引起扰乱的学生行为。

宽松警惕：在行为管理中教师对学生的合作和服从表现出自信、确信和坚定的期望。

次要行为：加剧首要行为的学生行为，如音调和肢体语言。

案例研究和实例索引

没有学习工具的学生　2—4

穿戴不端问题　4—5,7—8,cf. 119f

操场上的监督　5—7

上课迟到　7—8,cf. 110—113

不适当的语言/咒骂　9,cf. 239f

强词夺理的学生　13,7—8,cf. 16—18

处理课堂手机问题　16/17,cf. 100,191—192

表达尊重　31—33

教学时间内的分心与扰乱行为　70—73

引起全班的注意和关注　58—60

不专心的中学课堂,当多种扰乱行为一起发生时！　64—69

保持课堂的完整　87—88

坚定的语言　92,cf. 118f,98f

教学时间内引起学生分心的事物　94

分散或转移学生的注意力　101

在小学阶段设置冷静区　180—181

中学阶段给予"接受时间"　118f

中学阶段为捣乱和对抗性的学生设置冷静区　184—187

那些不愿意课后留下来的学生（作为一种行为后果）　196—197

维持群体（学生）注意力的挑战　141—142

在任务学习期间分散注意力的学生　143

教师帮助数学学习困难的学生（中学阶段）　138

化解他人的愤怒　247—249

处理愤怒/攻击　263—265

在中学阶段棘手的班级进行有效教学　164—169

与愤怒的家长相处　260—261

与多动症儿童相处　209,210

帮助孩子了解他们博取注意/追求权力的目标　217f,223f

学生争取权力　18f,194—195

与患有情绪和行为障碍的学生相处　227f,cf.162

参考文献

Adler, A. (1979a) *Superiority and Social Interest: A Collection*. New York: W. W. Norton.

Adler, A. (1979b) *The Problem Child*. New York: G. P. Putnam and Sons.

Adler, A. (1981) *Understanding Human Nature*. St Paul, MN: Fawcett Press. (First published 1927)

Aristotle (1969) *The Ethics of Aristotle: The Nichomachean Ethics*. Trans. J. A. K. Thompson. London: Penguin.

Attwood, T. (2006) *The Complete Guide to Asperger's Syndrome*. London: Tessian Kingsley Publications.

Baars, C. W. (1979) *Feeling and Healing Your Emotions*. Plainfield, NJ: Logos International.

Beck, A. T. (1976) *Cognitive Therapy and the Emotional Disorders*. New York: International Universities Press.

Bernard, M. (1990) *Taking the Stress out of Teaching*. Melbourne: Collins Dove.

Campbell, D. (2000) *The Mozart Effect for Children*. Sydney: Hodder.

Carr, W. (ed.) (1989) *Quality in Teaching: Arguments for a Reflective Profession*. London: Falmer.

Charles, C. M. (2005) *Building Classroom Discipline: From Models to Practice* (8th edn). Boston, MA: Allyn and Bacon.

Clark, M. (1991) *The Quest for Grace*. Ringwood, Victoria: Penguin.

Clarke, D. and Murray, A. (eds) (1996) *Developing and Implementing a Whole-School Behaviour Policy*. London: David Fulton.

Clough, P., Garner, P., Pardeck, J. T. and Yuen, F. (eds) (2005) *Handbook of*

Emotional and Behavioural Difficulties. London: SAGE.

Cornett, C. E. (1986) *Learning through Laughter: Humour in the Classroom*. Bloomington, IN: Phi Delta Kappa Educational Foundation.

Cummings, C. (1989) *Managing to Teach*. Edmonds, WA: Teaching Inc.

Denenberg, V. H. and Zarrow, M. J. (1970) "Rat pax". *Psychology Today*, 3 (12): 45–7, 66–7.

Dewey, J. (1897) "My pedagogic creed". *The School Journal*, 55(3), 16 January: 77–80. In P. Nash (1968), *Models of Men: Explorations in the Western Education Tradition*. New York: John Wiley and Sons.

Dodge, K. A. (1981) "Social competence and aggressive behaviour in children". Paper presented at Midwestern Psychological Association, Detroit, Michigan, USA, May.

Dodge, K. A. (1985) "Attributional bias in aggressive children". In P. C. Kendall (ed.), *Advances in Cognitive Behavioural Research and Therapy* (Vol. 4). Orlando, FL: Academic Press.

Doyle, W. (1986) "Classroom organisation and management". In M. C. Whitrock (ed.), *Handbook of Research on Teaching*. New York: Macmillan.

Dreikurs, R. (1968) *Psychology in the Classroom* (2nd edn). New York: Harper & Row.

Dreikurs, R., Grunwald, B. and Pepper, E. (1982) *Maintaining Sanity in the Classroom* (2nd edn). New York: Harper & Row.

Edwards, C. (1997) "RET in high school". *Rational Living*, 12: 10–12.

Edwards, C. H. and Watts, V. (2008) *Classroom Discipline and Management* (2nd Australian edn). Stafford, Queensland: John Wiley and Sons.

Ellis, A. (1977) *Anger: How to Live With It and Without It*. Melbourne: Sun Books.

Elton Report (1989) *Discipline in Schools: Report of the Committee of Inquiry* (The Elton Report). London: HMSO.

Faber, A. and Mazlish, E. (1982) *How to Talk so Kids will Listen and Listen so Kids will Talk*. New York: Avon Books.

Farrell, P. and Tsakalidou, K. (1999) "Recent trends in the reintegration of pupils with emotional behavioural difficulties in the UK". *School Psychology International*, 20(4): 323 – 37.

Frankl, V. (1963) *Man's Search for Meaning*: An Introduction to Logotherapy. New York: Simon & Schuster.

Fullan, M. (1993) *Change Processes: Probing the Depths of Educational Reform*. London: Falmer.

Fullan, M. and Hargreaves, A. (1991) *What's Worth Fighting for? Working Together for your School*. Toronto: Ontario Public School Teachers' Federation.

Geffner, R. and Brians, S. (1993) *Effective Teaching Approaches for ADHD Children*. Texas: ADHD Association of Texas.

Gillborn, D., Nixon, J. and Rudduck, J. (1993) *Dimensions of Discipline: Rethinking Practice in Secondary Schools*. London: HMSO.

Ginott, H. (1971) *Teacher and Child*. New York: Macmillan.

Glasser, W. (1986) *Control Theory in Classrooms*. New York: Harper & Row.

Glasser, W. (1992) *The Quality School*. New York: HarperCollins.

Goffman, M. (1972) *The Presentation of Self in Everyday Life*. Harmondsworth: Penguin.

Green, C. and Chee, K. (1995) *Understanding ADD*. Sydney: Doubleday.

Groom, B. (2006) "Supporting the return of pupils with EBD to mainstream school from specialist provision". *Reach: Journal of Special Needs Education in Ireland*, 20(1): 61 – 9.

Guskey, T. R. (1986) "Staff development and the process of teacher change". *Educational Review*, 15(5): 5 – 12.

Hargreaves, A. (1994) "Restructuring restructuring: postmodernity and the prospects for individual change". *Journal of Education Policy*, 9(1): 47 – 65.

Hart, P. M. (1994) "Teacher quality of life: integrating work experiences, psychological distress and morale". *Journal of Occupational and Organisational Psychology*, 67: 109 – 39.

Hart, P. M., Wearing, A. J. and Conn, M. (1995) "Wisdom is a poor predictor of the relationship between discipline policy, student misbehaviour and teacher stress". *British Journal of Educational Psychology*, 1195(65): 27 – 48.

Hattie, J. (2009) *Visible Learning: A Synthesis of over 800 Meta-Analyses Relating to Achievement*. London: Routledge.

Hattie, J. (2012) *Distinguishing Expert Teachers from Novice and Experienced Teachers: Teachers Make a Difference*. Australian Council for Educational Research (ACER).

Hattie, J. and Timperley, H. (2007) *The Power of Feedback Review of Educational Research*, 77(1): 81–112.

Hobfoll, S. E. (1998) *Stress, Culture, and Community: The Psychology and Philosophy of Stress*. New York: Plenum Press.

House of Representatives Standing Committee (2013) *Workplace Bullying: We Just Want it to Stop*. Report by House of Representatives Standing Committee on Education and Employment (February). Available at: www.aph.gov.au.

Howell, K. (1993) "Eligibility and need: is there a difference between being disturbed and being disturbing?" In D. Evans, M. Myhill and J. Izard (eds), *Student Behaviour Problems: Positive Initiatives and New Frontiers*. Camberwell, Victoria: ACER.

Jarman, E. C. (1992) "Management of hyperactivity: multi model interventions". *Practical Therapeutics*, August: 31–8.

Johnson, D. W. (1972) *Reaching Out: Interpersonal Effectiveness and Self-Actualisation* (5th edn). Boston, MA: Allyn and Bacon.

Johnson, D. W. and Johnson, R. T. (1989) *Leading the Cooperative School*. Edina, MN: Interaction Book Co.

Jons, P. and Tucker, E. (eds) (1990) *Mixed Ability Teaching: Classroom Experiences in English, ESL, Mathematics and Science*. Roseberry, NSW: St Clair Press.

Kounin, J. (1971) *Discipline and Group Management in Classrooms*. New York: Holt, Rinehart and Winston.

Kyriacou, C. (1981) "Social support and occupational stress among school teachers". *Educational Studies*, 7: 55–60.

Kyriacou, C. (1986) *Effective Teaching in Schools*. Oxford: Blackwell.

Kyriacou, C. (1991) *Essential Teaching Skills*. Oxford: Blackwell.

Labi, N. (2001) "Let bullies beware". *Time Magazine*, 2 April: 44-45.

Lashlie, C. (2005) "*He'll Be Ok*": *Growing Gorgeous Boys into Good Men*. Auckland: HarperCollins.

Lazarus, R. S. (1981) "Little hassles can be hazardous to health". *Psychology Today*, July: 58-62.

Lee, C. (2004) *Preventing Bullying in Schools*. London: SAGE.

Lee, C. (2007) *Resolving Behaviour Issues in Your School*. London: SAGE.

Leiberman, A. (ed.) (1990) *School as Collaborative Cultures: Creating the Future Now*. London: Falmer Press.

Magnusson, M. (2004) *Keeping My Words: An Anthology from Cradle to Grave*. Hodder and Stoughton. London. The headquote on p300 (ch. 6) is from this book: Green, G. *The Power and the Glory* (1940) Chapter 1. Magnusson quotes this.

Manchester, D. (2009) "Cursing? Britons swear by it... 14times a day", Daily Mail, 16 January 2009. Available at: www.dailymail.co.uk/news/article-1118386/Cursing-Britons-swear-14-times-day.html (accessed 6 February 2015).

McGough, R. (1993) *Defying Gravity*. London: Penguin.

McGrath, H. and Francey, S. (1993) *Friendly Kids, Friendly Classrooms*. Melbourne: Longman.

McInerney, D. M. and McInerney, V. (1998) *Educational Psychology: Constructing Learning* (2nd edn). Sydney: Prentice-Hall.

McLaughlin, M. W. *Educational Researcher is the Journal. The Rand Change Agent Study Revisited*. American Educational Research Association. Washington, DC.

Miller, A. (1996) *Pupil Behaviour and Teacher Culture*. London: Cassell.

Mortimer, J. (1984) *In Character*. London: Penguin.

Mortimer, J. (1989) *Clinging to the Wreckage*. London: Penguin.

Nias, J., Southworth, G. and Yeomans, R. (1989) *Staff Relationships in the Primary School*. London and New York: Cassell.

Nelsen, J. (1987) *Positive Discipline*. New York: Ballantine Books. .

O'Brien, T. (1998) *Promoting Positive Behaviour*. London: David Fulton.

Ofsted (1999) *Principles into Practice: Effective Education for Pupils with Emotional and Behavioural Difficulties*. London: Ofsted Publications.

Ofsted (2004) *Special Educational Needs and Behavioural Difficulties*. London: Ofsted Publications.

Pearce, H. (1997) "Groupwork in the classroom". Unpublished notes.

Perore, S. (2000) "Workplace is a war zone", *The Age* (newspaper), 22 February: 8.

Relf, P., Hirst, R., Richardson, J. and Youdell, G. (1998) *Best Behaviour: Starting Points for Effective Behaviour Management*. Stafford: Network Educational Press.

Rickard, J. (1994) *Relaxed Activities for Children*. Melbourne: ACER.

Robertson, J. (1997) *Effective Classroom Control: Understanding Teacher-Pupil Relationships* (3rd edn). London: Hodder and Stoughton.

Rogers, B. (1998) *You Know the Fair Rule and More*. London: Pitman.

Rogers, B. (2002a) *"I Get by with a Little Help": Colleague Support in Schools*. London: SAGE.

Rogers, B. (Ed.) (2002b) *Teacher Leadership and Behaviour Management*. London: SAGE.

Rogers, B. (2003a) *Behaviour Recovery* (2nd edn). London: SAGE. pp. 135–186.

Rogers, B. (2003b) *Effective Supply Teaching*. London: Paul Chapman.

Rogers, B. (2006a) *Behaviour Management: A Whole-School Approach* (2nd edn). London: SAGE.

Rogers, B. (2006b) *Cracking the Hard Class: Strategies for Managing the Harder than Average Class* (2nd edn). London: SAGE.

Rogers, B. (ed.) (2009) *How to Manage Children's Challenging Behaviour* (2nd edn). London: SAGE.

Rogers, B. (2011) *You Know the Fair Rule* (3rd edn). Melbourne: ACER; London: Pearson Education.

Rogers, B. (2012) *The Essential Guide to Managing Teacher Stress*. London: Pearson Education.

Rogers, B. and McPherson, E. (2014) *Behaviour Management with Young Children: Crucial First Steps with Children 3–7 Years* (2nd edn). London: SAGE.

Rosenthal, R. and Jacobson, L. F. (1968) "Teacher Expectations for the Disadvantaged", *Readings from Scientific America*. San Francisco: W. F. Freeman & Co.

Russell, D. W., Altimaier, E. and Van Velzen D. (1987) "Job related stress, social support and burnout among classroom teachers". *Journal of Applied Psychology*, 72(2): 269–74.

Rutter, M., Maughan, B., Mortimer, P. and Ousten, J. (1979) *Fifteen Thousand Hours: Secondary Schools and their Effects on Children*. London: Open Books.

Sacks, O. (1990) *Awakenings*. London: HarperCollins.

Schaffer, H. R. (2000) "The early experience assumption: post, present and future". *International Journal of Behavioural Development*, 24(1): 5–14.

Schwab, R. L. and Iwanicki, E. E. (1982) "Who are our burned out teachers?" *Educational Research Quarterly*, 7(2): 5–16.

Scott-Peck, M. (1978) *The Road Less Travelled*. London: Arrow Books.

Seligman, M. (1991) *Learned Optimism*. Sydney: Random House.

Smith, P. K. and Thompson, D. (1991) *Practical Approaches to Bullying*. London: David Fulton.

Stoll, L. (1998) "Supporting school improvement". Paper presented at the OECD conference "Combating Failure at School", Christchurch, New Zealand, 1–5 February.

Tauber, R. T. (1995) *Classroom Management Theory and Practice* (2nd edn). New York: Harcourt Brace.

Thody, A., Gray, B. and Bowden, D. (2000) *The Teacher's Survival Guide*. London: Continuum.

Thorsborne, M. and Vinegrad, D. (2009) *Restorative Practices in Schools: Rethinking Behaviour Management*. Bodenin Old: Incentive Plus (Inyahead Press).

Tolstoy, L. (1964) *Childhood, Boyhood, Youth*. Trans. R. Edmonds. London: Penguin Classics.

UNICEF (UK) (1989) *UN Convention of the Rights of the Child*. Resolution 44/25, 20 November.

Virgil (1985) *The Aeneid*. Trans. C. H. Sisson. London: Everyman Classics.

Wolfgang, C. H. (1999) *Solving Discipline Problems: Methods and Models for Today's Teachers*. Boston, MA: Allyn and Bacon.

Woodhouse, D. A., Hall, E. and Wooster, A. D. (1985) "Taking control of stress in teaching". *British Journal of Educational Psychology*, 55: 119–23.

Woolfolk, A., Margetts, K., Godintion, S., Frydenberg, E., LoBianco, J., Freeman, E. and Munro, J. (eds) (2007) *A Restorative Approach to Behaviour Management*.

Frenchs Forest, NSW: Pearson Education Australia.

索引

accents 口音,147–149
accountability conferencing 问责会议,203–204,283–287
Adler, A. 阿尔弗雷德·阿德勒,218
aggression 攻击,255,263–265
anger 愤怒
  language and 语言,96
  management of 管理,247–251
  parents and 家长,258–262
  students and 学生,262–265
  teachers and 教师,24,223,251–258
argumentative and challenging behaviours 强词夺理和调皮捣乱行为,206–213,227–230
Aristotle 亚里士多德,135,249–250
assertive behaviour and language 坚定的行为和语言,91–92,96,104,257,263–264,311
attention deficit or attention deficit hyperactive disorder (ADD/ADHD) 注意力缺陷障碍/注意力缺陷多动障碍,208–211,229
attention-seeking behaviours 寻求关注的行为,213–221
authority 权威,56–58,143–147
autism spectrum disorder (ASD) 自闭症谱系障碍,208–209,211–213,229,246n3

Baars, C. W. 康拉德·巴尔斯,254
bad-day syndrome 糟糕日综合征,22–24
behaviour agreements 行为守则,38,39–48,39–40,177
behaviour consequences 行为后果
  behaviour agreements and 行为守则,45–46
  bullying and 欺凌,201–204
  classroom meetings and 班会,276
  deferred consequences 延迟的后果,190–196,215
  definition of 定义,311
  detention as 课后留校,198–201
  management of 处理后果,177–180
  stay-back sessions and 留校,196–198
  terms for 行为后果的内涵,175–177
  time-out as 暂停—冷静作为一种后果,180–190
behaviour mirroring 行为镜像,34n1,128,235–236
behaviour overdwelling 行为的过度强调,118
behaviour profiling 行为描述,232–233
behavioural directions 行为指导,98–99
behavioural goals 行为目标,221–227
beliefs 信念,22
blocking 制止,103
body language 肢体语言,57,59,155
bullying and harassment 欺凌和骚扰,201–204,280–287,304–306

calmness 冷静,14,60–62,95,264
Campbell, D. 唐·坎贝尔,87
case supervision 个体行为监督,231–239,311
challenging behaviours 调皮捣乱行为,206–213,227–230
classroom meetings 班会,47–48,274–276
cognitive fixation 固有认知,21
cohesive phase 融合阶段,36,48–49
colleague support 同事支持,24,268–272,277–279,287–288,296–297,299–300
collegial action plans 共同行动计划,272–277,311
commands 命令,105–106
confidence 信心,56–58,143–147
control 控制,27–28,29–30
conversational swearing 对话中的咒骂,243–244
cooperative teaching and learning environment 合作型教学环境,44–45,93
coping resources 应对方法,269–271
courage 勇敢,266n1
credibility 可信度,137
Cummings, C. 卡明斯,152

deferred consequences 延迟的后果,102–103,190–196,215,311
descriptive cueing (incidental language) 描述性暗示/附带性的语言,98
detention 课后留校,198–201

Dewey, J. 约翰·杜威, 38-39
dialects 方言, 147-149
direct questions 直接提问, 101-102
directed "choices" 指导性的选择, 102, 191-193
discouragement 打击, 155-156
disengagement 脱离, 295
disrespect and discourteousness 不尊重和不礼貌的行为, 104-105
distracting and disruptive behaviours 分心和扰乱行为, 70-73, 109-110, 139-141
distraction 分散注意力, 101
diversion 转移注意力, 101
Dreikurs, R. 德雷克斯, 156, 160, 187, 218-219, 221-223
Duns Scoto, John 邓斯·司各脱, 205n1

effective teaching 有效教学
    dialects and 方言, 147-149
    encouragement and 鼓励, 152-155
    engagement and 参与, 149-150
    fundamental considerations on 基本的思考, 133-143
    motivation and 动机, 162-168
    positive teaching style and 积极的教学风格, 155-161
    questions and 提问, 150-152
    rewards and 奖励, 161-162
    skill development and 技能提升, 168-169
    teacher behaviour and 教师行为, 170-173
    teacher status and authority and 教师身份与权威, 143-147
Eliot, G. 乔治·艾略特, 130
Elton Report《艾尔顿报告》, 121-122, 206, 268
encouragement 鼓励, 137, 152-155, 157-161
engagement 参与, 149-150
equality 平等, 41
establishment phase 建立阶段
    assistance to students in 给予学生帮助, 84-86
    behaviour agreements and 行为守则, 38, 39-48, 39-40, 177
    definition of 定义, 36, 311
    distracting and disruptive behaviour in 分心和扰乱行为, 70-73
    effective teaching and 有效教学, 141
    first meeting with students and 与学生的第一次见面, 55-57
    hard classes and 管理困难的班级, 64-69

    lesson closure in 结束课程, 86-89
    noise levels and use of voice in 噪音水平和教师使用的声音, 75-84, 78
    practices and skills for 实践与技巧, 36-39
    rules and 规则, 49-52
    seating plans and student grouping in 座位安排与学生分组, 37, 52-53, 54-55
    transitions in 过渡阶段, 73-74
    visual learners and 视觉学习者, 74-75
    welfare of students and 帮助学生适应环境, 53-54
    whole-class attention and 班级全体学生集中注意力, 56, 58-69
ethical probity 道德正直, 126-132
Ethics（Aristotle）亚里士多德《尼各马可伦理学》, 249-250
explanatory style 解释风格, 20-21, 26
eye contact 眼神交流, 115-116

feedback 反馈
    in mentoring 同事反馈, 294-295
    for students 对学生的反馈, 82-84, 137, 153, 158
first meeting with students 与学生的第一次见面, 55-57
first three minutes of class 课堂的前三分钟, 108-109
first-year teachers 新入职的教师, 287-288
Furlong, M. J. 弗朗, 245n2
Ginott, H. 海姆·吉诺特, xxi, 154-155
Glasser, W. 威廉·格拉塞, 142
goal-directed behaviour 目标导向行为, 220-221
goal disclosures 目标披露, 222-227, 236
group instructions 集体指令, 63

hard classes 困难班级
    colleague support and 同事支持, 268-272, 277-279, 287-288, 296-297, 299-300
    collegial action plans and 共同行动计划, 272-277
    establishment phase and 建立阶段, 64-69
    introduction to 简介, 267-268
    time-out for teachers and 教师的暂停—冷静, 277-280
    whingeing and 抱怨, 273, 290-291
    See also bullying and harassment; mentoring 也见欺凌、骚扰；指导

Hattie, J. 约翰·哈蒂,137,158
humour 幽默,142-143

impulse behaviour 冲动行为,254
inappropriate language and swearing 不适当的语言和咒骂,9-11,239-244
incidental language (descriptive cueing) 附带性的语言/描述性暗示,98
individual behaviour plans 个人行为计划,131,228,230-239
inferiority complex 自卑情结,218,221

jewellery 首饰,119
justice 正义,265n1

Kounin, J. 库宁,118
Kyriacou, C. 奇列库,147

language of behaviour management 行为管理的语言
    aims of 目的,93-94
    before class 课前,106-108
    dialects and 方言,147-149
    eye contact and 眼神交流,115-116
    during first three minutes of class 课堂的前三分钟,108-109
    importance of 重要性,91-93
    lateness and 迟到,110-114
    non-verbal cueing and 非语言提示,114-115
    one-to-one intervention and 一对一干预,122-132
    principles and skills of 原则和技巧,95-106
    tactical ignoring and 策略性忽视,65,97,116-118,213-214
    take-up time and 接受时间,118-119
    uniforms and 校服,119-121
    during whole-class teaching time 全班教学时间,109-110
lateness, 迟到 110-114
Lazarus, R. S. 拉撒路,253
learned helplessness 习得性无助,25-26
learned optimism 学习乐观,25-26
learning communities 学习共同体,38
Lee, C. 克里斯·李,204
lesson closure 结束课程,37,86-89
lining up and room entry procedures 排队和进入教室的程序,37

locker space 储物柜,37

mentoring 辅导/指导,287-290,289,291-297
mind maps 思维导图,74
mirroring 镜像,34n1,128,235-236
mistaken goals 错误目标,218-220
motivation 动机,163-168
mutual regard 互相尊重,41

names 名字,69
negotiable consequences 可协商的后果,178
Nelsen, J. 内尔森,179
noise levels 噪音水平,75-81
"noise meter" 噪音指示器,79-81
non-negotiable consequences 不可协商的后果,177-178
non-verbal cueing 非语言暗示,97-98,114-115
non-vigilance 不加警惕,5-7

O'Brien, T. 蒂姆·奥布莱恩,269
on-task learning time 课堂任务时间,84-86
one-to-one intervention 一对一干预,122-132
oppositional defiance disorder 对立违抗性障碍,208-209
optimistic explanatory style 乐观的解释风格,26
overly vigilant management "过度警惕"的管理,2-5

parents 家长
    anger and 愤怒,258-262
    encouragement and 鼓励,159-160
partial agreement 部分同意,103,104,311
particular mentoring model 特定的指导模式,289,291-297
partner-voices 同伴声音,76,78-79,78,82-84
Perore, S., 280
personality 个性,121-122
picture cues 图片提示,234-235,236-237
positive teaching style 积极的教学风格,155-161
poster formats 海报格式,301-303
power 权力,193-196
power-seeking behaviours 寻求权力的行为,187-188,220
prefacing 前言,100,117-118
primary behaviours 首要行为,12-17,312
private logic 私人逻辑,218
prudence 审慎,265n1

psychological junk mail 心理上的垃圾邮件, 24 – 26

punishments 惩罚. *See* behaviour consequences 见行为后果

qualified appreciation 积极的赞赏, 161

questioning 提问, 136, 150 – 152

rapport 和谐, 142 – 143

recognition reflex 认同反应, 222 – 223

reflective practice 反思性实践, 11 – 12

refocusing 重新集中学生的注意力, 103

relaxed vigilance 宽松警惕, 7 – 8, 138, 312

reparation 修复, 177, 178

respect 尊重, 32 – 33, 41, 93, 179

responsibilities 责任, 38, 42 – 45

restorative practices 恢复性措施, 204

restraint 约束, 188 – 190

rewards 奖励, 162 – 163

right to be treated with respect 获得尊重的权利, 41, 280

right to feel safe 安全权, 41, 93, 280

right to learn 学习权, 41

rights 权利, 38, 41 – 42, 43 – 45

Robertson, J. 罗伯森, 34n2, 56 – 57, 136, 144, 147, 161

Rogers, B. 比尔·罗杰斯, 147

routines 常规, 37 – 38, 49 – 50, 141, 276

rule reminders 规则提醒, 99

rules 规则, 43 – 45, 49 – 52, 50, 275 – 276

Russell, D. W. 罗素, 269

Schaffer, H. R. 鲁道夫·谢弗, 245n1

Scott-Peck, M. 斯科特·派克, 251

seating plans and student grouping 座位安排与学生分组, 37, 52 – 53, 54 – 55

secondary behaviours 次要行为, 12 – 21, 254, 312

self-awareness skills 自我意识技能, 223, 226, 251

self-confidence 自信, 153

Seligman, M. 马丁·塞利格曼, 25 – 26

Shakespeare, W. 威廉·莎士比亚, 253

skill development 技能提升, 168 – 169

smiles 微笑, 28 – 29

social, emotional or behavioural difficulties 社交、情绪和行为障碍 (SEBD), 208 – 209, 227 – 233

standards 准则, 22

stress 压力, 20 – 21, 269 – 271

student behaviour agreements 学生行为守则, 38, 39 – 48, 39 – 40, 177, 311

students 学生
  anger and 愤怒, 262 – 265
  argumentative and challenging behaviours of 强词夺理和调皮捣乱行为, 206 – 213, 227 – 230
  attention-seeking behaviours of 寻求关注的行为, 213 – 221
  bullying and harassment by 欺凌和骚扰, 201 – 204, 280 – 287, 304 – 306
  distracting and disruptive behaviours of 分心和扰乱行为, 70 – 73, 109 – 110, 139 – 141
  encouragement of 鼓励, 137, 152 – 155, 157 – 161
  engagement of 参与, 149 – 150
  first meeting with 与学生的第一次见面, 55 – 57
  individual behaviour plans and 个人行为计划, 131, 228, 230 – 239
  lateness of 学生迟到, 110 – 114
  motivation of 动机, 163 – 168
  names of 名字, 69
  personality of 个性, 121 – 122
  power-seeking behaviours of 寻求权力的行为, 187 – 188, 220
  relationships with 关系, 30 – 33
  uniforms and 校服, 119 – 121
  welfare of 帮助学生适应环境, 53 – 54

supply teachers 代课教师, 288

support 支持
  for students 支持学生, 37, 46 – 48, 84 – 86
  for teachers 支持教师, 24, 268 – 272, 277 – 279, 287 – 288, 296 – 297, 299 – 300

swearing and inappropriate language 咒骂和不适当的语言, 9 – 11, 239 – 244

tactical ignoring 策略性忽视, 65, 97, 116 – 118, 213 – 214

tactical pausing 策略性停顿, 97

take-up time 接受时间, 98, 118 – 119

teacher assistants (TAs) 助理教师, 239

teacher behaviour 教师行为, 170 – 173

teacher help boards 寻求教师帮助的白板, 85 – 86

teachers 教师
  anger and 愤怒, 24, 223, 251 – 258

assertive behaviour and language of 坚定的行为与语言,91-92,96,104,257,263-264,311

mentoring and 辅导/指导,287-290,289,291-297

power and 权力,193-196

as reflective practitioners 作为反思型实践者,11-12

relationships with students 与学生的关系,30-33

status, confidence and authority of 地位、信心和权威,56-58,143-147

stress and 压力,20-21,269-271

support for 支持,24,268-272,277-279,287-288,296-297,299-300

time-out for 暂停—冷静,277-280

voice and 声音,60,77-78,257,263

See also effective teaching 也见有效教学

teacher's voice 教师的声音,181

temperance 节制,265n1

Thomas Aquinas 托马斯·阿奎那,205n1

time-out 暂停—冷静

  for students 学生,180-190

  for teachers 教师,277-280

Timperley, H. 海伦·廷伯利,158

Tolstoy, L. 列夫·托尔斯泰,176

transitions 过渡阶段,73-74

trust 信任,45

uniforms 校服,119-121

unqualified appreciation 消极的赞赏,161

visual learners 视觉学习者,74-75

voice 声音

  partner-voices 同伴声音,76,78-79,82-84

  teacher's voice 教师的声音,60,77-78,257,263

wait-time 等待时间,151-152

warmth 温暖,142-143

whinging 抱怨,273,290-291

whole-class attention 班级全体学生集中注意力,56,58-69

whole-class teaching time 全班教学时间,37,70-73,109

Wodehouse, P. G. 沃德豪斯,169

译后记

这是一本亲切而又实用的课堂行为管理指南。本书所呈现的每一项技能或方法都辅有案例支持。这些案例均取材于作者作为指导教师所参与到的教学情景。由于作者长期的实践积累和切身感受，使得书中的策略具有很好的系统性、针对性和实用性，让教育者常见的许多难题迎刃而解。

这些具体策略之所以如此有效，还源于作者清晰、合理的理念。作者从自己学生时代的反叛写起，他反叛的是不尊重学生的控制与权威。日后他成为一名指导教师，尊重的理念贯穿在他的课堂行为指导实践中，旨在让学生学会处理公共生活中的权利和义务关系；学生能够感受到教师的尊重，因此愿意效仿教师的榜样，遵从教师的指导。本书就是以尊重理念对待课堂行为的指导书，其主旨就在于如何从"控制"转向引领、指导、鼓励和支持，为有效教学、行为管理和同事支持提供了方向明确、具有可操作策略的实用指南，以便让所有人都享有受尊重和被公平对待的权利、学习的权利（不被他人干扰）、感到安全的权利……同时也承担相应的义务和责任。相信教育者和教育研究者会因此书而大大受益。

感谢华东师范大学出版社引进此书；感谢孙娟女士的耐心与支持；感谢张东海博士的引荐，使我有机会主持翻译这本自己非常喜爱的著作。

本书的翻译是集体完成的，分工如下：严芳（第一章），熊芹菁、宋一婷（第二章），沈娟（第三章），刘素玲（第四章），王若佳（第五章），赵晨颖（第六章），陈鹏（第七章、后记、附录A、B），刘继萍（第八章及其他）。梁磊、徐巾媛、罗文钘、朱威丽等参与了部分章节的校对。鞠玉翠、刘继萍审校了全书，感谢所有译者的辛勤付出和通力合作。

尽管多次讨论、数易其稿，仍难免有不当之处，还请专家指正。

鞠玉翠

华东师范大学基础教育改革与发展研究所、教育学系

图书在版编目(CIP)数据

课堂行为管理指南:第四版/(澳)比尔·罗杰斯著;鞠玉翠等译. —上海:华东师范大学出版社,2019
 ISBN 978-7-5675-9255-1

Ⅰ.①课… Ⅱ.①比…②鞠… Ⅲ.①课堂教学-教学研究 Ⅳ.①G424.21

中国版本图书馆 CIP 数据核字(2019)第 195038 号

本书系华东师范大学基础教育改革与发展研究所学生发展指导研究中心成果。

课堂行为管理指南(第四版)

著　者　(澳)比尔·罗杰斯
译　者　鞠玉翠　刘继萍等
责任编辑　孙　娟
责任校对　金桐宇
装帧设计　卢晓红

出版发行　华东师范大学出版社
社　　址　上海市中山北路3663号　邮编 200062
网　　址　www.ecnupress.com.cn
电　　话　021-60821666　行政传真 021-62572105
客服电话　021-62865537　门市(邮购)电话 021-62869887
地　　址　上海市中山北路3663号华东师范大学校内先锋路口
网　　店　http://hdsdcbs.tmall.com

印刷者　上海景条印刷有限公司
开　　本　787×1092　16开
印　　张　22.25
字　　数　369千字
版　　次　2019年11月第1版
印　　次　2019年11月第1次
书　　号　ISBN 978-7-5675-9255-1
定　　价　56.00元

出版人　王焰

(如发现本版图书有印订质量问题,请寄回本社客服中心调换或电话021-62865537联系)